Karl Larsen

**Die in die Fremde zogen**
Auswanderer-Schicksale in Amerika (1873–1912)

SEVERUS

**Larsen, Karl:** Die in die Fremde zogen: Auswanderer-Schicksale in Amerika (1873–1912)
**Hamburg, SEVERUS Verlag 2012**
Nachdruck der Originalausgabe von 1913

ISBN: 978-3-86347-300-6
Druck: SEVERUS Verlag, Hamburg, 2012


Der SEVERUS Verlag ist ein Imprint der Diplomica Verlag GmbH.

**Bibliografische Information der Deutschen Nationalbibliothek:**
Die Deutsche Nationalbibliothek verzeichnet diese Publikation in der Deutschen Nationalbibliografie; detaillierte bibliografische Daten sind im Internet über http://dnb.d-nb.de abrufbar.

© **SEVERUS Verlag**
http://www.severus-verlag.de, Hamburg 2012
Printed in Germany
Alle Rechte vorbehalten.
Der SEVERUS Verlag übernimmt keine juristische Verantwortung oder irgendeine Haftung für evtl. fehlerhafte Angaben und deren Folgen.

seVerus

Karl Larsen

# Die in die Fremde zogen

## Auswanderer-Schicksale in Amerika

(1873–1912)

Auf Grundlage von Briefen und Tagebüchern

Autorisierte Übersetzung aus dem Dänischen
von
Alfons Fedor Cohn

*

# Inhalt

|   | Seite |
|---|---|
| Der Dachdecker Hans Rasmussen aus Nordseeland und seine Familie | 1 |
| Der Verwalterfarmer und seine Frau | 77 |
| Ein Kopenhagener auf Tramp | 199 |
| Nachwort | 245 |

# Der Dachdecker Hans Rasmussen aus Nordseeland und seine Familie
## Amerikanisches Arbeiterleben und Farmertreiben
### von 1905 bis 1910

In einer Dezembernacht des Jahres 1904 brannten ein paar größere Baulichkeiten in einem der Villenorte an der Küste bei Kopenhagen ab, und als der Brandstiftung verdächtig verhaftete die Polizei den nächsten Tag in der Nachbargemeinde einen arbeitslosen Dachdecker von 37 Jahren — man kann ihn im Stile seines wirklichen Namens Hans Rasmussen nennen. Der Mann war verheiratet und hatte vier Kinder, aber er wurde häufig, und jedesmal längere Zeit, von der Frau „hinausgesetzt"; sie beklagte sich besonders über seine Branntweintrinkerei, die ihn oft ganz in die Gewalt bekam und ihn vagabundieren ließ. Der Frau konnte man auch nicht grade Ordnung und Reinlichkeit im Hause und Zurückhaltung in ihrem Wesen nachrühmen; die Leute sagten von ihr, sie wäre fix und amüsiere sich gerne, und von ihm, er wäre gutmütig und munter, aber recht verwahrlost und charakterschwach. Hans Rasmussens Streifereien hatten ihn sogar wegen Bettelns mit dem Gesetz in Konflikt gebracht, und seine seßhafteren Geschwister und Schwäger, die ihren kleinen ländlichen Gewerben und Berufen nachgingen, mochten sich wohl an seiner heiteren Laune erfreuen und sein gutes Herz hervorheben, aber sie betrachteten ihn doch halb und halb als einen armen Tropf. Den einzigen sicheren Anhalt hatte Hans an seiner Mutter, die Witwe war und von allerhand Hantierungen lebte. Zu ihr konnte er auch seine Zuflucht nehmen, wenn er, wie oft, an schmerzhaften Schienbeinwunden litt.

Dieser doch nicht mehr junge Mann, mit dem es ein beträchtliches Stück bergabwärts gegangen war und der nun von der Polizei verdächtigt wurde, in dem Villenort Feuer angelegt zu haben, saß drei Monate lang in Untersuchung, ehe man ihn aus Mangel an Beweisen entließ; doch während seiner Haft — es hieß da offiziell von ihm: „Brauchbarer Mensch, wenn er nicht trinkt" — gewann er die Sympathie der Behörden und man unterstützte sein Gesuch an eine philanthropische Gesellschaft, die ihm denn auch

ein Billet nach Montreal in Kanada und eine notdürftige Reise-
equipierung bewilligte.

Die Mutter hat erzählt, wie unentschlossen trotzdem Hans Rasmussen war und es bis zum unwiderruflich letzten Augenblick der
Abreise blieb. So ergriffen er auch von dem Gedanken sein mochte,
in ein neues Land zu kommen, anzupacken und zu zeigen, was er
konnte, so fiel er doch im nächsten Augenblick wieder zusammen und be-
hauptete, er könnte sich nicht von seiner Mutter trennen oder darauf
verzichten, seine Frau und Kinder, wenigstens hin und wieder, zu
sehn. Allerdings wohnte die Frau jetzt als Arbeiterin in einer
nordseeländischen Tuchfabrik allein mit den gemeinsamen Kindern;
sie verlangte außerdem bestimmt, von ihm geschieden zu werden,
und wollte ihn nicht einmal zu sich und den Kindern einlassen,
als er Abschied nehmen kam. Doch, meinte Hans Rasmussen
unbestimmt, es könnte sich ja vielleicht etwas ändern.

Trotz der besten Versprechen der Gesellschaft gegenüber, die ihn
unterstützt hatte, und vor allem der Mutter gegenüber wäre Hans
bei einem Haar im letzten Augenblicke aus dem Zuge entwischt,
weil er, wie er das im Laufe des Tages hundertmal gesagt, nicht
von der Mutter fortreisen könne.

Aber die alte Frau sah ihn doch am Kupeefenster stehn bleiben
— der Zug nach Korsör verschwand; er war unterwegs.

Den einsamen Weg dieses Hans Rasmussen in seinem äußeren
und inneren Verlauf vermag man durch eine Sammlung von
38 Briefen und 11 Bruchstücken zu verfolgen, die er nach Haus,
meist an die Mutter, gesandt hat. Es ist zu bemerken, daß er nie
andern Unterricht genossen hat, als den der Volksschule in dem
nordseeländischen Dorfe, wo er geboren ist.

Hans Rasmussens allererster Brief ist aus Liverpool, überschrieben: „Teure, geliebte Mutter, Frau, Kinder und Geschwister",
und lautet:

„Nachdem wir nach Liverpool gekommen und hier 10 Tage gewesen sind, aber sollen Morgen, Dienstag, den 28 zwanzigsten *[März 1905]* mit einem mächtig großen Kasten reisen, es ist mir sonst gut auf der ganzen Reise gegangen, aber es ist eintlich eine ekelhafte Schweinerei gewesen, weil wir so lange hier gelegen haben. Wir sind hier einquartiert ein 36 Hundert Russen, Polen, Schweden, Juden und alle Nationen, aber nur 12 Dänen. In Kopenhagen gibts ja Armut, aber hier solltest Du erst mal sehn, hier kann man keinen Schritt gehn vor Bettlern in allen Branchen, Frauen mit Leierkästen und mit ihren Kindern, andre mit einer Harmonika mit blos einem Ton drauf und einem Affen dazu. Wenn wir hier drüben mit der Bahn fahren, da ist das was andres als zu Hause, hier fahren wir mal über Berge, mal in Tunnels, aber es kommt noch schlimmer. Neulich hätten ein paar von uns beinahe unsre Sachen verloren, aber kriegten sie wieder, denn das sind ja nichts andres als Diebe und Räuber, wo wir mit zusammen sind; aber es wird wohl gehn. Apfelsinen und alles Obst, das ist hier billig, 8 für 25 Öre.

Viel kann ich nicht von Liverpool erzählen, blos daß es ein Schweinenest ist. Straßen und Gassen liegen voll von Mist wie so ein Abladeplatz bei uns. Ein Schreibzeug ist das! Das ist schlecht geschrieben, aber hier gibts kein andres Schreibzeug.

Nun zum Schluß einen freundlichen und herzlichen Gruß an Dich, liebe Mutter, Frau, Kinder Geschwister und Euch alle

Von Hans Rasmussen
Liverpol England.

Du brauchst nicht schreiben, bevor ich rübergekommen bin, und ich schreibe zuerst."

Doch in der Frische dieses kurzen Reisebriefs schlägt eine Nachschrift bereits den Akkord an, der, verschieden moduliert und entwickelt, in allen folgenden Briefen weiterklingt.

Die Nachschrift lautet: „Ist meine Frau noch böse?"

Während der Reise nach Kanada und unmittelbar nach der Ankunft arbeitet Hans Rasmussen in größeren oder kleineren Partien eine „Reisebeschreibung" aus, die zeigt, daß er seine Augen und seinen Humor die ganze Zeit über spielen läßt.

Die Reise ist den 20. März von Kopenhagen über Korsör, Esbjerg und Grimsby nach Liverpool gegangen, von dort den 28. März mit einem Dampfer der Allan-Linie nach Halifax und weiter per Bahn nach Montreal, wo Hans Rasmussen den 13. April eingetroffen ist.

Das Ganze ist für ihn offenbar ein großes Bilderbuch und ein Stück Bummelleben gewesen, bei dem die Annehmlichkeiten überwogen. Die Züge gingen „über Häuser und durch Berge und mit einer Geschwindigkeit, daß die Räder keine Zeit hatten sich zu drehen". Von Halifax nach Montreal war die Fahrt besonders interessant und „angenehm": „Die Wagen sind gut eingerichtet, man hat Polster zum Sitzen, aber wir mußten aufsitzen und schlafen. Da war Wald und große Seen, den ganzen Weg, Felsen, Berge, Steine, so groß wie Häuser, wozwischen die Farmer pflügen, denn sie wohnen in den Wäldern. Hier drüben fahren sie, als ob sie verrückt sind, mit der Eisenbahn und mit der Elektrischen, nirgends wo Schlagbäume! Werden Leute hier überfahren, so ist das ihre eigne Schuld. Es gibt auch keine Wege, man kann von Ort zu Ort immer zugehn, es [geht] alles längs der Eisenbahn, wo man dutzendweis gehn sieht; das macht nichts. Wenn man hier an vielen Stellen Wälder sieht, kann man sehn, daß da große Waldbrände auf mehreren 1000 Tonnen Land gewesen sind. Hier mähen sie auch gar nicht das Gras ab, hier wird es abgebrannt. Wenn sie pflügen, sitzen sie auf dem Pfluge und 3 Pferde davor!"

Die Seefahrt von England nach Kanada hat 17 abwechslungsreiche Tage in Anspruch genommen, die Hans sehr anschaulich schildert: „Wir gingen von Liverpool den 28. März ab; an Bord alles wohl. Es war ein herrliches Wetter, die Sonne schien, und warm war es, aber es dauerte nicht lange, bis die Seekrankheit anfing. Wir brachen uns und uns wurde so schlimm, wie einem Floh im Wochenbett, denn davon gab es genug. Aber das war nicht das schlimmste. Als wir zwei Tage gefahren waren, haperte es mit der Maschine, da mußten wir eine ganze Nacht still liegen, um zu reparieren; das war vom letzten *[März]* auf den 1. April, 9 Uhr morgens fing es an zu stürmen, daß was draus werden konnte. Das dauerte so 24 Stunden, daß wir glaubten, der ganze Kasten war mittendurch gegangen. Dann wurde es windstill und klar, daß wir auf Deck gehn und uns umsehn konnten. Da bekamen wir vier Segler in Sicht und einen Dampfer. Wenn man so ein Schiff ganz in der Ferne sieht, ist es als ob das eine Ratete ist, die in die Luft geworfen und wieder verschwunden ist. Denn wenn es richtig schlimm mit dem Sturm ist, dann sind die Wellen ebenso hoch wie ein Haus von 3 Etagen. — Die Zeit vergeht sonst ziemlich gut, wir spielen Harmonika, tanzen und spielen Karten und alle andern Dummheiten. Wir sind 780 Emigranten an Bord außer der Besatzung, da haben wir Spaß genug. Wir liegen 8 Mann in jedem Schweinekoben, ungefähr so wie Heringe in der Tonne. Den 2. April, Sonntag, Sonnenschein und Wind, Kirchgang 12 Uhr, nachher Verteilung von Apfelsinen, 275 dänische Meilen von Land. Zwei Tage lang fuhren wir längs der irischen Küste und konnten große Berge sehn, aber nicht ein Haus, es sind blos unfruchtbare Klippen. Vom 3. April an, da begann es am Morgen zu regnen und zu blasen, sodaß wir vom 4. April an nicht auf Deck sein konnten. Den 5. April am Morgen wurde es fürchterliches Wetter, wir kriegten Sturm, sodaß Himmel und Meer in eins standen. Das dauerte von 9 Uhr bis nächsten Tag 2 Uhr mittags, alle Rettungsbote wurden klargemacht, um gleich in See zu gehn; eine Welle kam, die schlug über die Kommandobrücke, ging grade quer über das Schiff und schlug eins von den Booten in Stücke; aber die Stimmung war sonst gut unter uns. In der Nacht wurde es einigermaßen gutes Wetter. Am Morgen war es so still und die Sonne schien. Es war so warm, als ob es mitten im Sommer wäre, die See war so blank, als ob wir zu Hause auf dem Dorfteich fuhren, aber als die Uhr ½ 4 Uhr war, fängt es wieder an zu blasen, und in einer Viertelstunde war es, als ob der Himmel schwarz bemalt war; um 4 Uhr war es ein Orkan, daß es schrecklich war, der Regen stürzt nieder, als ob alle Schleusen des Himmels geöffnet waren, und dunkel, daß man nicht die Hand vor Augen sehn kann, es ist dunkel, als ob es in einem Grabe wäre, wir haben noch 200 Meilen bis zum Land, jetzt da ich schreibe; es ist 9 Uhr abends. Der Sturm hielt die ganze Nacht an, daß wir nicht schlafen konnten, denn bald standen wir auf dem Kopf und bald auf den Beinen und bald einer auf dem Deez, sobaß ihm schwarz vor den Augen wurde! Wenn du an Bord bist auf so einem Schiff, bei so einem Wetter, so ist das, als ob Du das Dybendalshaus tief zwischen den Hügeln siehst *[ein Kätnerhaus, das zwischen Hjortekär und Lundtofte ganz tief in einem starkkupierten Terrain liegt]*\*), und wie es so fürchterlich stürmt, wird es windstill, und scheint die Sonne, als ob nie was los gewesen ist. Der Sturm dauerte 24 Stunden. Das Schiff rollt, sobaß man weder gehn noch stehn kann; wenn wir Essen kriegen sollen, rutscht der eine Teller nach dem andern runter und geht entzwei; wir andern rollen umher, als ob wir Bälle sind ... den 7. April morgens trafen wir große Eisberge, es waren 4 an der Zahl, die waren so groß wie Rundebatte *[ein ungewöhnlich hohes, mit Hochwald bestandenes Hünengrab bei Örholm]*\*\*). Es ist Nebel, daß man nicht sehr weit sehn kann. Wir fahren südlich um Nevfoulan; wir haben den ganzen Tag vor dem Nebel stillgelegen, die See ist so still, als ob

\*) Östlich der Eremitage bei Klampenborg. Übs.
\*\*) Nahe der vorerwähnten Örtlichkeit. Übs.

ich zu Hause im Kommodenkasten meines süßen Frauchens lag. Die Matrosen sagen, daß hier so viel Treibeis ist, daß er nicht vorwärts gehn darf, er hat Angst zerdrückt zu werden, sodaß wir alle mit einander untergehn. Der Tag ist mit Tanz und Kartenspiel hingegangen, aber jetzt bläst es wieder los, daß wir morgen wohl eine richtige Schaukelei haben werden. Heute Abend sollen wir zu Konzert in die zweite Klasse."

Dieses Konzert hat Hans nun nicht sonderlich imponiert. Er schreibt, daß „da ein paar betrunkene Engländer waren, die sangen und Klavier spielten, ich konnte nicht ein Wort verstehn", und selbst von dem nächsten Konzert, Sonnabend Abend, „mit 20 verschiedenen Stücken" bemerkt er, daß „das alles ja nichts andres als Dreck ist".

Nein, da war Sonntag Abend ein andres Fest, denn da „haben wir eine Komödie gehabt. Wir konnten nicht bekommen, was wir essen konnten, es wurde nach dem Proviantmeister geschickt und er kam, es ist das 3. mal, daß er unten war und nach dem Essen gesehn hat. Ein Finne hat das Messer gegen den Kellner gezogen, daß eine Schlägerei anging."

Die Seereise zieht sich ihm irritierend in die Länge: „Es ist auch die schlimmste Mistkutsche, auf die wir gekommen sind, denn sobald wir fahren, liegen wir still," und das Essen ist „etwas schwach", wenn es auch merkwürdig ist, daß „wir Eingemachtes zu jeder Mahlzeit bekommen." Die gedruckte Speisekarte für Frühstück, Mittag, Tee und Abendbrot wird dem Briefe beigelegt, doch mit der Aufschrift: „Hier kannst Du die Speisekarte sehn, liebe Mutter, wenn nur das Meiste, was darauf steht, nicht Lüge wäre."

Allmählich erreicht doch der unsicher und langsam fahrende „Viehdampfer" die Halifaxbucht, eines Morgens um 4 Uhr. „Es war ein hübscher Anblick, die Sonne schien auf die Felsen, und Schnee lag da, daß es eine richtige Malerei war. Die Stadt liegt auf einem großen Berge, Halifax, aber wir kamen nicht vor 9 Uhr an

Land, dann wurden wir in ein paar Viehpferche geschoben, wo wir ein paar Stunden standen, ehe wir zum Doktor kamen. Dreimal sind wir bei den Lümmels gewesen; 22 wurden ins Hospital gesteckt, und ein paar wurden zurückgeschickt. Die Stadt ist ein Schweineloch. Wenn Ihr die Straßen hier seht, ist das, als ob man auf einen Abladeplatz kommt; es gibt keine andern als Holzhäuser. Wenn man in die Stadt kommt und die Straßen sieht, ist das wie eine Bänkereihe in einem Theater, so steigt das an in die Luft."

Der Schluß von Hans Rasmussens „Reisebeschreibung" hat einen etwas ernsthaften Charakter. „Arbeit," sagt er, „gibt es hier nicht, hier gehen einige 30 Dänen spazieren, sobaß es gut für mich aussieht."

Doch gar nicht so viele Tage vergehen, daß Hans den 17. April von einer Farm in der Nähe des Ortes Lachine Locks nach Hause schreiben kann, er habe Arbeit bekommen, und er erzählt davon mit lebendigem Interesse:

„Nun habe ich einen Platz bei einem Farmer bekommen und soll 15 Dollars im Monat haben, aber da sind 54 Milchkühe, und ich muß mit am Morgen melken, aber das ist ja verflucht schlimm, damit anzufangen. Ich habe es so in den Armen, daß ich am liebsten jedesmal schreien möchte, wenn ich anfangen soll. Wir sind 4 zum melken, ich habe erst 4 mal gemolken. Arbeitszeit ist hier von 4 Uhr morgens bis 6 abends, aber es sind tüchtige Leute, zu denen ich gekommen bin. Hier sind 400 Hektar Land, das ist ein Rittergut hier drüben, zu Hause 75 Tonnen Land. Wir sind zwei Dänen, der andre kann englisch sprechen, da geht es ja, es ist nicht so gefährlich zu verstehn. Den zweiten Tag, als wir da waren, sagte der Mann, er wollte uns 20 Dollars im Monat geben, wenn wir 20 Kühe am Tage melken könnten, der Mann melkt selbst mit. Das erste, was ich zu tun hatte, war Brennholz sägen, aber nicht wie zu Hause, hier werden zwei Pferde in eine

Tretmühle gezogen, und wenn die in Gang gesetzt ist, geht es wie verrückt, es ist eine Rundsäge. Das Zimmer, in dem wir liegen, ist im Wohnhaus mit ausgezeichneter Bettwäsche, Federmatratzen; die Beköstigung bekommen wir beim Futtermeister, wir leben sonst ziemlich gut. Wir essen ja Englisch, daran bin ich ja nicht gewöhnt, aber es geht schon .. wir haben hier nicht Sonntag, das haben wir nicht, es geht einen Tag wie den andern."

Im Übrigen meint Hans, daß, „wenn man nach Amerika reist, muß man alles können, was von der Frau und was vom Mann verlangt wird, denn hier ist die Frau so faul, daß sie am liebsten nicht mehr als ein Auge auf einmal aufmachen möchte." Es hat ihn gefreut, daß „wir zwei dänische Kühe hier haben, sie sind von Frijs Frijsenborg in Jütland gekommen, hier haben die Kühe keine Hörner, die werden abgesägt," und er vergißt nicht mitzuteilen, daß „die Farm grade nach dem Atlantischen Ozean *[d. h. St. Lawrence Strom]* zu liegt, da ist eine hübsche Aussicht." Übrigens „schneit es heute, daß es ein richtiges Vergnügen ist ... säen sollen wir in zwei Wochen. Im Sommer ist es so warm, daß wir schmelzen, und im Winter so kalt, daß es an der Nasenspitze Eiszapfen friert ... jetzt müssen wir zu Bett, und jetzt steht Ihr auf, wir sind 6 Stunden in der Zeit gegen Euch zurück ..."

Ganz vorübergehend, zwischen einer Nachfrage nach den Briefen, die er geschrieben hat, und ein paar Mitteilungen über die Arbeit kommen die Gedanken auf die Verhältnisse daheim: „Ihr habt wohl nichts von dem Brand gehört", fragt er, „und ob sie den gefaßt haben, der es gemacht hat, denn dann müßt Ihr mir das mitteilen." Sonst sendet er nur „freundliche Grüße an sie alle und grüße meine liebe Frau und Kinder und Du selbst sei gegrüßt, liebe Mutter.. schreibe bald und bleib bei guter Laune, denn das tue ich."

In einer Reihe von 4 Briefen von Mai bis Juli beginnt Hans Vergleiche zwischen den Arbeitsverhältnissen, unter denen er lebt, und den Zuständen daheim anzustellen.

Die Mutter hat gemeint, sein Lohn wäre doch hoch, „aber, liebe Mutter, das ist nichts für die Arbeit, die ich machen muß. Aber es ist eben mit der Sprache — solange man sie nicht sprechen kann, ist es nicht leicht, gute Stellen zu finden. Sonst ist der Lohn 20—25—28 Dollars im Monat für die, die etwas tun wollen und können und möchten, aber es gibt leider viele, viele Dänen, die bummeln in Montrial, aber daran sind sie ja von Kopenhagen gewöhnt. Aber hier drüben zu fechten, ist eine sehr schwierige Sache, denn erstens gibt es nichts, denn sie glauben nicht, daß Leute arm werden können, und das zweite ist 6 Monate Kittchen, und sich rumtreiben, heißt das eine Bein im Armenhaus hier drüben und das andre in der Arbeitsanstalt in Kopenhagen ... der Däne, der gleichzeitig mit mir hieraus gekommen ist, ist weggejagt worden, weil er nichts tun wollte, aber wir haben an seiner Stelle einen Jütländer bekommen, der hier drüben gewesen war, der auch englisch sprechen kann. Denn hier muß man arbeiten; das ist von $4^1/_2$ Uhr morgens bis $6^1/_2$ Uhr abends, Frühstück 8 Uhr morgens, dann aufs Feld bis 12 Uhr, raus 1 bis $5^1/_2$ Uhr, dann nach Hause und Vesper bekommen. Ich bin als Knecht angestellt, aber muß am Morgen mit melken helfen und am Sonntag zweimal. Wir sind jetzt grade fertig, wie ich zu schreiben anfange ..." Im Monat Juli steigt die Arbeitszeit zu Zeiten noch von 4 morgens bis $7^1/_2$ abends, wo „es mir grade paßt zu Bett zu gehn, denn um 8 Uhr ist es dunkel." Aber trotz der vielen Arbeit und „einer Hitze, daß es ein Grauen war, zwei Tage war es 87 Grad Wärme Celsius auf Englisch *[will sagen: Fahrenheit]* hält Hans gut durch, und die verschiedenen interessierten Anfragen von Hause betreffs des Branntweins beantwortet er unterm 2. Juli folgendermaßen:

„Ob Spiritus hier existiert, das ist ebenso wie zu Hause, aber er ist teuer, wir können hier garnichts von solchen Sachen bekommen. Wenn wir aufs Feld gehn, haben wir Wasser mit, und das geht großartig, das ist Quatsch, wie in Dänemark, daß die Leute nicht arbeiten können, wenn sie nicht Bier, Schnaps und gutes Mittagsessen bekommen, sowas kennen wir hier drüben nicht. Löffelessen egistiert hier nicht, es gibt Braten zu jeder Mahlzeit, und die Arbeitszeit ist von 4 Morgens bis 6¹/₂ Abends und nur 3 Mahlzeiten. Das ist ja auch etwas ganz neues für mich, denn sie ernten ja nichts von Kräutern oder Feldpflanzen, was nicht auf den Tisch kommt und roh gegessen wird; das einzige, was ich von allen den Delikatessen nicht gekostet habe und was noch nicht auf dem Tisch gewesen ist, ist Heu, aber das kommt wohl noch."

Hans Rasmussen ist „Kuhtempler" geworden, wie er schreibt, also Goodtemplar, „und will meine Gelder sparen, bis ich nach Hause komme, ein halbes Viertel, 25 Cent, 1 Krone . . liebe Mutter, Du schreibst, ob ich wilde Katzen gesehn habe, das habe ich, aber das waren Whisky-Kater, und die sind teuer." Er will ferner Geld dadurch ersparen, daß er selbst seine Sachen wäscht, „denn es ist zu teuer, bei den Chinesen waschen zu lassen."

Daß man in der neuen Welt dem einzelnen Menschen gegenüber keine übertriebene Empfindlichkeit beweist, ist Hans auch auf andrem Wege als durch die Arbeitsverhältnisse klar geworden:

„Es ist neulich hier ein großes Eisenbahnunglück gewesen, zwei Züge sind zusammengestoßen, der eine war mit Dynamit beladen und der andre mit Menschen, sie gingen in die Luft, und es waren viele, die verwundet wurden, und viele tote; für dreimalhundert tausend Dollars Dynamit ist in die Luft gegangen; sie sprechen hier drüben davon, daß entsetzlich viel Geld da verloren ging; aber von den Menschen sprechen sie nicht, die mitgingen, denn ein Mensch hier drüben gilt nicht so viel wie ein toter Hund zu Hause. Stirbt einer abends, wird er am Morgen begraben."

Aber er wird nicht sentimental darüber, ebenso wenig wie er sich vom Klima angreifen läßt, dessen schroffe Übergänge von übermäßiger Wärme zu bitterer Kälte er oft notiert, er ist frisch und

gesund, führt den 14. Mai an, daß er "eine Uhr gekauft hat, sie kostete einen Dorlars, sie geht gut" und daß er denselben Tag "das erste Geld auf die Sparkasse bringen wird", 53 Kr. 25 Öre. Zur Unterhaltung in seiner knappen Freizeit möchte er gern mehr Zeitungen gesandt haben als die vier Pakete, die er schon bekommen, "denn ich möchte gerne etwas über den Krieg lesen" [also den russisch-japanischen]. Und könnte "eine Rolle Priem darin versteckt werden, wäre das ja famos," vollendet er eine ähnliche Zumutung an einen der Männer, die ihn nach Amerika geschickt hatten. Ein dänischer Kautabak und ein Stück Roggenbrot ist im großen ganzen etwas, "wonach er sich sehnt ... hier bekommen wir nichts andres als Feinbrot." Im Übrigen erwähnt er interessiert die merkwürdigen Dinge, die er gesehn oder von denen er in der Fremde gehört hat: "Von wilden Tieren haben wir Bären, Wölfe, Brillenschlangen und eine Art Affen, die den Menschen nichts zuleide tun, aber Hühner und Tauben rauben; aber so dicht an der See, wie ich bin, gibt es keine, die halten sich oben in den Wäldern auf. Jetzt fängt es an hier drüben herrlich zu werden, der Wald schlägt aus, und da sind viele schöne Vögel; einer ist da, der ist unsern Raben zu Hause ähnlich, aber hier nennen sie ihn Katzenvogel, weil er so miaut wie eine Katze und bellt wie ein kleiner Hund. Wir haben einen großen Brand hier drüben gehabt, wo ein großer Teil Häuser und eine Kirche und ein Dutzend Menschen verbrannte, meist Kinder. Hier drüben gibt es eine Art Bäume, die Mäbelbäume heißen, von denen man Syrup zapfen kann, der ganz schön schmeckt, aber er muß erst gekocht werden."
*[Nach sachverständiger Mitteilung ist der Katzenvogel (the cat bird) eine Art Spottdrossel, Mimus (oder Galeoscoptes) carolinensis. Bei "einer Art Affen" kann kaum an etwas andres als an den Waschbären (Procyon lotor) gedacht werden, den Raccoon der Amerikaner. Es gibt kein andres kanadisches Tier, das in Bewegungen, Ausdruck und Form der Hände so viel*

*Affenähnliches wie der Waschbär hat; er soll auch ausgezeichnet klettern können. Eigentliche Affen gibt es nicht in Kanada; dagegen gibt es zahlreiche Schlangen, doch keine Brillenschlangen. Der „Maple"-Baum ist eine Art Ahorn. Maplesugars erhält man vom Saft des Roch-Maple.]* In einer besonderen Zuschrift an einen Schwager läßt er seiner guten Laune die Zügel schießen: „Meine Photographie kann ich Euch nicht so bald senden, denn ich habe mir den ganzen Bart abgenommen, sodaß ich wie ein neugeborener Igel aussehe. Johanne schrieb wegen Ansichtskarten, die werde ich kaufen, wenn ich in die Stadt komme. Grüß den Timian-Besitzer *[einen Schwager, der Gärtner ist]* und sag ihm, daß er hier rüberreisen und das Landwesen richtig lernen sollte, hier düngen wir die Erde mit Feuerstein und ernten Mauerschutt dafür, das sollte er abwechselnd versuchen, dann könnte er bald ein Gutshaus haben. Grüß Hansiene, meine Schwester. Mein Kamerad ist in die Stadt und will sich einen Affen kaufen, Sonntag bekam er den auch und ein paar auf die Schnauze, und dann stahlen sie ihm noch zwei Dollars. Gutnacht und schlaf wohl, hier sind die Mücken ebenso groß wie die Heuschrecken zu Hause. Ach, laßt mich zufrieden!"

Die Indianer sind ein Stoff, zu dem er mehrmals zurückkehrt; sie haben augenscheinlich zu Hause, von den kleinen populären Heften mit den kolorierten Umschlägen her, seine und seiner Familie Phantasie beschäftigt. Hier in Kanada wohnt er „dicht neben ihnen, aber sie sind friedlich; es kostet 50 Dollars Strafe ihnen Spiritus zu geben oder zu kaufen, denn dann werden sie verrückt, und wenn die Polizei sie zu fassen bekommt, dann müssen sie 6 Monate ins Kittchen... Wir haben sie zum Helfen mit beim Heu. Sie können nicht Hans sagen, sondern sagen Hes oder Haudi..." Im Übrigen ist er selbst im Juli „so von der Sonne verbrannt, daß er wie einer von ihnen aussieht".

Ferner sendet er der Mutter „die Photographie eines jungen,

hübschen Mädchens, die kürzlich in ihrer Wohnung in Mailand [?], eine Meile, wovon ich wohne, ermordet worden ist", und erzählt von Unglücksfällen, „wo wir viele von haben", wie Eisenbahnunfällen oder einem großen Brand in Montreal. „Es brannte ein großes Gebäude ab, wo eine Schule für alle Ausländer war. Das war schade, denn ich wollte im Winter dahin gehn und die Sprache richtig lernen; es kostet einen Dollars im Monat."

Doch unter diesen Erzählungen von seiner Arbeit, beginnenden Ersparnissen und dem Leben um ihn her geht ständig die Nachfrage nach den Verhältnissen zu Hause, die ihn im innersten Innern hochgradig beschäftigen.

Zunächst ist da die Brandstiftung, der er verdächtigt war. Da hat man, zu seiner großen Genugtuung, den Täter entdeckt, „denn jetzt können die Leute sehn, daß ich kein Verbrecher bin; und daß ich doch nach Amerika gereist bin, das ist bloß deshalb, weil meine Frau sich von mir wollte scheiden lassen, denn sonst wäre ich vielleicht nicht gereist." Nun würde das ja auch hübsch sein, wenn mit der moralischen Wiederherstellung ein materieller Schadenersatz verbunden sein könnte. Er schlägt seinem Schwager vor, „für einen ordentlichen und tüchtigen Anwalt zu sorgen, der die Sache für mich führt", und um sicherzugehn, will er „2000 Kr. Schadenersatz" verlangen, wenn er auch meint, daß „ich das wohl nicht bekomme, aber wir können es ja versuchen. Du kannst ihm 5 Prozent von dem Gelde bieten. Das glaube ich ist das beste, denn so gibt es ja hinterdrein kein Gerede, ich gebe Dir meine Vollmacht es einzutreiben." Und da die Mutter nüchtern meint, daß es keinen Zweck hätte, zu versuchen, Schadenersatz für die unverschuldete Untersuchungshaft *[die ja übrigens Hansen die Reise nach Amerika einbrachte]* zu erhalten, betont er, „daß die Sache nicht so veraltet, und wenn ich nach Hause komme, will ich selbst sehn, ob da etwas zumachen ist, denn dann kommt ein Mann und nicht irgend ein Dummerjan."

Im Übrigen aber läßt er rasch die Gedanken an die Affäre fallen. Sie treten ganz in Schatten vor dem, was ihm beständig das Allerwichtigste ist, die Frage nach der Frau und seinen vier Kindern, drei kleinen Mädchen, Marie, Karen, Sigrid, die bei seiner Abreise 11, 9 und 6 Jahre beziehungsweise waren, und dem damals knapp 1½ Jahre alten Jungen Marinus.

Die Frau hat sich von ihm scheiden lassen wollen, worauf einzugehn er sich weigerte, um doch in jedem Falle selbst zu tun, was er könne, um die Frage so lange wie möglich offenzuhalten, und die Briefe an die Mutter überschreibt er stets mit „Teure geliebte Frau, Kinder, Mutter, Geschwister und Schwager!"

An einer einzelnen Stelle, als seine Schwester mit der Frau gesprochen hat und meint, daß sie doch noch zu ihm hinüberreisen wollte, schwingt Hans sich zu einer Art moralischer Höhe gegenüber der Frau auf: — „Das könnte ja sehr schön sein," sagt er zu der Mutter, „aber ob der liebe Gott will, daß ich leben und glücklich zurückkommen soll in meine Heimat Dänemark, denn eine andre Heimat habe ich ja nicht, ob du bis dahin stirbst, es kann ja lange sein, und es kann auch kurz sein, darum will ich mein Geld sparen, bis ich einsehen kann, daß ich nicht gleich auf den Hintern falle, und wenn dann meine Frau in der Zeit, daß ich fortgewesen bin, ein anständiges und ordentliches Leben geführt hat, können wir zusammenkommen und ein gutes Leben mit einander führen für die Arbeit, die ich in Amerika getan habe."

Doch sonst hat Hans immer Angst davor, daß die Frau sich wirklich nicht dazu bewegen lassen sollte, wieder mit ihm in Verbindung zu treten, und daß die Kinder von ihm fern gehalten werden. Er sendet stets Grüße an „meine liebe Frau und Kinder" und fügt vorsichtig hinzu z. B.: „Du läßt meine Frau wohl die Briefe lesen, wenn sie sich was draus macht..." oder „Ich freue mich, daß mein Junge gehen kann, daß er bald hierüber kommen und mich besuchen kann, und daß sie alle mit einander gesund sind." Und in einem Briefe vom 14. Mai legt er vor der Mutter, mitten zwischen den Schilderungen seiner Arbeit und der Verhältnisse in Kanada, seine Gefühle ganz bloß. Ohne Übergang, gleich nach der Erzählung von Branntweinpreisen und unmittelbar vor dem Bericht von dem faulen Dänen, der weggejagt wurde, schreibt er plötzlich: „Ich habe keinen Gruß von meiner Frau und den Kindern bekommen. Aber sie ist wohl auch froh, daß sie von mir geschieden worden ist *[was sie damals übrigens nach dem Gesetze nicht war]*, denn dann kann sie sich ja bald einen Bräutigam nehmen, wenn sie noch keinen hat..." Und weiterhin im Briefe, nachdem er erzählt hat, daß es „im Sommer um 8 Uhr abends dunkel ist und heiß am Tage, daß man Tran schwitzt", fährt er fort: „Jeden Sonntag Abend küsse ich die Photographie meiner Frau und Deine. Liebe Mutter, deshalb würde ich mich freuen, die Photographie meiner Kinder zu bekommen, meine Frau braucht ja nicht zu warten, bis sie das Geld zusammengespart hat, denn sie kann es ja von mir bekommen; aber sie macht sich wohl nichts daraus, noch etwas von mir anzunehmen, denn von der Seite gibts wohl keine Freundschaft mehr für mich; doch wenn es die gibt, dann wäre ich frei von Sorge und Qual; aber der Tag kommt wohl nie mehr, daß sie mein Herz froh macht."

Dann berichtet er weiter von der Art der Postbeförderung und von den Indianern, bittet die Mutter, „alle Bekannte von mir zu grüßen und zu sagen, wenn sie Geld verdienen wollten und etwas arbeiten, so können sie hierüber reisen, sendet „viele herzliche Grüße an Dich, meine liebe Frau, Kinder, Mutter, Geschwister, Schwäger" und auf der untersten Ecke des Papiers steht zuletzt eine ganz kleine kreisartige Figur mit Erklärung gezeichnet: „Das ist ein Küßchen für meine Frau und Kinder." —

Hans Rasmussen bekommt jedoch nicht das Bild, das er von Frau und Kindern wünscht, und in den Briefen vom Juli klagt er still der Mutter gegenüber. Im Anschluß an die Mitteilung über die Photographie, die er ihr von dem schönen jungen Mädchen schickt, das ermordet worden ist, sagt er: „Und nun frage ich, liebe Mutter, ob ich bald die Photographie meiner Kinder und meiner lieben, süßen Frau bekomme, denn ich sehne mich danach, sie bald zu sehn, denn soll ich warten, bis ich nach Hause komme, so dauert das ja lange..." Später kommt es ganz lockend: „Das ist hübsch von Laura und Carla, daß sie an mich schreiben, weil ich nicht einen Buchstaben von Frau und Kind bekomme. Marie *[also das älteste 12jährige Mädchen]* könnte doch schon an mich schreiben und mir mitteilen, wie es ihnen geht, ob sie gesund sind und sich wohl fühlen, weil ich ohne Freunde und Bekannte hier in dem fernen Westen bin. Ich würde sehr gern sehn, ob Marie ebenso schön wie Carla schreiben kann." Und der Brief schließt mit dem resignierten: „Wenn meine Frau die Briefe nicht lesen will, so grüße sie und die Kinder."

Endlich schreibt die Tochter Marie denn auch ihrem Vater. Er ist in einem Briefe vom 22. August glücklich darüber, aber richtet doch in erster Linie den Dank dafür an seine „teure, geliebte Frau", die nicht geschrieben hat, aber dennoch dafür bedankt wird, „weil Du und die Kinder an mich schreiben wollen". Er ergreift augenblicklich die schwache Gelegenheit, die der Brief des Kindes ihm gegeben hat, direkt an seine Frau zu schreiben und zu erzählen, wie er den 8. August seine erste Stelle verlassen hat, bei dem Farmer, der ihn um jene 10 Dollars betrogen, die Hans hatte stehn lassen, der aber jetzt, als er reisen will, ihm sowohl die 10 Dollars anbietet und 20 Dollars dazu im Monat, „aber ich sagte Nein, denn sonst wäre ich um 30 bemogelt worden. Denn hier drüben ist das nicht so, wie zu Hause, wenn sie einen guten Mann und gute Kühe haben, dann sind *[sie]* froh. Wenn man nur tüchtig schuften kann! Ich hatte wollen 55 Dl. auf die Bank geben, aber mußte mich mit 45 begnügen. Ich bin bei einem Anwalt gewesen und denke, ich werde sie bekommen." Jetzt ist er nach der Stadt Lachine gegangen und arbeitet in „einer großen Maschinenfabrik, wo wir 16 hundert Mann sind, die arbeiten. Ich habe 8 1/2 Dollars die Woche... Liebe, gute, süße Frau, glaube mir, ich wohne fein, es ist Mansarde, und ich habe schöne *[Aussicht]* über die ganze Stadt, über die See, den Kanal, der nicht weiter als 30 Ellen vom Haus ist, wo die Schiffe jeden Abend mit voller Musik durchfahren und hinüber nach der Indianer Stadt Kokke de Vaare *[Caughnawaga]*, aber am Sonntag ist es hier trist, denn da ist alles geschlossen, und am Abend ist es um 8 Uhr dunkel den ganzen Sommer durch. Glaube mir, liebes Kind, daß ich daran denke, viele Male, wenn Dänemark wie hier gewesen wäre, hätte es uns gut gehen können, denn findet man hier nicht die eine Arbeit, so findet man die andre, wenn man nur angreifen will. Die erste Woche hatte ich Kost, wo ich wohne, aber jetzt beköstige ich mich selbst, denn 3 1/2 Dorlars die Woche war zu viel, ich gebe einen Do. die Woche für Loji. Glaube mir, liebe Frau, von jetzt ab fühle ich mich froh wie der Vogel im Walde und hoffe, daß wir nie mehr mit einander entzweit werden sollen; was geschehen ist, daüber sprechen wir nicht mehr, und ich *[glaube]*, daß Du immer sein wirst und ich Dich immer nennen kann meine einzige liebe, süße Frau und meine süßen kleinen Kinder. Liebe, kleine, süße Marie, ich danke Dir vielmals für Deinen Brief und freue mich, daß Du auch an Deinen Vater schreiben kannst. Liebe Marie, Vögel kann ich Dir nicht schicken, denn die fliegen so hoch, aber Geld sollt Ihr mit dem nächsten Brief bekommen, den ich schreibe, denn hier bekommen wir nur alle vierzehn Tage Geld, sonst muß ich nach der Bank reisen, und dahin ist es 2 Meilen; ich will eine Ansichtskarte kaufen, wenn ich nach Montrial komme; Du kannst Großmutter den Brief hier lesen lassen, dann schreibe ich diesmal nicht weiter."

Kurze Zeit darauf bekommen auch Marie und die andern Kinder einen Brief von ihm. Er schreibt liebevoll und munter:

„Liebe kleine Marie, Karen, Sigrid, Marinus!

Es ist hübsch, daß Du so an Deinen Vater schreiben kannst, und ich freue mich, daß Du in eine andre Schule gekommen bist, wo Ihr etwas Neues lernen könnt. Aber jetzt mußt Du auch Marinus turnen lernen, daß er hoch springen kann, kriechen, hinfallen, ohne sich zu schlagen, niesen, ohne mit den Augen zu zwinkern; alles was Du selbst lernst, mußt Du ihn auch lernen, denn wenn Ihr hierher kommt, ist damit etwas anzufangen, über die hohen Berge zu kriechen, auf Walfischen zu reiten und Kanarienvögel zu fangen *[von denen Hans — zu Unrecht — erzählt hatte, daß sie wild in Kanada lebten, indem er den Kanarienvogel mit irgend einem der vielen, gelb- oder grüngefärbten, kleineren kanadischen Singvögel verwechselt hat]*; das ist hier nicht wie zu Hause; Rundebakke\*) da, das ist hier drüben bloß ein Maulwurfshügel. Aber nun zeigt mir, daß Ihr tüchtige Kinder werdet, dann wird Vater Euch Geld zu neuen Sachen geben. An Euern Geburtstag denke ich wohl und gratuliere Euch, und" — wendet er sich wieder an die Frau — „ich gratuliere Dir, meine liebe, süße Frau."

Außer der Frau bekommen einige aus der übrigen Familie bei der Gelegenheit etwas mit: „Liebe Schwester, Schwager Rudolf, ein paar Worte an Dich, liebe Schwester, will ich nicht vergessen. Du fragst nach wilden Tieren, von denen habe ich nichts gesehn außer Mücken, Spatzen und Spinnen, aber die sind nicht schlimm, wenn man sie nur nicht neckt oder ihnen auf die Zehen tritt; aber wenn ich welche sehe, werde ich es Euch schon mitteilen, Euch allen."

Aber zuguterletzt kommt doch wieder: „Zum Schluß einen freundlichen und herzlichen Gruß für Dich, meine einzige, süße Frau, Kinder, Mutter, Geschwister und Schwäger von Hans Rasmussen.
Lachine Locks Que. Canada Amerika.

---
\*) Das oben erwähnte Hünengrab bei Orholm unweit Klampenborg. Übs.

Das ist eine schöne Adresse. Jetzt erwarte ich Brief und Photographie mit Sehnsucht!"

Diese sehnsuchtsvoll erwartete Photographie kommt denn auch schließlich, und wenn auch sein forschender Blick einen kleinen Mangel am Ausdruck der Frau zu entdecken scheint, ist er doch außerordentlich zufrieden und schreibt — aus Montreal gegen Ende August — mit optimistischen Zukunftsplänen vor Augen.

„Teure geliebte Frau, Kinder, Mutter, Geschwister, Schwager!

Ich habe Eure liebe Photographie erhalten und bin strahlend wie ein neugeschlagener Dorlars. Ihr seid wirklich nett, aber mir scheint, meine liebe, süße Frau sieht etwas böse aus. Ich habe Euch alle heute Abend geküßt und geträumt, daß Ihr hier drüben wart, und ich war so froh, aber das dauerte ja nicht so lange, bis ich in der Freude enttäuscht war. Ich habe aufgehört in der Fabrik zu arbeiten; einen Monat müssen wir aufhören, aber ich habe andre Arbeit bekommen und will heute Abend reisen. An Tellephon sollen wir arbeiten, es ist mehr nach Westen, und ich glaube nicht, daß es da so kalt ist wie hier; es ist fest für den ganzen Winter, 30 Dollars im Monat, Kost und Loji. Ich bin noch nicht länger als einen Tag hier in Amerika spazieren gegangen, aber es handelt sich ja auch nur darum, sich abzuschuften und Geld zu verdienen, daß ich Dir helfen kann, mein süßes Frauchen und süßen Kinderchen. Ihr dürft nicht frieren und auch nicht hungern, denn dann schreibt nur, dann sollt Ihr bekommen, was Ihr braucht, und Euch nichts draus machen, wo ich hier in Canada hinreise, denn ich muß sehn, wo die beste Arbeit ist, und wo ich das meiste Geld verdienen kann, damit ich Euch bald hier haben kann. Ich war gestern Abend im Theater und amüsierte mich ganz gut, es kostet nur 10 Cent. Sonntags war ich auf dem Berge, wo man über Montreal und viele Meilen fort sehn kann; das ist schön. Wenn Ihr hierher kommt, werdet Ihr ganz erstaunt sein, wenn Ihr all den Zauber seht, dens hier gibt.

Ich habe grade mit ein paar Dänen gesprochen, die hier rumbummeln und nicht arbeiten wollen, sondern nur stehlen; der eine ist hierdrüben 2 Jahre im Zuchthaus gewesen und grade rausgekommen, denn hier drüben hat man zwischen drei Dingen zu wählen: Arbeit, Zuchthaus oder vor Hunger sterben; ich ziehe aber das erstere vor, da ich ja jetzt meine Lieben habe, für die ich arbeite. Schwester fragte, ob es hier den Tiergartenhügel\*) gibt; nein, davon gibts hier nichts, aber da will ich fragen:

> Wo ist der dänische Buchenhag?
> Wo des Öresunds Wogenschlag?
> Wo ist der Tiergartenberg, sage mir, hin.
> Nach Dänemark steht mein Sinn.

Zum Schluß einen freundlichen und herzlichen Gruß an Dich, meine süße, liebe Frau, Kinder, Mutter, Geschwister und Schwäger."

Aus einem späteren Briefe vom 15. September an die Mutter ersieht man, daß Hans Geld nach Hause an die Frau und die Kinder geschickt hat, doch wohlgemerkt durch die Mutter, da er sich doch nicht recht auf die Frau verlassen möchte . . . „Liebe Mutter! ich habe 50 Dollars geschickt, Du hast sie wohl bekommen, teile es mir mit. Es ist für Eure Bedürfnisse, und zeige mir, daß Du gut für Frau und Kinder sorgst und sie in die Schule gehn und etwas lernen läßt und laß sie im Winter nicht frieren oder hungern. Gib ihnen alles, was sie brauchen, und Du selbst mache Dir das Leben bequem mit gutem Essen und Tee, aber nicht mit Kaffee. Wenn Ihr es verbraucht habt, so schreibe nur um mehr, es soll auf der Stelle kommen. Und wenn die Kinder neue Sachen bekommen haben, laß sie ausgehn und sich im Zoologischen Garten amüsieren oder im Theater, daß sie etwas zu sehn und zu hören bekommen, und wenn Ihr die Tiere im Garten seht und da steht Canada, dann

---

\*) Volksbelustigungsstätte im Tiergarten bei Klampenborg. Übs.

könnt Ihr die Tiere sehn, die ich jeden Tag sehe und unter denen ich lebe ..."

Die Mutter ist augenscheinlich gespannt gewesen, ob die Frau ihm geschrieben hat; doch Hans muß antworten: „Du schreibst, liebe Mutter, ob ich einen Brief von meiner Frau bekommen habe. Das habe ich nicht. Und [daß] meine Frau krank gewesen ist und sich nicht recht erholen will, das habe ich auch nicht gewußt. Sage ihr, daß sie im Winter zu Hause bleibt und sich richtig pflegt, daß sie sich erholt." Es scheint, als ob das Geld, das Hans ihr bereits hat senden können, ihm etwas zu Kopfe gestiegen ist, denn da die Frau „sich hat alle Zähne ausziehn lassen müssen", bietet er ihr sofort an, daß „sie neue Zähne von mir bekommen soll, wenn ich nach Hause komme," und wenn die Tochter Marie „im Winter in die Einsegnungsstunde gehn soll, gib mir das Maß, damit ich ihr Sachen zu ihrer Einsegnung schicken kann, und laß sie photographieren, daß ich sehn kann, wie nett sie ist;" einer andern jungen Konfirmandin will er, „wenn wir hier fertig werden," ein Konfirmationsgeschenk senden, aber „das soll in Geld bestehn, das sie auf die Bank geben kann" — doch hat seine gute Laune, auch sich selbst gegenüber, ihn nicht verlassen, indem er hinzufügt: „... und ich wünsche, daß sie das vermehren wird, damit sie ein gutes Geschäft aufmachen kann, wenn sie ein süßes Männchen bekommt, aber nicht bevor sie 80 Jahr alt wird." In vorzüglicher Laune dankt er dem Schwager „für den Brief und ist froh darüber, daß Du mir den Priem versprochen hast, den ich nicht bekommen habe. Aber lieber Schwager, versuche es noch einmal und sieh zu, ob es geht." Und er benachrichtigt ein junges Mädchen, das nach Amerika zu reisen gedenkt, daß sie kommen kann, wann sie will. Die Seereise ist nicht gefährlich, und Heimweh kann sie nicht bekommen, da hier drüben so viele rote Männer sind. Sie werden alle aus Vagabunden in Arbeitsleute verwandelt, weil es hier sowas nicht gibt ..."

Aber der Humor ist in einem Briefe vom 12. November etwas umwölkt, den er von seinem Arbeitsplatz am Telephon, 12—14 Meilen von Montreal, im Orte Blendriver schreibt. Er hat freie Reise dorthin bekommen, 30 Dollars im Monat mit freier Kost und Logis, „sobaß ich kein andres Geld brauche als zu Priem. Ich wasche und flicke meine Sachen selbst." Aber von der Frau ist kein Brief gekommen, und es tröstet ihn nicht, daß „ich meinem süßen Frauchen und meinen süßen Kinderchen zu ihrem Geburtstage gratulieren darf." Er schließt: „Wir haben sehr feines Wetter, noch keinen Schnee und nur leichten Frost. Die Sonne scheint, und die Vögel singen, und ich singe mit, aber ich wäre doch froher, wenn ich einen Brief von meiner Frau und meinen Kleinen bekäme. Ja, liebe Mutter, es ist nicht schwer froh zu sein, wenn der liebe Gott uns nur die Gesundheit schenkt. Ich möchte gern den Brief haben."

— Hans Rasmussen hatte seine Frau kennen gelernt, als sie auf einem Bauernhof, wo er arbeitete, diente, in der Nachbargemeinde seines Geburtsortes. Sie war dort ortsangehörig, im September 1866 geboren und von ihrem siebenten Jahre bei ihrer Mutter erzogen, die sich mit einem Fabrikarbeiter an demselben Orte verheiratete. Jensine ging nur in die Volksschule und diente nach der Konfirmation teils bei Bauern, teils bei Herrschaften aus Kopenhagen.

Der Brief, den sie endlich ihrem Manne in Kanada schickt, mußte wohl dazu angetan erscheinen, alle seine Hoffnungen niederzuschlagen.

Er ist den 29. Oktober 1905 geschrieben und lautet:

„Ich möchte nur mitteilen, daß ich niemals irgendwann nach Amerika ziehe mit meinem Willen hast Du nicht die Nachricht davon bekommen, sondern das ist ganz aus der Luft gegriffen; Ich Wage nie mehr etwas für Dich, weiter kannst Du nichts erwarten nach Deiner Aufführung gegen mich, und deine Kinder, ich möchte auch bitten mich mit Familienbriefen zu verschonen, ich schicke sie nur zurück,

Jensine — — —<br>geb. Johansen."

Ungefähr gleichzeitig wird ihm auch unter dem 1. November das Schreiben vom Stiftsamtmann des Kopenhagener Amtes übersandt, worin ihm mitgeteilt wird, daß das Justizministerium, „trotzdem der Mann sich der Scheidung widersetzt," sie der Frau bewilligt „unter der Bedingung, daß sie bis auf weiteres das gemeinsame Eigentum behält; aber, falls er zurückkehrt, muß er Unterhaltungskosten zahlen."

Ganz niedergeschlagen schreibt denn auch Hans Rasmussen den 26. November nach Hause an seine „teure geliebte Mutter, Geschwister und Schwäger." Erst drückt er seine Freude darüber aus, von der Mutter und den Geschwistern gehört zu haben, und weil sie geschrieben haben, daß sie „seinetwegen froh sind. Ich bin auch ein ganz andrer Mensch geworden, denn wenn man nur will und einem der liebe Gott hilft, so geht das alles schon. Ich verdiene viel Geld und hoffe auch, einmal nach Hause zu kommen und ein wohlhabender Mann zu sein, denn alles, was ich verdiene, bringe ich auf die Bank. Ich habe 30 Dollars im Monat, Kost und Logi, aber es ist ja auch harte Arbeit." Doch wehmütig fährt er fort: „Liebe Mutter! Nun ist es ja bald Weihnachten, und ich hoffe, daß Ihr Euch freut, alle, und daß Ihr alle gesund seid. Für mich wird das nicht so freudig, ich habe einen schönen Brief von meiner Frau bekommen, den ich zurückschicken will *[womit er auch an die Mutter zurückerfolgte, die ihn aufbewahrt hat]*, und Du möchtest sie bitten, nicht mehr in dieser Weise an mich zu schreiben. Den Scheidungsbrief habe ich bekommen, sobaß ich keine andre Familie mehr habe, als Dich, Kinder, Geschwister ... Nun kannst Du Jensine Johansen diesen Brief zu lesen geben und weiter keine, denn es ist ihr ja gleichgültig, wo ich bin, und wie es mir geht."

Und die Nachschrift lautet: „Willst Du meinen Kindern diesen Brief geben!"

Als unmittelbare Fortsetzung hiervon folgt gegen Weihnachten ein direkter Weihnachtsbrief an die Kinder auf einem kleinen Briefbogen, der oben das wohlfeile Bild einer Schleuse mit einem Dampfschiff trägt, unterschrieben: Ship Canal, Sault Ste. Marie, Canada.

„Liebe kleine Marie, Karen, Sigrid, Marinus. Da ich zu Weihnachten nicht nach Hause kommen kann und Euch gratulieren, so will ich Euch dieses schöne Bild senden und wunschen, daß Ihr alle gesund seid und es Euch gut geht, und daß Ihr fleißig lernt, damit Ihr in der Welt vorwärts kommen könnt und gute Kinder und Menschen werden und nicht wie andre, die fortgeschickt werden und nie mehr heimkommen, und einen Kuß Euch allen von mir. Nun will ich Euch allen eine frohe Weihnacht und ein gutes Neujahr wünschen, und Ihr möchtet alle gesund und froh sein und es gut haben und einen schönen Gruß für Dich, kleine Marie, Karen, Sigrid, Marinus von Eurem Vater Hans Rasmussen, Brinbriges Camp Patton Ontario Canada."

An die Mutter schreibt Hans vertraulich wie immer, wie er „meiner Frau zeigen kann und wird, daß sie einen Mann hat oder gehabt hat, der als ein ganz andrer Mensch wieder heimkommen wird, und dann werden wir sehn, ob sie nicht bereut, was sie tut und getan hat. Aber, liebe Mutter, will sie nicht mehr an mich schreiben, so muß ich ihr schon verzeihen, denn einmal wird sie es schon bereuen, denn, führt sie sich nicht ordentlich auf, sodaß ich mich über sie nicht zu schämen brauche, so wird sie niemals mehr einen Cent von mir bekommen, und wenn da 20 Gemeindebehörden mich belangen. Aber das müssen wir ja alles sehn und abwarten, und der liebe Gott wird mir helfen."

Vorläufig wird er mitten in der Arbeit von seiner alten Krankheit betroffen und muß in ein Krankenhaus gehn. Doch Hans nimmt sein Verhängnis mit Ruhe und nicht ohne Humor auf. Den Vorteil bringt ihm der Aufenthalt im Krankenhause, daß er, wie er ausdrücklich hervorhebt, „Zeit hat, ein ganz Teil über Canada zu schreiben", und zwar an die Mutter. Drei lange Briefe sendet er zwischen dem 6. und dem 20. Dezember ab, alle nur gerichtet an „Liebe Mutter und Kinder!"

Die Schilderungen von Kanada enthalten nichts wesentlich Neues gegenüber dem, was er früher berichtet hat, doch den Aufenthalt im Krankenhause beschreibt Hans mit einem wohltuenden Mangel an Mitleid mit sich selbst: „Das Krankenhaus ist katholisch, da halten sie ja nicht viel von den Lutheranern, aber darauf pfeife ich." Als unbemittelter, aber praktischer Mann hat er es so einrichten können, daß „ich etwas aufstehe, so daß ich 3 Mal am Tage aufwarte. Wenn ich Dir nur etwas von dem Eingemachten schicken könnte, das wir hier bekommen, die Franzosen leben von nichts andrem als solcher Leckerei!" Und im übrigen wird die Behandlung folgendermaßen charakterisiert: „Das hier ist ein kleines Resett dafür, wie Ihr zu Hause schlimme Beine behandeln müßt, so behandeln sie die Krankheit hier drüben: Ins Bett 8 Uhr abends, schlafe, wenn man kann, bis 7 Uhr morgens, dann Frühstück, Tische abdecken, abwaschen, sich selbst waschen, fegen und Töpfe raustragen. Um 9 Uhr fange ich an die Fußböden bis 12 mittags aufzuwischen, das zu servieren, Tische abräumen, abwaschen und dann den Flur aufzuwischen bis 5½. Um 6 Vesperbrot, das servieren, Tische abräumen, abwaschen, und wenn dann ein Kranker kommt, ihn ins warme Bad stecken. So ist meine Behandlung im Krankenhaus hier drüben, und wenn ich den Boden aufwische, muß ich auf den Knien liegen; das Mittel mußt *[Du]* denen auf dem Amtskrankenhause geben und sagen, daß es ausgezeichnet für Gicht und schlimme Beine ist; das ist amerikanisch."

Trotzdem er sich augenscheinlich bestrebt, in den Briefen aus dem Krankenhause nicht die Gedanken an die Frau in den Vordergrund treten zu lassen, tauchen sie doch auf, einmal gefolgt von einer drastischen Schilderung dessen, was er an einer Stelle „das Volksleben hier drüben" nennt.

Es heißt: „.. wenn Du schreibst, dann teile mir mit, wie es meiner Familie geht, und teile mir mit, was Jensine Johansen zu dem schönen Brief sagt, den sie geschrieben und zurückbekommen hat. Findest Du nicht, das war schön, erst der Scheidungsbrief und dann der andre; aber ich bin froh, daß mir der liebe Gott meinen gesunden Verstand bewahrt hat, denn glaube mir, liebe Mutter, daß man hier viel aushalten können muß, wo man unter Dieben, Räubern und Mördern leben muß. Denn das ist hier nicht wie zu Hause, daß man einander erzählen kann, daß man das hat oder dahin reisen will; man hat bloß die Klappe zu halten. Da war ein Schwede, der kam aus dem Walde und hatte 120 Dorlars. Er ging ins Wirtshaus und zeigte die 20 Dorlars, verlangte ein Bier, aber die hatten Schlaftropfen ins Bier getan, daß er in Schlaf fiel. Während er schlief, stahlen sie das Geld, 20 Dolar ihm weg, und dann wurde er rausgeworfen. Aber das Rindvieh sagt: Ihr habt nicht alles Geld gekriegt, ich habe 100 Dorlars in meinen Stiefeln. Gleich waren da ein paar Spitzbuben: Wir wollen Dir helfen und die Diebe suchen, wir kennen sie! und vergnügt war der Schwede. Sie gingen in der Stadt herum, aber kamen in dasselbe Wirtshaus, verlangten 3 Bier, der Schwede fiel in Schlaf; während er schlief, schnitten sie die Fußteile von den Stiefeln und stahlen die 100 Dorlars. Wie der Schwede erwachte und zu seinem großen Schreck sah, daß der Fuß vom Stiefel abgeschnitten war, wurde er ganz rasend. Das Ende war, daß er eine tüchtige Tracht Prügel bekam, rausgeschmissen wurde, wo er Straßenauflauf machte, daß die Polizei kam, wo er auf den Schutzmann einschlug, auf die Wache geworfen wurde, wo sie ihn windelweich schlugen, und dann vielleicht 6 oder 12 Monate ins Gefängnis. Siehst Du, so geht es hier drüben zu. Hier drüben bestrafen sie so feste. Es ist erst 5 Jahre her, daß die Tretmühle abgeschafft worden ist."

Daß die Frau in ihrem kurzen, bitteren Brief sich mit ihrem Mädchennamen unterschrieb, hat Hans Rasmussen sehr gekränkt. Er schließt einen der Dezemberbriefe: „Liebe Mutter, ich darf wohl nicht mehr an meine Frau schreiben, aber einen freundlichen Gruß und ein schönes Neujahr für Dich, liebe Mutter, Kinder, Geschwister, Schwäger und Jensine Johansen. Sie schreibt ja Jensine, geb. Johansen, also trägt sie ja meinen Nachnamen nicht mehr, wie mir scheint."

Aber dennoch fügt er hinzu: „Du mußt nicht böse auf sie sein; grüße meine süßen Kinderchen."

Und den letzten Brief von 1905 schließt Hans folgendermaßen:

„Im Jahre 18hundert und 5\*) ist es geschehn,
Daß ich von Dänemark mußt' nach Amerika hin gehn,
Lebt wohl Heimat und Liebste, Euch muß ich lassen stehn
Vielleicht hast Du nen andern, wenn wir uns wiedersehn.

Liebe Mutter, noch etwas von Kanada: wenn ein Mensch hier drüben Nachts stirbt, dann werden sie am Tage begraben, und zu Weihnachten fährt die Heilsarmee in Schlitten umher und macht große Musik. Nun will ich hoffen, daß Ihr alle gesund seid und eine frohe Weihnacht habt. Für mich ist sie nicht so froh gewesen; aber etwas Unglück muß ich wohl immer haben; aber der liebe Gott hilft mir schon, und ich werde wieder gesund. Jetzt kannst Du meiner Frau die Briefe zu lesen geben, wenn sie sich was draus macht, und ich schließe mit vielen herzlichen Grüßen an meine süße Frau, Kinder, Mutter, die ich niemals vergesse." —

\*) Diese Anfangszeile stellt eine mehr oder weniger bewußte Reminiszenz an ein bekanntes dänisches Volkslied dar: Anno Achtzehnhundertsieben, kam der Engeländer bieben ... Übs.

Das Jahr 1906 bringt keine Änderung in der Stimmung der Frau ihrem geschiedenen Manne gegenüber.

Dies geht so deutlich wie möglich aus einem Briefe hervor, den Hans' Mutter von ihr den 23. April erhält und aus dem man übrigens auch ersieht, daß die Mutter, nach dem Wunsche des Sohnes, stets gesucht hat, die Verbindung zwischen den früheren Eheleuten aufrecht zu erhalten.

Die Schwiegertochter schreibt: „Liebe Schwiegermutter! Ich begreife nicht, wie Du immer noch dabei bleibst, mich an den Vater der Kinder zu erinnern, da ich immer eine schrecklich schlechte Laune kriege, wenn ich von ihm reden höre, geschweige seine Briefe lese. Bisher habe ich das getan, um Dich nicht zu sehr zu verletzen, und nicht wegen mir selbst, da ich mich bloß über ihn ärgern kann. Er, der in seinen Briefen so viel von seinen Kindern spricht, könnte er nicht daran denken, ihnen etwas weiter vorwärts zu helfen, indem er ihnen etwas Geld oder sowas schickt, anstatt so weit fortzureisen und immer noch weiter und weiter fortzureisen. Das ist bloß, um all das loszusein, und all das andre ist nichts als leeres Gerede, was er schreibt; aber er muß so tun, als ob er ein großer Herr ist. Ich glaube nicht, daß es wahr ist, die Hälfte davon, was er in seinen Briefen schreibt, und Du kannst mir glauben, es ist genug, das mich spekulieren und nachdenken läßt; wenn Ihr bloß einen von der Familie seht, denen geht es ja allen einigermaßen gut, aber ich und die Kinder sind gewissermaßen, ja wir sind ja ein für allemal verlassen, und wenn die Kinder krank oder sowas sind, dann liegt es doppelt schwer auf mir. Ich bin nicht immer bei so guter Laune, wie viele vielleicht glauben, ich weiß schon, was ich im innersten Innern trage.. Das kann mir ja auch gleich sein, wohin er zieht in der Welt, ich habe doch nie was davon, denn ich reise niemals nach Canada und ziehe niemals mehr mit ihm zusammen, ich weiß am besten, wieviel ich seinetwegen durchgemacht habe. Ich wäre einmal froh gewesen, wenn er sich geändert hätte, aber jetzt — jetzt ist es zu spät, und von alledem denkt und spricht er niemals in seinen Briefen; es sieht die ganze Zeit so aus, als ob ich es wäre, die den großen Fehler hätte, selbst die Kinder zu versorgen. Eins aber weiß ich, ich selbst habe nicht die größte Schuld. Und immer schreibt er doch, daß er bei guter Laune ist; ich bin sicher, daß er das nicht ist; das kann er unmöglich sein, wenn er ein kleines Bischen in sich selbst geht."

Hans ist indessen in Amerika seine Wunde am Bein losgeworden und arbeitet weiter aus allen Kräften.

Schon im Januar ist er aus dem Krankenhaus entlassen worden, trotzdem „ich ein großes Loch an meinem Bein habe, aber ich gehe jeden Tag auf Arbeit, aber ich denke noch mit Gottes Hilfe werde ich mich bald erholen."

Die Bedingungen hierzu scheinen im übrigen nicht günstig zu sein: „Wir haben 30 dänische Grad Kälte, Du kannst also glauben, daß es kalt ist und wenn man die Nase morgens rausstreckt." Doch Hans meint, daß es „gehn muß und wird". Er verdient 1 Dl. 75 Ct. den Tag damit, Brennholz aus dem Walde zur Bahnstation eines kleinen Ortes zu fahren, die 30 Meilen von Sct. Marie entfernt liegt, „ich arbeite zusammen mit Dänen, Norwegern, Schweden, Finländern, Englishmen, Franzosen, Indianern, Deutschen, Polen, Russen, Spaniern, Italienern, Neuseeländern, Schotten, Irländern, Negern, Dieben und Räubern, allem Pack von der ganzen Erde; sie haben mir eine neue Wolljacke gestohlen. Ein Mann hier ist nicht mehr als ein toter Hund zu Hause; aber es geht gut."

Zu Hause ist man, mit dem dänischen Blick für die Dinge und in Erinnerung an Hansens frühere, bedenkliche Unruhe, etwas ängstlich geworden, daß er so oft von einer Arbeit zur andern geht. Schwester Lise hat geschrieben, „daß ich bei meiner Arbeit bleiben soll; ja gewiß, von einem an den andern Platz zu reisen, bezahlt sich nicht, aber sieh mal, hierdrüben sind die Verhältnisse nicht wie zu Hause. Hier gibt es Arbeit genug, man braucht nicht eine Stunde frei rumzugehn. Hier bekommen sie die Leute auf der Straße an und fragen, ob sie Arbeit, vork, englisch *[work]* haben wollen. Aber ich kann Dich versichern, liebe Mutter, die Leute bummeln hierdrüben, Dänen, und wollen nicht arbeiten, sondern bloß von uns andern betteln, aber glaube mir, daß ich die Sache anders angefangen habe."

Am 24. März ist er „rasch gesund mit meinem Bein geworden, es sah eine Zeitlang schlimm aus." Aber jetzt hat er eine Medizin gebraucht, die die offene Wunde zum Verschwinden gebracht hat, „sodaß sie nicht größer ist, als ein 10 Örer", und er beeilt sich, das Rezept dieses Hausmittels nach Hause an einen Bruder zu schicken, der häufig an einer ähnlichen Schwäche wie der leidet, mit der Hans diesmal nun endlich zu Rande gekommen ist: „$^1/_{16}$ Liter gereinigtes Öl, einen Teelöffel gereinigten Spiritus, das Weiße von einem Ei, das ein junges Huhn zuerst gelegt hat, rühre das zusammen, grabe bis es kocht, sodaß das Weiße nicht festwird, laß es kalt werden, daß es eine Salbe wird, die alle Wunden heilt, 1 Teelöffel Pehnkiller *[painkiller]*. Das hat mein Bein geheilt, und da waren doch beinah so große offene Stellen wie meine halbe Hand, und ich bin jeden Tag auf Arbeit gegangen, wenn es auch 30 Grad Frost gewesen ist, und es ist ein milder Winter und mit 4 Ellen Schnee. Kleidung besteht in 3 Paar Strümpfen, 3 Paar Hosen, 2 Sweaters, eine Wolljacke, 1 Hemd, 2 Paar Handschuhe, die Mütze über den Kopf gezogen und frieren, daß die Zähne den Feißtanz im Munde tanzen; da muß man denn bloß nach der Nasenspitze sehn, daß sie nicht abfriert, denn das spürt man nicht, bevor es zu spät ist. Hierdrüben ist es famos für die dänischen Trinker, denn die haben meistens eine nasse Nase, und das ist gut für die Kälte."

Hans Rasmussen ist mit der Arbeit derselben Gesellschaft in einen andern kleinen Ort gekommen, „hier gibts Arbeit, solange

Schnee ist, dann reise ich auf der Bahn, ich habe 45 Dolars in meiner Tasche und werde noch 32 Dol. in 6 Tagen haben und dann in die Stadt und die auf die Bank bringen."

Von Hause aus hat die Mutter ihm Arbeit bei einem Farmer, von dem sie etwas weiß, zu schaffen gesucht; aber Hans schreibt energisch abweisend: „Liebe Mutter, Du schreibst von dem Farmer, ich bin nicht hierüber gereist, um mir einen Puckel bei so einem Schinder anzuschleppen, ich reise dahin, wo es Geld zu verdienen gibt, darum bin ich hier rübergegangen. Ich will nie mehr zu einem Farmer."

Er wechselt denn auch andauernd häufig die Arbeit, kommt wieder „auf die Bahn" für 2,50 Dl. den Tag, sehr harte Arbeit, „das ist Steinarbeit, Berg, wo wir durchgehn". In den Briefen denkt er immer daran solche Dinge zu erzählen, von denen er glaubt, daß sie die Mutter interessieren, z. B. vom Winter, der so hart ist, daß man glauben sollte, „der Winter fände nie ein Ende; wenn wir im April sind, schlägt das Wetter plötzlich um, in drei Tagen ist es Sommer, und man muß aufpassen, daß man nicht blind wird, denn die Sonne und der Schnee sind so scharf, daß man es kaum aushalten kann, darauf zu sehn. Wenn wir dann Juli und August haben, ist es so warm, daß man kaum atmen kann, und in den Monaten muß man ebenso viel Wollzeug anhaben wie im Winter, denn sonst stechen die Muskitten, blakfleies, sind schwarze Fliegen. Schwarzfliegen sind kleine Teufel, die man kaum sehn kann, aber wie Silberkörner schimmern, und dann gibts hier Fliegen, die wenn sie in der Luft fliegen, leuchten sie wie ein Weihnachtslicht. Liebe Mutter, ich muß jetzt von diesen Plagegeistern schreiben, wo man Ruhe vor ihnen hat, denn wenn man weiterhin kommt, darf man ja nicht von ihnen schreiben oder sprechen, sonst hat man keine Ruhe vor ihnen. Hier oben ist es schön am Abend, und in der Nacht sind hier Norblichter am Himmel, und das ist schön zu sehn".

Seine Kinder bittet er stets auf das beste zu grüßen, „wenn ich in die Stadt komme, werde ich mich photographieren lassen, und jedes Kind soll eine haben, daß sie ihren Vater aus dem fernen Westen sehen können. Ich schicke etwas Tannenzweige, die sie als Lesezeichen haben sollen, ich habe nichts andres hier zu schicken ..."

Aber von der Frau spricht er nur wenig. In dem Briefe vom Januar steht: „Du schreibst, daß meine Frau die illustrierte Zeitung hat, schick' mir die! Kommt sie nicht zu Dir hin? Liest sie meine Briefe nicht mehr?" Und mit einer leicht verständlichen Gedankenverbindung folgt: „Wenn ich hier in 1½ Monat fertig bin, werde ich 70 Dollars auf die Bank bringen."

Später einmal bittet er ernsthaft „Jensine Johansen" zu grüßen, und in einem Brief vom 12. Mai sieht es fast so aus, als hätte er es aufgegeben, noch mit der Frau zu rechnen, wie sehr auch seine Gedanken in diesem Briefe beständig um sie kreisen. Er versucht anfangs einen gemütlichen Ton anzuschlagen, fragt, „ob meine Frau mit den neuen Zähnen gut kaut, denn ich stelle mir das vor, es muß so sein, als ob sie neu geboren ist und kauen lernen muß". Indem er von seinen neuen Plänen, nach Britisch-Kolumbien zu gehn, spricht, fügt er einladend hinzu: „Das ist ganz dicht bei Kalifornien, und darum singe ich so: „Oh, Jensine, sei treu Du gegen mich — Ich reise nach Kalifornien und grabe Gold für Dich". Aber doch mit erkennbarer Schmerzlichkeit erklärt er weiterhin im Briefe der Mutter, daß „ich versprochen habe, meiner Frau Geld zu den Zähnen zu geben; das werde ich auch tun, wenn ich einen Brief von ihr bekommen habe," und als er ein Zukunftsbild entwirft, sieht dieses diesmal so aus: „Wenn ich nach Hause reise und von [meinen] Lorbern leben werde und Dir, liebe Mutter, von meinen Erlebnissen erzählen, und der liebe Gott uns das Leben so lange schenken will, dann gehe ich unten rum um Südamerika und unten China vorbei, denn einen andern Seeweg kann ich nicht nehmen. Für nächsten Sommer denke ich an der Stillen-ozeanküste zu sein, denn", schließt es etwas kleinlaut, „ich glaube nicht, daß meine Frau sich was draus macht hierüber zu reisen, und sie macht sich wohl garnicht mehr so viel aus mir".

Im letzten Brief von 1906, da ihn die Krankheit wieder quält, sodaß er nicht mehr leisten kann, als auf einer Farm „300 Meilen von Port Arthur" die Aufsicht zu haben für „Kost, aber keinen Lohn", scheint es doch für ihn sowohl von außen wie auch in seinem Innern zu dämmern. Allerdings ist er ja nicht gesund, „ich glaube, die Nieren sind es, die schlimm sind," daher „ich im Winter nicht viel Geld verdiene ... ich gehe einmal in der Woche zum Doktor und bekomme Medizin .. und Milch trinke ich selbst von einer Kuh, die ich melke ... der Doktor sagt, es muß an dem schlechten Wasser liegen, das ich im Sommer getrunken habe." Aber andrerseits hat er nun soviel zusammengespart, daß er „120 Tonnen Land*) 400 Meilen westlich von Vinnipek [Winipeg] gekauft hat;" und damit erwacht bei ihm wieder die Hoffnung, daß er die Frau zu sich hinüber bekommen kann. „Ich denke, ich reise im April dahin und baue das Haus, es ist gute Erde, guter Humus zu Weizen und Hafer," und „ich hoffe mit Gottes Hilfe, daß es uns gut gehn wird, wenn meine Frau hierüber kommt ... ich habe meiner Frau gleichzeitig geschrieben, wenn ich an Dich schreibe;" Geld kann er vorläufig nicht abgeben, da er im Frühjahr das brauchen wird, das er auf seinem Bankkonto stehn hat. Aber während seiner Krankheit hat er an die Mutter ein Gedicht geschrieben, das nicht nur schön empfunden ist, sondern auch durch seine ganze, merkwürdig literarische Haltung erstaunen macht. Es steht auf der letzten Seite des letztgenannten Schreibens unter der Überschrift:

„Ein paar Verse, an die ich diese Zeit gedacht habe, da ich krank bin, sende ich Dir, liebe Mutter, aus dem fernen Westen:

---
*) = ca. 660 ha Übs.

Wen lieb' ich am Höchsten im Erdensein?
Ja, das bist Du, liebe Mutter mein.
Du, die mich in Schlaf gewiegt in dem Arm,
Dazu Deine frohesten Lieder sangst —
Nein, nie vergesse ich, Mutter, Dein!

Wer ist mein bester Freund im Erdensein?
Ja, das bist Du, liebe Mutter mein.
Die oft mich so sanft an die Brust gedrückt
Und mich gelehrt beten so still und beglückt —
Nein, nie vergesse ich, Mutter, Dein!

Wer hat mit mir Sorge geteilt und Not?
Sieh, das warst Du, liebe Mutter mein.
Du gabst mir den letzten Bissen Brot,
Sodaß Dein Sohn ist heiter und rot —
Nein, nie vergesse ich, Mutter, Dein!

Wer war es, der für mich sich mühte bereit?
Sieh, das warst Du, liebe Mutter mein.
Die arbeitete Tag und Nacht allezeit,
Ward runzlig und alt von all Deinem Leid —
Nein, nie vergesse ich, Mutter, Dein!

Wem schuld' ich all' Gutes im Erdensein?
Sieh, das bist Du, liebe Mutter mein.
Und niemals, niemals mit Gold oder Geld,
Selbst hätte ich davon eine ganze Welt,
Könnt' ich es Dir lohnen, Mutter mein!

Dein Sohn

H. Rasmussen.

*[J. Holbech und M. Matzens ABC und Lesebuch, das zu der Zeit, als Hans Rasmussen seine Schulbildung erhielt, das meistbenutzte in den dänischen Dorfschulen war, enthält (auf S. 153 der Ausgabe von 1879) ein Gedicht, das möglicherweise, bewußt oder unbewußt, dem Verfasser als Vorbild gedient haben kann. Es lautet:*

*Meine Mutter.*
*(Nach dem Englischen).*

*Wer nahm mich zuerst in den zärtlichen Arm*
*und legt' an die Brust mich sanft sonder Harm*
*und letzt' meine Zunge und hielt mich warm?*
*meine Mutter.*

*Wer saß an der Wiege mit lächelndem Mund*
*bei Nacht und bei Tag, von Stunde zu Stund',*
*und summte und lullte in Schlaf mich gesund?*
*meine Mutter.*

*Und lag ich schlaflos mit brennender Wang',*
*wer wachte bei mir in Sorgen, so bang,*
*und seufzte in Angst, bis in Schlaf ich versank?*
*meine Mutter.*

*Wer faltete mir die Händelein schon*
*und lehrte mich beten zu Dank und zu Lohn*
*mein Abendgebet an Gott Vater und Sohn?*
*meine Mutter.*

*Wie lieblich ist es zu denken daran,*
*wie wunderlich ist es doch zu verstahn,*
*daß man, wie Du, mich so lieben kann,*
*meine Mutter!]*

Im Jahre 1907 vollzieht sich denn die entscheidende Wendung für Hans Rasmussen.

Ein langer Brief an die Mutter vom 14. Juni gibt ein lebendiges und eingehendes Bild seiner ausgedehnten Reise hoch hinauf nach Norden, nach Prince Albert, eine Tour, „ungefähr dieselbe, wie als Nansen am Nordpol war, bloß daß ich nicht mit Hunden gefahren bin." Da ist er denn nun „auf dem Landkontor gewesen und hat 160 Acres Land bekommen, sodaß ich also nun Farmer werden kann. Ich bin draußen gewesen und habe mir heute das Land angesehn, und es ist feines Land, es ist 14 Meilen von der Stadt und 3 Meilen von der Station und 10 Minuten Wegs zu einem dänischen Farmer. Ich denke, ich werde da in 3 Monaten ein Haus bauen, und wenn ich es 13 Jahre gehabt habe, dann ist es mein Eigentum."

„Aber sieh, liebe Mutter," kommt Hans zu seinem immer wiederkehrenden Gedanken zurück, „jetzt möchte ich meine Frau und Kinder hierüber haben, denn sonst werde ich ganz allein sein, und dann kann ich kein Vieh halten, das doch die Einnahmen schaffen soll." Und da die Frau offenbar auf den Brief nicht geantwortet hat, den er ihr letzten Winter geschrieben hat, fügt er hinzu: „Ich meine, wenn Du mit meiner Frau davon sprechen willst, dann kann sie im Frühjahr hierüberkommen, und dann werde ich Haus, Pferde, Kühe, Schweine, Lämmer, Hühner, Hähne und Erdflöhe haben, denn, liebe Mutter, die Farmer, die ihre Farm hier verkauft haben, die haben bis zu 10 Dollar den Eker *[Acre]* bekommen, darum meine ich, es ist das Beste, worin ich mein Geld anlegen kann, weil ich jeden einzelnen Cent in den zwei Jahren gespart habe, die ich hier bin. Und dann möchte ich als Vater der Kinder zeigen, daß ich sie und meine Frau noch einmal versorgen kann, die ich so gern habe und die ich nie vergesse. Wir können noch einmal ein Paradies hier auf Erden bekommen, denn, liebe Mutter, möchte meine Frau nicht gern hierbleiben, dann verkaufen wir das Ganze und reisen wo anders hin, aber das ist der schönste Platz, an dem ich hier in Kanada gewesen bin. Ich fange an, heute den 14. Juni auf einer Sägemühle zu arbeiten. Liebe Mutter, geht Marie im Sommer zur Einsegnungsstunde? Soll sie zum Herbst eingesegnet werden, dann werde ich Geld schicken, daß Ihr eine ordentliche Einsegnung machen könnt und sie fein angezogen werden kann. Aber ich hoffe, liebe Mutter, ich bekomme Antwort auf den Brief zu rechter Zeit, daß Ihr sie ollreit *[all right]* haben werdet. Gib meiner Frau den Brief zu lesen oder sage ihr, daß es Pferd und Wagen geben wird, oder sie wird jeden Tag in die Stadt reiten und ihre Einkäufe machen können. Und wenn ich das Haus aufgebaut und es gestrichen habe, soll über der Tür stehn Hans Rasmussen, Farmer; Glückesgabe..."

Eine gemütliche und zufriedene Stimmung ruht über Hansens nächstem undatierten Briefe, den er nicht lange darauf an die Mutter schickt:

„Meine liebe Mutter, ich sitze draußen im Freien und schreibe diesen Brief grade am Fluß, wo die schönste Aussicht auf die andre Seite ist, wo ein großes Indianerdorf liegt, aber das sind die friedlichsten Menschen, die ich hier drüben getroffen habe. Jetzt, während ich sitze und schreibe, kommt ein Farmer vorbei mit 2 eigensinnigen Ochsen vor einem Wagen, aber hierdrüben geht es ebenso gut mit einer Katze vor einem Wagen wie mit einem Ochsen. Und jetzt denke ich, liebe Mutter, können wir wieder ebenso oft schreiben wie früher. Liebe Mutter, *[ich bin]* bei der Sägemühle angekommen. Hier ist es sehr gut, aber das Loji ist nicht schön. Ich muß auf einem Heuboden zusammen mit vielen andern liegen, aber so spare ich Lojigeld, und so habe ich mehr, um unser Heim damit zu verschönern. Nun habe ich diesmal nicht mehr zu schreiben, liebe Mutter, aber ich will hoffen, daß ich, wenn mir nur der liebe Gott meine Gesundheit schenkt, noch einmal und in Zukunft für meine Frau und Kinder sorgen werde, denn, liebe Mutter, noch habe ich keinen gesprochen, der so viel verdient und gespart hat, wie ich in den zwei Jahren. Ich gehe ärmlich gekleidet und habe niemals Geld, wenn ich mit Skandinaviern zusammenkomme, aber ich habe mehr, als sie glauben, und das darf man sich garnicht anmerken lassen. In dänischem Geld habe ich 2400 Kr. gespart, das nennst Du doch auch gut, und ich habe mit 15 Dolar im Monat angefangen, aber mich doch immer aufgearbeitet. Und ich denke, wenn ich mein Geld in das Unternehmen stecke, das ich jetzt angefangen habe, werde ich ein wohlhabender Mann werden und nach Hause reisen auf den Kirchhof zu Hause und meine müden Glieder ausruhn, aber dann wird es auch so viel sein, daß meine Kinder es gut haben werden, denn hier ist das Zukunftsland für sie. Ja, liebe Mutter, ich könnte gern einen ganzen Roman über meine Reise hier in Kanada schreiben, und wie ich hier am Flusse sitze und schreibe, male ich es schöner ab als Skodsborg und Bebbaek*)..."

Den 5. Juli hat Hans Rasmussen das Resultat der diplomatischen Vermittlung der Mutter mit der Frau nicht erwarten können, sondern schreibt direkt an die Frau selbst: „Liebe Frau, ich bin jetzt rauf nach einer großen Stadt gekommen, die Prinz Albert heißt, und hier habe ich mir eine Farm gekauft. Es ist eine schöne Gegend und guter Boden, und ich denke, daß ich hier ein Heim und ein Paradies für uns alle schaffen kann, und wir ein gutes und inniges Leben mit einander leben können, denn das ist das, was ich mir in den zwei Jahren erarbeitet habe, wo ich hier bin, und mir 600 Dollar erspart, und damit will ich jetzt arbeiten. Ich will morgen in die Stadt und etwas Geld holen, denn ich habe zwei Pferde gekauft, Wagen, Pferdegeschirr und Schlitten für 320 Doler, es sind zwei Hengste, der eine 4 Jahr, der andre 3, und ein Paar schöne Tiere, aber die Pferde sind hier drüben teuer. Ich habe mich mit einem andern Farmer zusammengetan, um Heu

---

*) Villenorte am Sund n. von Kopenhagen. Übs.

zu mähen, er gibt die Maschinen und ich die Pferde, da denke ich, werden wir für 1000 Dolar Heu im Sommer einbringen können, und auf der Farm, die ich habe, denke ich, sind wohl 800 Klafter Brennholz, und das habe ich das Klafter für 3 Doler verkauft. Die Farm liegt 3 Meilen von der Station, darum frage ich, liebe Frau, hast Du Lust hierüber zu kommen, so kannst Du kommen, wann Du willst, aber ich hätte es am liebsten, wenn Du im Herbst kämst. Ich werde in ein paar Monaten das Haus bauen, und darum möchte ich gern wissen, wann Du kommst, denn sonst mache ich es nicht so groß, das Haus. Meine Pferde stehn hier bei dem Farmer, mit dem ich in Kompagnie bin, die Frau ist dänisch und er Englis, und darum, liebe Frau muß Du schreiben, sobald Du diesen Brief erhältst, ob Du kommst oder nicht. Ich werde eine Kuh kaufen und Hühner, daß alles zu Deiner Verfügung und zu Deinem Zeitvertreib da ist, denn, liebes Kind, allein kann ich nicht sein, sonst wird nichts draus, oder ich muß mir ein Weib als Dienstmädchen ins Haus nehmen, und das mag ich nicht gerne. Aber ich denke und lebe der Hoffnung, daß wir hier in dem fernen Westen uns ein Heim schaffen können, und wir glücklich in unsern alten Tagen zusammenleben können und nach 6—7 Jahren unsre Farm verkaufen, nach Dänemark heimreisen und da weiter leben .."

Die Frau hat, wie es scheint, sowohl nach der Vermittlung der Mutter als auch auf den direkten Brief des Mannes geantwortet, jedoch mit einem ausgeprägten Mißtrauen gegen seine Mitteilungen.

Das geht klar aus Hansens Antwortbrief hervor:

„Heute den 26. Septbr. habe ich Deine lieben 2 Briefe erhalten und bin erfreut zu hören, daß Ihr alle gesund und wohlauf seid, ich bin auch gesund und wohlauf, aber ich habe Langeweile, und darum warte ich mit Sehnsucht darauf, daß Ihr kommt. Ich habe 6 Mann und 2 Gespanne Pferde außer meinen eignen, denn es ist eine harte Arbeit hier drüben ein Haus zu bauen, es ist schweres Bauholz. Liebe Frau, ich kann nicht begreifen, daß Ihr zweifelt und glaubt, ich bin ein Lügner, und es mir nicht so geht, wie ich schreibe, ich habe noch mehr, denn in diesen Tagen habe ich ein Pferd dazu gekauft, das ein Jahr alt ist, da habe ich 3, und glaube mir, liebe Frau, daß ich ein Sohnerforbeß *[son of a bitch, Sohn einer Hündin, sehr niedriges englisches und amerikanisches Schimpfwort]* bin und gewesen bin, wenn ich nicht die 2½ Jahre, die ich hier gewesen bin, gearbeitet habe, um uns ein Heim zu schaffen. Und glaube mir, wenn Du willst, aber wie ich Dir gesagt und geschrieben habe, bist Du und bleibst Du meine erste und letzte Geliebte hier auf Erden. Und glaube mir, wenn ich ein so schlechter Mann und Vater sein sollte, sollte nicht allein Du, aber auch nicht meine lieben Kinderchen hierrüber kommen und ihren Vater als einen Lügner sehn. Nein, mein Kind, was ich habe, das habe ich selbst erarbeitet, und ich bin ein wohlhabender Mann in der Zeit, die ich hier bin, ich habe 100 Tonnen Land Wald, Prerie und Moor, und das ist 30 tausend Kronen wert, und das kann ich dafür bekommen, jeden Tag wenn ich es verkaufen will, wenn 3 Jahre um sind, und das ist keine Lüge oder Prahlerei, was ich sage, sondern die reine Wahrheit, denn ich hätte niemals davon gesprochen, wenn ich es nicht hätte. Aber ich habe Glück gehabt, und der liebe Gott hat mir geholfen, sodaß ich meinen Lieben ein sorgenfreies, und wie ich hoffe und bete, ein glückliches Heim bieten kann und dazu einen fleckenlosen und ehrlichen Namen. Hier in diesem Farmerkontor und überall, wo ich gearbeitet habe, bin ich als ein nüchterner und tüchtiger Arbeiter respektiert worden, darum habe ich jetzt etwas." Hans fügt hinzu, daß er gern einem Verwandten der Frau herüberhelfen würde, wenn er „ein nüchterner und tüchtiger Arbeiter werden will," und „vor allem keine Komödie spielen, denn hierdrüben führt man ein strenges Regiment, denn es hat keinen Zweck, daß er von Hause als ein angehender Strolch losreißt und hier drüben weitermacht, bis er ausgewachsen ist; bevor das so weit kommt, wird er hinter vier Wänden sitzen, und hier bestrafen sie gehörig." Für die älteste Tochter hat er schon „eine Stelle bei einem Farmer als Gesellschaftsdame, und sie wird 8—10 Doler im Monat bekommen ... nun hoffe ich, daß dies der letzte Brief sein möge, den ich an Dich schreibe, und daß Du Dich beeilst fortzukommen, denn viele Monate warte ich nicht, bis ich eine Fremde ins Haus nehme, denn ich muß jeden Tag Brennholz nach der Station fahren, und da will ich nicht nach Hause in eine kalte Stube am Abend kommen, und zeige mir nun, daß Du nicht ein Lügner bist, denn wenn Du das bist, wirst Du das für Lebenszeit bereuen, glaube ich. Ich schicke kein Geld mehr, aber wenn Du hierüber kommst, sollst Du soviel bekommen, wie Du brauchst, und ich danke meinen Kinderchen für die Briefe, die ich bekommen habe. Sie sollen die Schulbücher mitnehmen, meine Holzschuhstiefel und einen guten Isländer\*), und das kann Mutter bezahlen, ich werde ihr Geld zurückschicken, und die andern Sachen, von denen ich geschrieben habe. Hier ist es hübsch, und im Sommer werden wir jeden Sonntag ausfahren und uns umsehen ... mach nun und komme, daß ich hier nicht als Lügner dastehe, weil ich es allen hier erzählt habe, und die dänische Frau *[die mit einem Nachbar-Farmer verheiratet ist]* ist so froh darüber. Ich habe eine ganze Kiste voll mit Moosbeeren und Blaubeeren zum Einmachen."

Daß Hans Rasmussen die Wahrheit gesprochen hat, wird im Dezember von offizieller Seite bekräftigt. Seine Frau hat sich an die philanthropische Gesellschaft, die ihm seinerzeit hinüber nach Kanada geholfen hatte, mit der Frage gewandt, ob man möglicherweise jetzt ihr und den Kindern, um auszuwandern, eine Unterstützung geben würde da der Mann ihnen vorläufig kein Geld schicken könnte. Die Gesellschaft ließ daraufhin bei dem Generalsekretariat der Heilsarmee, Toronto, Ontario, Kanada, anfragen.

---
\*) Eine grobe wollene Jacke, eine Art Sweater. Übs.

Die Armee hatte ein vorgeschobenes Korps in der Stadt Prince Albert, und der Ort mit Postamt und Bankkontoren, dem Hans Rasmussen zunächst wohnt, liegt 20 englische Meilen davon. Der Sekretär schreibt nun an den betreffenden Postmeister und an ein Mitglied der Heilsarmee, das am selben Orte wohnt und in einer der leitenden Banken angestellt ist.

Das Resultat liegt in einem Schreiben vom 22. November vor:

„Rasmussens Nachbarn sprechen gut von ihm. Es heißt, er ist ausdauernd und außerordentlich fleißig, schlägt gut an. Er besitzt 3 Pferde, die er mit 600 Dollars kontant bezahlt hat, und hat auch, nach Mitteilung eines Nachbarn, Mr. James, der ein sehr zuverlässiger Mann ist, ein sehr gutes Stück Land von 160 acres gekauft, aber da er es erst kürzlich übernommen hat, sind vorläufig nur 6 acres aufgebrochen oder gepflügt. Er hat ein nettes Haus auf seinem Land gebaut und erzählt seinen Nachbarn, daß er im Dezember seine Familie erwartet."

Der Sekretär schließt: „Unter diesen Umständen meine ich, daß Sie keine Befürchtung zu hegen brauchen, seine Familie zu ihm hinüberzuschicken, da der Mann sich augenscheinlich gut hält."

— Es folgen 1908 Verhandlungen zwischen Hans und Leuten daheim, von denen er annimmt, daß sie ihn für die Reise der Frau und Kinder mit Geld unterstützen würden, da sie nun versprochen hat, zu ihm hinüberzugehn.

Gleichzeitig setzt er in Briefen an sie die Schilderung seines Daseins als beginnender Farmer fort.

Den 7. März heißt es: „Ich bin Gott sei dank gesund und es geht mir gut. Vormittag war ich nach dem Posthaus gefahren, und Nachmittag koche ich Rindfleischsuppe, backe Brot, koche Kartoffeln, wasche auf, gebe den Pferden und den Hühnern. Ich habe heute ein Ei bekommen; es war das erste; es sind 12 Hühner und 2 Hähne, die 10 sind mir gestorben. Ich hatte eigentlich die Absicht, heute gleich in die Stadt zu fahren, aber statt dem war ein gefährlicher Sturm und Schneewetter, daß die Pferde bis zum Bauche im Schnee gingen. Ich wollte hin und mir etwas Feinmehl kaufen, aber kehrte auf halbem Wege um." Im übrigen ist der Winter mild, sodaß „ich jeden Tag in Hembsärmeln arbeite," aber dafür ist denn auch „garnichts zu verdienen; da, wo ich das Holz hingefahren und verkauft habe, der kann nicht mehr nehmen, denn sein Geld ist alle, sagt er. Er hat eine große Kaufmannshandlung 4 Meilen von unsrer Farm, er sagt: Ihr könnt Waren aus dem Laden für das Holz nehmen; aber da ist nichts zu nehmen außer Kleiderstoffen, aber die kann man ja nicht fressen. Aber es geht schon noch alles ohne ihn, wir werden schon zurechtkommen, liebes Kind, aber es ist ja nicht allein hier, daß Geldknappheit oder Krise ist, das ist ja in der ganzen Welt, ich habe nicht mehr als 150 Doler im Winter verdient, und die habe ich der Bank zurückbezahlen müssen, wo ich sie geborgt hatte, darum hatte ich Dir keins schicken können und kann auch nicht, denn Du mußt dran denken, was das kostet, 3 Pferde, 2 Kälber, Hühner zu füttern und nichts geerntet letztes Jahr, und doch bin ich froh darüber, daß, was ich jetzt habe, mein Eigentum ist."

Die Frau hat geschrieben — sicherlich zu seiner großen Freude — daß sie „sich nach einem Brief sehnt." Er versichert, daß er das auch täte, aber erklärt, daß „Du daran denken mußt, daß es Winter ist. Bahnen und Schiffe gehn nicht so schnell wie im Sommer, und dann bedenke, wenn die Pferde jeden Tag arbeiten, da kann ich nicht jeden Tag 5 Meilen fahren und mich in all dem Schnee nach Briefen erkundigen; denn den Weg, den ich dahin muß, fährt kein anderer im Winter als ich. Aber es geht noch an, liebes Kind, jetzt hoffe ich ja nicht, daß ich noch viel mehr Briefe hierher bekommen werde, und wie ich mich nach Dir sehne, meine liebe Frau, denn unsre Worte miteinander sind besser als all das Papier."

Er erzählt ihr, daß „ich Papier auf die Wände geklebt habe; aber Möbel habe ich nicht mehr als eine Cigarenkiste und eine Streichholzschachtel, hier drüben brauchen wir nicht so viel Möbel, hier kommts auf das Vieh an." Und er gibt ihr Anweisung, wieviel Geld sie bei der Ankunft in der Tasche haben muß, warnt sie davor, sich „drüben oder anderswo von einem etwas vorschwatzen" zu lassen, verspricht ihr, daß sie für den „Proviant", den sie für die 3—4tägige Eisenbahnfahrt einkaufen muß, von ihm „einen Zettel auf englis bekommen wird, was das heißt, das Du kaufen sollst, zeige ihn vor, den Zettel!", und er schließt mit der Bitte an sie, „reichlich mitzunehmen Priem, Taback, Karlsham Schnupftaback, Laken, Bettdecken, gute Geschichtenbücher, Ölbrucke, Bilder, an die Wände zu hängen und alles andre, was ich geschrieben habe."

Auf Grund der Schwierigkeiten, zu Hause Geld zu schaffen, verzögert es sich mit der Abreise von Frau und Kindern; Hans kann ja zur Zeit für sie nicht selbst bezahlen. Er schreibt in einem Brief an die Frau vom 24. März: „Ich könnte ja Geld auf der Bank leihen, aber das ist auf drei Monate, und wenn ich es nicht zurückbezahle, dann nehmen sie alles, was ich habe, und weil es faule Zeiten sind, kann ich das nicht wagen."

Aber Hans hat, außer an die Gesellschaft, die ihm selbst geholfen hatte, auch an den Pastor nach Hause geschrieben, der sich seinerzeit auch seiner angenommen hatte, und er hält vertrauensvoll aus. Im Anfang Mai hilft er „einem andern Farmer Bauholz für ein neues Haus zu fahren, das er bauen will", und gegen Schluß desselben Monats „placke ich mich mit Pflügen und morgen will ich Hafer säen und Kartoffeln pflanzen, wir haben schönes Wetter alle Tage, warm, da glaube mir, gibt es harte Arbeit für meine Pferde; sie sind ja jung, aber arbeiten gut, sobaß kaum mehr genug zu einem Klops auf ihnen ist, aber wenn ich jetzt fertig bin, dann sollen sie es gut haben." Er kauft „ein eisernes Bett, für das ich Holz geben werde" und bereitet die Ankunft der Frau gegenüber der dänischen Gattin seines Nachbars vor, die er veranlaßt hatte, an seine Frau nach Hause zu schreiben: „Du wunderst Dich darüber, daß sie Du und liebe Freundin sagt, hier drüben ist es nicht wie zu Hause, hier gibt es nichts, was man Sie oder Ihr nennt, das ist jetzt auf englisch." Seine Frau hat ihm wieder geschrieben, daß, wenn sie zu ihm hinüberkommt, sie arbeiten wird. Er antwortet, in nachsichtiger Erinnerung an ihre frühere, weniger musterhafte Wirtschaft: „Hier drüben brauchst Du nichts andres zu arbeiten, als in Deinem Hauswesen, und ich hoffe bestimmt, daß Du umkehrst, wie ich es getan habe, als ich hierüber kam. Dann wird es uns gut gehn und wir werden ein gutes und herzliches Leben zusammen leben."

Diese Hoffnung Hans Rasmussens wurde nicht zuschanden gemacht.

Man war zu Hause der Meinung gewesen, daß sich seine geschiedene Frau mit einem Handwerker in mittleren Jahren zu verheiraten gesucht habe, der sich auch früher für sie interessiert hatte. Das Verhältnis zwischen ihr und ihm war indes schon 1906 abgebrochen worden, und Jensine brachte, mit einer kleinen Gemeindeunterstützung, sich selbst und die Kinder auf eine recht kümmerliche Weise durch, zuletzt durch Abend- und Nachtarbeit in einem großen ländlichen Restaurant. Endlich gelang es, durch private und öffentliche Unterstützung sie und die Kinder nach Kanada fortzuschaffen, und als diese Frau, die daheim mit ihren Kindern in ganz proletarischen Verhältnissen gelebt hat, im August 1908 zum Manne hinüberkommt, verwandelt sie sich in eine frohe und zufriedene Landmannsfrau, die in geordneter Tätigkeit von Morgen bis Abend lebt.

Sozusagen die ganze Korrespondenz mit der Heimat wird nun seit ihrer Ankunft und bis auf den Tag von ihr geführt, der Mann schreibt hauptsächlich nur Grüße oder dann und wann eine einzelne

Seite an die Mutter; sobald die Kinder heranwachsen, treten sie mit ein in den Briefwechsel mit der Großmutter.

In einem Briefe vom 2. Oktober erklärt Jensine ihrer Schwiegermutter, daß ihr Mann wegen seiner Arbeit bei den andern Farmern und im Walde nur „am Sonnabend nach Hause kommt und am Montag wieder fährt; und, fährt er in die Stadt, kann er nicht vor dem nächsten Tage nach Hause kommen. Es sind auch 18 englische Meilen bis zur Stadt. So schlafen wir ganz allein in dem großen Wald, aber hier braucht man vor nichts Angst zu haben... das Leben, das ist richtig was für uns alle mit Pferden, Kühen, Schweinen, Hühnern und Katzen... Der Wald ist 4 Meilen auf jeder Seite vom Haus, wenn man Prärie und Moor mitrechnet; an Feuerung brauchen wir keinen Mangel zu leiden, die gibts hier überall."

Und nun folgt ein Bericht, der in seiner Vollständigkeit angeführt zu werden verdient, da er ein lebendiges Bild sowohl von den Verhältnissen in dem kleinen Kolonistenheim als auch von der Briefschreiberin gibt, die in Dänemark bis vor so kurzer Zeit eine verhutzelte Arbeiterin gewesen ist und kaum ihre Kinder ernähren konnte.

„Liebe Mutter und Großchen, ich will sehn, ob ich ein bißchen erzählen kann, wie es hier aussieht. Es ist bloß Wald, wohin man sich wendet, und große Moore, einzelne Stellen haben die Farmer urbar gemacht, sodaß man ein Feld sieht, Häuser kann man von hier aus nicht sehn, wo wir wohnen. Ein Farmer wohnt hier eine Viertelstunde Weg von hier, sie heißen Jamesons, aber man kann vor Bäumen nicht darüber sehn; Keiths, die an mich nach Dänemark geschrieben haben, wohnen 4 Meilen von hier, und ich habe erst einmal mit ihr gesprochen, sie kamen hier angefahren, ein paar Tage nachdem wir angekommen waren. Verschiedene haben uns schon besucht, aber wir haben noch nicht Zeit gehabt, jemand wieder zu besuchen, und es wird schon im Schlitten sein, wenn wir zu dem Besuch kommen. Einen Tag sind wir doch zu Keiths gefahren, aber sie waren nicht zu Hause, da müssen wir den Weg nochmal machen, wenn wir besser Zeit haben.

Unser Haus ist aus Holzstämmen gebaut, das Dach aus Schindeln, mit 4 Fach Fenstern, eins oben im Giebel nach Osten, 2 nach Süden, eins nach Westen und eine Tür nach Osten; innen haben wir eine große Stube, Speisekammer und einen Aufgang zum Boden, wo wir ein Bett haben, und in der Stube, die Stube, Kammer und Küche auf einmal ausmacht, haben wir 2 Betten, einen Tisch, 6 Stühle, einen *[Toilet?]*tentisch, einen Wäscheschrank mit Bücherschrank darauf, einen Waschtisch und einen Brennholzkasten, innen auf der Treppe hängen unsre Alltagskleider mit einem Tuch darüber, und mitten auf der Erde steht ein schöner Fußwärmer, ein Ofen und ein Herd mit einem schönen Backofen drin, glaube mir also, liebe Mutter, daß wir hier nicht frieren können, wir haben ja genug um zu heizen, und unsre Mahlzeiten sind dreimal am Tage festgesetzt, Morgen, Mittag und Abend, und immer warmes Essen. Tee trinkt man zu jeder Mahlzeit und sonst Grütze, Eier, Speck, Kartoffeln, Eingemachtes und Entenbraten, Wild, Wasserhühner oder Präriehühner oder Wildenten, von denen hat unser Vater nicht zu wenig geschossen. Ich habe auch Suppe aus den Vögeln mit Klößen drin gekocht, Du kannst Dir denken, das war was für Vater, das hat er nicht gekostet, seitdem er Dänemark verlassen hat; das machen sie hier drüben nicht, Suppe kochen, das kennen die Leute nicht, solche Suppe gießen sie fort, und Kaffe trinken sie hier nicht viel, nur wenn man Besuch bekommt, da macht man Kaffee. Das ist nicht solch Kaffee wie zu Hause in Dänemark, liebes Großchen, es ist garnicht gut, soviel Kaffee zu trinken, es geht uns sehr gut, jetzt, wo wir nicht soviel Kaffee trinken, und wir entbehren den Kaffee garnicht. Und wenn man Besuch bekommt, setzt man nur Brot vor, Butter, Zucker, Milch, Eingemachtes; das nennt man Sous *[Sauce, eingemachtes Obst,*

Kompot] hier, wir nehmen hier keine Sahne zum Kaffee, die gebraucht man zur Butter. Ich habe mehrmals gebuttert, und ich backe auch Brot, aber sie backen hier nicht so wie zu Hause in Dänemark, es ist nicht die gute Hefe, die man zu Hause hat, es sind solche trocknen, kleinen Keks, die nennen sie Jehtkeks *[yeast cakes, Hefekuchen]*, und das geht nicht so gut auf *[wie]* mit der dänischen Hefe, aber wenn man erst geübt ist, dann geht es schon; das letztemal, als ich but, hatte ich Glück. Ich backe zwei, dreimal die Woche, da haben wir immer frisches Brod, Roggen gibt es hier ja nicht, das wäre schon fein mal ein Stück Roggenbrot zu bekommen, aber nun haben wir uns an das Weizenbrot gewöhnt; es ist guter Weizen, den wir haben, und feines Auszugsmehl, das gut schmeckt; und wir mögen es gern; es kann in Wasser gebacken werden, denn die Kuh gibt jetzt nicht so viel Milch jetzt, wir haben ein paar kalte Tage gehabt, und die Hühner legen auch nicht mehr so viel Eier, aber wir können uns doch helfen; uns fehlt niemals das Essen und auch nicht die Laune. Wir sind alle bei bestem Wohlergehen. Du hättest nur mit uns gereist sein sollen, Großchen, denn weißt Du was, da war eine alte Frau von 72 Jahren mit auf dem Schiffe, sie war aus Jütland, ich habe mehrmals mit ihr gesprochen, während wir fuhren. Es ging ihr die ganze Überfahrt gut, ich habe Dir vielleicht davon in einem andern Brief erzählt; ihr Sohn war Farmer irgendwo hier in Nordamerika, er war zu Hause gewesen und hatte sie zu sich rübergeholt. Was, wenn Du leben würdest, und wir kämen nach Hause um Dich zu holen, so reistest Du wohl noch mit, liebe Mutter, denn hier fändest Du bloß Freundlichkeit. Glaube mir, daß die Kinder froh über ihren Vater sind, und ich mit, aber es ist auch eine große Veränderung mit ihm in allem vorgegangen, er ist pünktlich und fleißig und gut, er ist auch froh über uns.

Wir haben sonst gutes Wetter, am Tage scheint die Sonne, es ist warm, aber Nachts ist Rauhreif, daß alles weiß am Morgen ist, aber es geht rasch vorbei. Es ist so verschieden, einen Tag hatten wir das schönste Schneewetter, als ob es Weihnachten war, die Kinder waren draußen, um Schneemänner zu machen und sich mit Schnee zu werfen am Vormittag; aber als wir Abend hatten, war aller Schnee verschwunden, das ist doch wunderlich. Hier ist des Abends Nordlicht, der ganze Himmel ist ein Licht, lange Strahlen bewegen sich über den Himmel hin wie das schönste Feuerwerk, das kann leuchten wie Mondschein, und dann heulen die Wölfe tief drinnen im Walde wie ein Haufen Hunde, bloß etwas kreischender, aber sie kommen dem Hause nicht nahe. Hier sind auch Pferde und Kühe den ganzen Winter draußen und suchen sich selbst Futter, aber sie sind es so gewohnt. Jetzt sollen wir unser Vieh in den Stall bringen; ich habe eine große Arbeit, ich bin Maurergeselle bei Tage, jetzt sind wir allein zu Hause; ich bin dabei den Stall von außen und innen zu verputzen und zu dichten, das ist ganz spaßig; und wenn ich damit fertig bin, wird unser Haus eine Auffrischung bekommen, wenn irgendwo etwas abgefallen ist. Glaube mir, unser Vater ist froh, daß ich das kann, er kann ja keine Zeit dazu finden; wenn er fertig ist, dann| ist es vielleicht so kalt, daß er es nicht mehr machen kann; wenn er nach Hause kommt, dann muß er auch so viel wie möglich wegen seines Beines liegen, aber das ist viel besser, und dann kümmere ich mich um die Schweine (wir haben zwei), Kühe und Pferde, ich gebe ihnen Wasser und Futter; sie kennen mich schon, sie rufen, wenn ich komme und ihnen aufschließe, sie sind sehr artig. Unser Vater kommt am Sonnabend nach Hause und zieht am Montag los, er hat Saat für die Maschine zu fahren, bald bei dem einen, bald bei dem andern Farmer, er muß ja Geld verdienen, wir wollen eine Kuh zum Winter haben, und Du mußt ja auch Dein Geld haben, liebe Mutter, sobald wir es zusammen bekommen haben; wenn es ein strenger Winter *[wird]*, dann werden wir gut am Brennholz verdienen. Dann bekommen wir Arbeit mit

Bäumeholen, und das hält einen guten Preis; aber hier gibt es keine Tannenbäume, hier ist bloß hier und da einer, das sind bloß Schwarzpappelbäume; etwa 4 Meilen nördlich von hier ist |der große Tannenwald.

Jetzt ist es Abend, wir haben eben gegessen, es ist der zweite Oktober, wir [wollen] zu Bett gehn und sind allein zu Hause, und ich möchte ein paar Zeilen dazu schreiben; heute Abend ist Sturm und Regenwetter, der Regen stürzt nieder, und ich denke, unser Vater kommt morgen zeitig. Du kannst Dir nicht denken, was ich heute gemacht habe, ich habe einen Sägebock gemacht; es ist bequemer, das Brennholz zu zersägen, als es zu zerhauen, Karen und ich sind tüchtige Holzhauer, glaube mir; es war eine kleine Überraschung für unsern Vater, als er nach Hause kam; ja nun will ich vorläufig warten mit Schließen, bis wir Deinen Brief bekommen.

Liebe Mutter und Großchen! Wir haben heute den 12. Oktober 08 Deinen lieben Brief erhalten und sehen, daß Du gesund bist. Liebes Großchen darf nicht böse sein wegen Marinus, wir treffen uns alle noch einmal. Der Junge ist so froh über seinen Vater, von dem Augenblick an, wo wir uns wiedergesehn haben; es war, als wäre er niemals fort von uns gewesen; und alle sind wir froh und zufrieden; die Zeit vergeht rasch, hier ist genug zu tun. Da unser Vater jetzt gleich aus der Tür will, er will nach der Stadt — ich muß deshalb in Eile schließen. Mit vielen freundlichen Grüßen an die ganze Familie von uns allen....

Nächstesmal will Marie schreiben, sie ist nicht zu Hause."

Ein späterer Brief — vom 21. April 1909 — erzählt weiter von der Ausstattung des Hauses, als die Familie hinüberkam, und von den Vermehrungen des Hausrats, die später stattgefunden haben: „Ich habe gewiß nicht erzählt, wie gut unser Vater für den Haushalt gesorgt hatte, wie wir ankamen. Er hatte die Speisekammer voller Eßwaren und allem, Tassen, Teller, Schüsseln, Messer, Gabeln, Löffel, Kessel, Kaffekanne, Waschbrett, Waschkessel, Wanne und 2 Zuber und alles, was zum Haushalt nötig ist, Garn zum Stricken, schwarzes und blaues, und ein gutes Bett mit guten Decken und einer Matratze. Und dann sind wir ja mit den guten Überzügen gekommen, daß Du wirklich glauben kannst, liebe Mutter, wir haben uns im Winter eingemummt. Wenn es auch kalt gewesen ist, haben wir nicht gefroren, denn an einem guten Ofen und einem guten Herd und Holz haben wir ja genug. Das ist nicht so, wie wir manchmal zu Hause beinahe erfroren waren, und ich jeden Tag für 20 Öre Kohlen und für 15 Öre Holz kaufte. Wir haben dieser Tage ein neues Bett für die Kinder gekauft, ein großes Holzbett mit Federmatratze; denn das, worin die Kinder haben liegen müssen, hatte unser Vater selbst gemacht, das war zu hart für sie. Glaube mir, liebe Mutter, sie fühlen sich ordentlich mollig in dem neuen Bett."

Briefe vom Dezember 1908 vervollständigen die Schilderungen des Kolonistenheims mit seiner Lebensweise und seinem Familienleben.

Der Vater ist an seinem alten Beinleiden krank gewesen und hatte gut drei Wochen zu Bett liegen müssen, „das, was der Doktor darauf brachte, verbrannte es ganz, so kamen wir selbst darauf, es mit Sahne und *[mit]* lauem Borwasser zu korieren; wenn das nur richtig anhalten will, denn es juckt nachts dran. Liebe Mutter, in der Zeit habe ich den Pferden und Kühen Wasser und Futter geben müssen, die Schweine und Hühner versehen, Brennholz sägen. Wir haben einen Tag Schneesturm gehabt, und es friert ordentlich, wir haben gut eine halbe Elle Schnee. In dem tiefen Weg und der Kälte waren wir gestern den 30. *[November]* ausgefahren und Stroh für unser Vieh holen bei Mackenzies, dem Farmer, der 4 Meilen von hier wohnt und bei denen wir übernachteten. Er und unser Vater kommen oft zusammen und helfen einander ... Ein paar Wochen hintereinander mußte unser Vater nach der Stadt fahren zusammen mit Mackenzie, weil wir gar keine Vorräte hier im Hause hatten. Unser Vater verkaufte Weizen für Mackenzie. Sie waren 4 Mal nach der Stadt in der Zeit, und unser Vater bekam 2 Dollar für jedes Mal; das war leichtere Arbeit, als Bäume zu fällen. Eines Tages war unser Vater zu ihm hinübergefahren, aber da war Feiertag, es war Wahltag, und da konnten sie nicht in die Stadt fahren, da kam unser Vater nach Hause mit einem halben Wagen voller Fleisch; sie hatten drüben an dem Tage geschlachtet. Es waren 2 Ochsenköpfe, 8 Beine, Zungen, Herzen, Schwänze, 2 große Lebern und beide Kaldaunen, da hatte ich Arbeit eine ganze Woche mit brühen, schaben und Wurst machen. All das hatte unser Vater für das Helfen den Tag bei Mackenzie bekommen. Den nächsten Tag fuhr unser Vater wieder darüber und war eine ganze Woche drüben, kam dann nach Hause mit Vorräten *[aus der Stadt]*, die bestanden aus 15 Pfd. Zucker, 2 Pfd. Kaffee, 2 Pfd. Tee, 20 Pfd. Sirup, 6 Pfd. Zwiebeln, einem Faß gesalzenen Hering, 20 Pfd. Hafergrütze, 100 Pfd. Auszugsmehl, Hefe, Backpulver, Sempf, Karlsbadersalz, Wollgarn zu einer Jacke, die ich unserm Vater stricke, 2 Säcke Futter für die Schweine, Tabak und Priem für sich selbst, Äpfel und Bonbons für seine Kinderchen und mich, 100 Pfd. Rindfleisch, sobaß wir uns jetzt eine Zeit behelfen können. Liebe Mutter, heute, den 3. Dezember, ist unser Vater auf und draußen, seine Pferde das erste Mal seit drei Wochen zu striegeln. Vater hatte sich grade so fein rasiert und frisiert, wir standen auf und stritten uns um den Barbierkuß, Sigrid war die erste, die ihn bekam, dann Marinus, dann Karen, dann ich. Es war so eine kleine Schlägerei unter uns. Marinus ist ein richtiger Vater-Junge, er ist so froh über Vater. — Jetzt kommt Vater brüllend rein, weil er friert, und nun ist Marinus dabei, Vater die Hände zu kneten. Du solltest bloß sehen, liebe Mutter, wie spaßig das mit den beiden aussieht, Marinus nennt Vater Schätzchen, und Vater nennt Marinus Mutter."

Die älteste, 14jährige Tochter Marie hat zuerst beim Postmeister im nächsten kleinen Ort gedient, wurde aber krank, mußte nach Hause und ist jetzt, nachdem sie wieder gesund geworden ist, zu dem Farmer mit der dänischen Frau gekommen, „sie waren alle vor vierzehn Tagen hier zu uns gefahren gekommen, und sie waren hübsch vergnügt mit ihr, und sie war froh drüber, da zu sein."

Auf der Weihnachtskarte an die Mutter mit „Wishes" und „Christmas Joys" in Goldbuchstaben auf grünem Grund und vergoldeter Umrahmung hat Hans selbst den Gruß der Frau fortgesetzt mit:

„Meine teure, geliebte Mutter!

Ich wünsche Dir ein frohes Weihnachten, ein gutes Neujahr, eine gute Gesundheit und Du sollst lange hier auf Erden leben, damit wir noch einmal miteinander sprechen können, wenn die Zeit kommt, daß wir den fernen Westen verlassen und heimziehn zu Dir, meine liebe Mutter. Dein Sohn Hans."

Die Briefe aus den folgenden Jahren, 1909 und 1910 bis zum 6. Oktober, da die Sammlung schließt, zeigt, wie die dänische Kolonistenfamilie, froh und zufrieden, sich langsam unter mehr oder weniger beschwerlichen Verhältnissen vorwärts arbeitet; sie zeugen alle von der natürlichen Leichtigkeit der intelligenten Briefschreiberin sich auszudrücken und bekunden das Interesse, womit die Auswandrer stets die Verhältnisse daheim umfassen.

In einem Briefe vom 5. Januar 1909 dankt Jensine der „Lieben Mutter und Großmutter" für alle die Briefe und Zeitungen, Karten, Bilder und einen Hampelmann, die sie „in der Woche zwischen Weihnachten und Neujahr" bekommen haben.

In den Zeitungen sind es „Alberti"*) und „die Polen" [Bu-

---

\*) Der dänische Justizminister Alberti hatte sich am 8. Septbr. 1908 wegen Betruges und Urkundenfälschung, die er als Leiter der seeländischen Bauern-Sparkasse begangen hatte, der Behörde stellen müssen. Übf.

*lottis Bande, die den Gutsbesitzer Bech auf Höjbjerggaard mörderisch überfiel]*, die als gleichwertige Stoffe die Familie besonders beschäftigt haben: „Das ist doch eine schreckliche Geschichte mit Betrug und Mord zu Hause in dem lieben kleinen Dänemark, das ist ja ein richtiges Amerika geworden." Doch sie fährt fort, augenscheinlich auf Grund einer Bemerkung des Mannes und mit derselben Auffassung, wie er, von Strafe und Wirkung der Strafe: „Es ist nur der große Unterschied, daß die Strafe für all sowas hier drüben viel strenger ist. Hier gibt es Zuchthaus auf Lebenszeit, oder auch solche Menschen werden gehängt, und da geschieht hier so etwas nicht so oft." Aus früheren Zeiten hat sie anderes erzählen hören: „Vor 20, 30 Jahren, da mußte jeder eine Waffe bei sich haben, da waren die Indianer nicht so zivelessert, wie sie jetzt sind. Hier auf dieser Seite vom River sind bloß Halbindianer, die sind gemischt mit Leuten aus allen Enden der Welt; aber auf der andern Seite vom River ist ein kleiner Ort mit eingeborenen Indianern."

Die Arbeit und das Leben in Kanadas sehr hartem Winter ist der Gegenstand ausführlicher Schilderungen: „Drin bei Prince Albert geht eine kleine Fähre über den River nach der andern Seite, und jetzt, wo es Winter ist, können die Leute über den River fahren und auch reiten. Es ist ja auch ein großer Fluß, aber er ist doch bis auf den Grund gefroren und kann oben alles tragen. Wir wollten auch einen Ausflug auf die andre Seite vom River machen, aber das wird wohl nicht vor Sommer, es ist zu kalt, so weit zu fahren, wir haben sehr harten Frost in diesen Tagen, es friert zwischen 40 und 50 Grad. Wir haben auch Schneewetter gehabt, wir sind draußen gewesen mehrmals mit Schlitten fahren, die Pferde gehn im Schnee, stellenweis bis an den Bauch, stellenweise sinken sie gleich bis an den Hals ein. Das ist nicht wie zu Hause in Dänemark, daß die Wege aufgeworfen werden, nein, hier müssen sie im Fahren mit den Pferden und dem

Schlitten allein den Weg machen; ist die Spur verweht, muß ein neuer gemacht werden. Du kannst Dir also denken, es ist hier schwer für die Pferde; manche haben drei und vier Pferde vor, wenn sie Last haben, ob nun Holz oder Heu; es ist kaum eine Spur zu finden. Unser Vater und ich waren gegen 6 Meilen von unserm Haus gefahren. Hans hatte es übernommen, eine Schule instand zu setzen, sie sollte innen gekalkt werden, und dann sollte da rein gemacht werden, dafür sollte Hans 10 Dollar haben. Wir setzten sie in zwei halben Tagen instand, Du kannst Dir denken, es hielt schwer Wasser zu bekommen, wir mußten Schnee zu Wasser zerschmelzen, aber es war reichlich Holz. Es war auch ein Haus wie unsres, aus Baustämmen gebaut, mit einer Stube mit einem Ofen mittendrin. Es sind nur 10 Minuten Weg zu dem nächsten Farmer, sie heißen Jamesons, da waren die Kinder hin, als wir den Tag draußen waren, es sind tüchtige Leute. Die Kleinen spielen so oft mit den Kindern, es sind drei Mädchen und zwei Jungen von 15 bis zwei Jahren, und es sind nette Kinder. Der Mann da ist ein halber Indianer, das heißt, als ob ein Schwede und Däne verheiratet ist, sein Vater war ein Engländer und seine Mutter war Indianerweib."

Der Postmeister auf der nächsten Poststation hat einen kleinen Jungen von 3 Jahren verloren, den die Eltern unvorsichtigerweise in der gewaltigen Kälte mit auf die Fahrt nach Prince Albert genommen hatten, und „die Woche nach Neujahr war es der kälteste Tag, die letzten 6 Jahre ist es hier nicht so kalt gewesen, es sind drei Indianer drin in Prince Albert erfroren, der eine erfror auf einem Schlitten, er kam mit ein Paar Ochsen nach der Stadt gefahren, und es sind nur zwei und eine halbe Meile, über den River. Du kannst Dir auch denken, liebe Mutter, daß Hans, er fror, als er in die Stadt kam, er hatte doch drei Wolljacken, ein wollenes Hemd und drei Paar Unterhosen, ein Paar Überhosen, eine dicke Pelzjacke, aber er war so vernünftig, sich einen großen Pelzmantel zu kaufen, der bis auf die Füße geht, und drei Paar Strümpfe und ein Paar Fellstiefel. Ja liebe Mutter, soviel Sachen muß man hier drüben anhaben, aber es friert auch gegen 60 Grad oder 60 Below *[below = unter, unter dem Fahrenheitschen Nullpunkt: ca. 40 Grad Reaumur]*, ich war mit bei Mackenzies nach Stroh, da hatte ich zwei Paar Strümpfe in den Stiefeln und außen über den Stiefeln zwei Paar von Hansens Strümpfen und über denen ein Paar Säcke, die ich aus Wolfspelz gemacht hatte, auf dem Kopf hatte ich eine Mütze und zwei Tücher, meinen großen Rock und Hansens großen Pelzmantel, drei Paar Fausthandschuh; aber mir war auch so warm, daß ich richtig schwitzte. Und dann müssen wir die Kinder einpacken, Mäntel und Decken an Händen und Füßen, wenn sie mit ausfahren sollen, und dann fahren wir nur mit ihnen aus, wenn Sonnenschein ist, aber das Wetter kann sich hier rasch ändern, es kann stürmen und schnein, ehe wir wieder nach Hause fahren, wir haben Schnee und Frost den ganzen Winter, es regnet nur im Sommer, und dann kann es zwei oder drei Tage hinter einander regnen, und dann ist es lange feines Wetter." Auf der Fahrt den 18. Januar zu Mackenzies war der Weg „ganz zugeweht, wir waren mehrmals bran umzuwerfen, aber es ging noch, wir kamen auch gut nach Hause mit dem Stroh, ich saß auf dem Fuder und lutschierte, während Hans den meisten Weg ging. Die Uhr war 9 am Morgen, als wir von Hause fuhren, und wir kamen nicht früher nach Hause, als bis die Uhr auf 8 des Abends ging, ich half mit Stroh laden, und da mußten wir etwas Wärme haben, bevor wir nach Hause fuhren. In der Zeit waren Karen, Sigrid und Marinus allein zu Hause, aber sie sind ja daran gewöhnt allein zu sein, und sie finden sich gut darein hier zu sein, sie haben keine Angst, sie sind mit allem so vertraut, sie hatten schöne Wärme und Licht angezündet, als wir nach Hause kamen!"

Doch während all der Kälte und Beschwerlichkeit, und während der Mann seiner Arbeit wegen oft von Hause, auch des Nachts, fortsein muß, „geht es uns gut, wir können uns an einen guten Ofen verkriechen, und Holz haben wir genug, Du kannst also Lise sagen, liebes Großchen, daß sie gern kommen und ein Fuder Holz oder zwei hier holen kann." Und den Weihnachtsabend hat die Familie in ihrem neuen Heim in alter dänischer Weise gefeiert: „Wir hatten einen Weihnachtsbaum, es waren Wallnüsse, Mandeln, Rosinen, Apfelsinen, Bonbons am Baum, und wir hatten Rinderbraten, braune Kartoffeln und Pickles, Eingemachtes und Kaffee und Kuchen hinterdrein. Marinus hat ein Bilderbuch von seinem Vater bekommen mit Bleistiften, farbigen, in dem er zeichnen kann. Wir haben auch einen Sack Weißkohl bekommen, einen Sack Turnipse, Zwiebeln und Mohrrüben von der Schule." —

Die ganze innere Ökonomie der Familie wird vortrefflich in einem Briefe vom 22. März 1909 beleuchtet. Den 5. März sind Mann und Frau in der Stadt gewesen, der Holzverkauf ist für den Winter fertig, und nun soll für ein halbes Jahr eingekauft werden. Das wird eine schwere Last für den Schlitten, „wir hatten 8 Säcke Feinmehl, jeder Sack wiegt 100 Pfund, 100 Pfund Weizenkleie, 150 Pfund Rindfleisch, 100 Pfund gestoßenen Zucker, 20 Pfund Fett, ungefähr für 14 Dollars Kolonialwaren, eine neue Axt, neues Korset für Marie und mich, neue Stiefel für Sigrid, für unsern Vater. Im Ganzen haben wir für 275 Kr. in dänischem Gelde eingekauft. Ich schreibe die Preise von den wichtigsten Waren, daß Du sehn kannst, es ist hier nicht so viel teurer als zu Hause.

Kautabak und Rauchtabak 4—5 Kr.*)

Seife Pfd. 8 Cent oder 27 Öre dänisch.

Soda Pfd. 5 Cent „ 18 „ „

Kaffee pr. Pfd. 25—40 Cent oder 1 Kr. — 1 Kr. 75 Öre.

Zucker Pfd. 7 Cent oder 25 Öre.

Feinmehl Pfd. 2½ Cent oder 10 Kr. der Sack.

*) 1 Öre dän. Krone = 1⅛ Reichsmark. Übs.

Tee pr. Pfd. 40 Cent — 1,50 Öre.
Fett — 20 Cent — 70 Öre.
Rosinen 12½ Cent — 45 Öre.
Zwetschgen 12½ Cent — 45 Öre.
Grütze 12½ Cent — 45 Öre.
Butter 40 Cent — 1,50 Öre,
und ein Dutzend *[Lacune, wahrscheinlich Eier]* 50 Cent oder 2 Kr. des Winters, im Sommer nur 50 Öre. Im Sommer nur 50 Öre für das Pfund Butter.

Kartoffeln sind das teuerste von allem, wenn wir nur recht viel hätten! Kartoffeln werden dieses Jahr sehr teuer werden, sie werden auf 1½ Dollar der Buffel *[Bushel]* zu stehn kommen, circa 40 Kronen die Tonne, ein Buffel ist etwas mehr als ein Scheffel. Wir haben zwei Scheffel übrig in unserm Keller, von denen dürfen wir nicht mehr essen.

Hafer 30 Cent 1 Buffel — 8 Kr. die Tonne
Gesalzner Hering 3½ Cent oder 10—11 Öre Stk.
Zwiebeln Pfd. 5 Cent oder 18 Öre.
Wollgarn Pfd. 1 Dolar 20 Cent — 4 Kr. 40 Öre Pfd.
Kinderstiefel 1 Dollar 60, cirka 5—6 Kr.
Stiefel für Erwachsene 2—5 Dollar.

und ein Dollar ist 3 Kr. 74 Öre. Wir haben seit Neujahr keine Kartoffeln gegessen; wir haben statt dessen Turnipse gekocht; die sind wie Kohlrabi, aber sie schmecken gut, wenn sie geschmort sind, und sonst müssen wir Brot dazu essen, wir essen meistens Baniksbrot *[bancockbread, die gewöhnliche Bezeichnung für hausbackenes Brot in Schottland]*, das ist Mehl, Milch oder Wasser, etwas Backpulver und etwas Salz, rollen es flach aus, stechen es mit einer Gabel an; Karen kann das backen. Wir haben weder Milch noch Butter seit Neujahr gehabt, aber dieser Tage, denke ich, wird unsre Kuh kalben, und nächsten Monat haben wir eine junge Kuh, die kalben soll, und meine Hühner legen jetzt 3—4 Eier den Tag, wir haben 7 Hühner, einen Hahn; seit Mitte Februar habe ich 66 Eier gesammelt, das ist mein Geld für Butter, Eier, und die Milch bekommen die Kälber und sonst was wir selbst brauchen können. Was ich für eine Butter machen werde! Im Sommer bekomme ich eine Kuh dazu, dann haben wir drei Milchkühe; hier ist ein Farmer, der in die Stadt reist und an der Bahn bei Prince Albert arbeiten will, er hat solch ein Unglück den Winter gehabt, 3 Pferde sind ihm gestorben, und dann hat er eine Kuh, die auch kalben soll. Die bekommen wir zu uns her, und ich darf alle Milch verbrauchen; er sieht keinen andern Ausweg für sich als auf Arbeit zu gehn, aber er kommt nächsten Winter hierher zurück."

Dasselbe Schreiben zeichnet ein kleines Bild von dem Verlaufe eines notgedrungenen Ruhetages:

„Heute Vormittag ist ein so schöner Sonnenschein, ich habe unser ganzes Bettzeug ausgelegt und zu sonnen bis in den Nachmittag, alle unsre Kühe und unsre beiden Pferde standen draußen beim Heuschober angepflöckt, es war so aufgeweicht, daß man nicht draußen im Walde arbeiten konnte. Wir aßen Mittag, das aus Beefsteak und Tee bestand, Brot, Sirup und legte unser Vater sich Mittagsruhe schlafen. Während er schlief, wurde es so grau in der Luft, und eine halbe Stunde darauf wurde es den ganzen Nachmittag Schneewetter, wir hatten Eile, das Bettzeug reinzubringen und die Kühe und Pferde in den Stall und die Hühner ins Haus. Jetzt ist es Abend, das Schneewetter hat aufgehört, wir müssen dem Vieh Wasser und Futter geben, und dann werden wir Abendbrot essen und dann zu Baet (das ist ins Bett) gehn."

Mehrmals kommt in den Briefen lebendiges Interesse und Sympathie für Tiere zu Worte: „Das ist ein feines Leben, glaube mir, liebes Großchen," schreibt Jensine den 21. April 1909, „so mit Tieren und Kleinvieh umzugehn, die kennen mich und meine Stimme, Kühe und Pferde und Schweine, Hühner und Hunde und Katzen." Und an einer andern Stelle heißt es: „Liebe Mutter, glaube mir, es macht Spaß so zu fahren und reiten, die Pferde sind gute Tiere, aber man muß festhalten, wenn man mit ihnen fährt, sie haben es gern und springen, aber sie beißen weder noch schlagen sie aus," oder z. B. im Briefe vom 22. März: „wir haben auch unsre beiden Schweine rausgelassen, sie haben den ganzen Winter im verschlossenen Haus eingesperrt gestanden, wir haben einen Zaun rings um den Heuschober gemacht. Sie haben sich sicher gefreut, als sie merkten, daß sie so ungefähr im Freien waren. Sie waren so ganz klein im Herbst, jetzt sind sie so groß geworden, aber sie haben auch den ganzen Winter gekochten Weizen bekommen, und die Hühner haben dasselbe bekommen, sie haben warme Buttermilch den ganzen Winter bekommen, und trotzdem haben wir zwei verloren, und zwei gehn ohne Füße, die gehn nur auf ein Paar Stümpfen, ihr Fuß ist bis mitten aufs Bein abgefroren, da trocknet das ein, was erfroren ist, und dann fällt es ab. Sie sind so zahm, die Hühner, das eine geht mit Lappen um seine Stümpfe, denn es blutete so, wie der Fuß abfiel. Den haben wir noch auf dem Boden, sie gehn um uns rum, als ob es Katze oder Hund sind, so vertraulich sind die Hühner, darum können wirs nicht übers Herz bringen, ihnen den Kopf abzuhacken."

Daß Frau Jensine zu Hause — außer mit der Wirtschaft — noch genug zu tun hat und getrost angreift, selbst wenn sie nicht immer wohlauf ist, geht z. B. aus einem Briefe vom 1. Februar 1910 hervor: „Ich habe in der letzten Zeit so viel mit Nähen zu tun gehabt, ich bin dabei Wäsche für die Kinder und unsern Vater und mich selbst zu nähen, und das muß ja rasch gehn, denn ich muß mit den Händen nähen. Ich denke, ich werde noch einmal eine Nähmaschine bekommen, mir ist vorläufig jetzt erst eine Waschmaschine versprochen worden, denn ich kann es kaum noch aushalten auf dem Brett zu waschen; in meinem rechten Arm, Du weißt ja, mit dem ich zu Schaden gekommen bin, habe ich manchmal Schmerzen von der Schulter bis runter in die Hand. Als ich zu Weihnachten wusch, tat er mir so weh, daß ich ihn nicht hochheben konnte, ich konnte mich nicht selbst anziehn, aber Sigrid half mir, und unser Vater rieb mich gut mit etwas ein, was wir Painkiller oder Pain Expiller [Painexpeller] nennen, und das half; jetzt tut er mir nicht mehr weh, es reißt manchmal etwas, und das gern, wenn wir Sturm oder Schnee bekommen, so ist es wie ein Barometer..."

Und sie und die Familie sind froh über die Arbeit, da „brauchen wir uns nicht zu langweilen" und, wie es in einem Briefe vom 14. November 1909 heißt, „ich verstehe nicht, wo die Zeit bleibt, der eine Tag geht nach dem andern, die eine Woche nach der andern, manchmal wissen wir nicht, ob es Sonnabend ist oder Sonntag; jetzt darfst Du nicht über mich lachen, aber eines Tages fuhren wir nach Stroh, und als wir halben Weg hatten, kamen wir mit einem Mann ins Gespräch, und da war es Sonntag. Da mußten wir umkehren und nach Hause fahren, wir feierten nun zwei Sonntage, denn wir hatten den Sonntag schon am Sonnabend gefeiert. Das war unangenehm, denn wir verloren einen Tag an unsrer Arbeit. Nun machen wir Zeichen an den Tagen auf dem Kalender .." Die Entferntheit von der Welt, die sich in einem solchen kleinen Zuge offenbart, findet auch Ausdruck in der Erklärung, die sie der Schwiegermutter darauf gibt, „warum ein großes und ein kleines Fenster an unserm Hause ist. Das andre große Fenster sitzt in dem Giebel nach Westen, damit ich besser den Waldweg entlang sehen kann, wenn jemand vorbei gefahren kommt. Es kann einmal vorkommen, daß einer hier vorbei gefahren kommt. Ich habe einen kleinen Tisch daran stehn, wo ich sitze und schreibe, nähe oder stricke, wenn ich Zeit dazu habe."

Das Bedürfnis der Familie, Menschen zu sehen und mit ihnen gesellschaftlich zu verkehren, bleibt doch immerhin nicht ganz unbefriedigt.

Jensine hat ja schon von dem Besuch bei dem Nachbar-Farmer mit der dänischen Frau geschrieben, und unterm 21. April 1909 kann sie — in einer Sprache, die sichtlich vom Englischen beeinflußt ist — berichten, daß „hierher ist eine dänische Familie gekommen, deren Homestätte *[homestead]* liegt ½ Meile von uns, sie sind von den Stäten *[the states, united states]* gekommen, sie sind 20 Jahre hier in Amerika gewesen. Und die Frau ist eine Schwester von Missis Keith *[der dänischen Nachbarin Jensines]*, sie haben 5 Kinder, die alle Dänisch sprechen, aber sie sprechen doch besser Englisch, die Kinder sind ja in die Englis Schule gegangen. Der Vater und die Mutter sind aus Jütland, sodaß sie so jütisch sprechen, daß es fast ebenso schwer ist zu verstehn wie das Englische."

Jensine freut sich darüber, daß „ein paar Dänen hierauf kommen," schreibt von einer Familie zu Hause, die, wie sie meint, auch kommen will, „und was die Frau betrifft, so werden wir damit schon fertig werden; will sie Farmerfrau sein, dann *[muß]* sie schon bei allem mitmachen wie alle andern" bei dem „strammen Leben", wie sie es übrigens nennt. Die Hoffnung, einen Bruder von sich herüberzubekommen, zu seinem und andrer Bestem, hält sie beständig fest, und sie fragt eifrig nach dem Sohn einer Frau von zu Hause, den sie in Amerika weiß: „Sieh, ob Du nicht seine Adresse von Madam Hansen bekommen könntest, aber genau. Ich möchte an ihn schreiben; mit der Zeit könnten wir ihn ja dazu bringen, hierher in diese Gegend, wo wir sind, zu reisen, daß hier ein paar weiße Leute mehr hiersein würden. Sie sind zu wenig. Die Halb-Indianer, die hier sind, sind solche gleichgültigen Menschen, die sorgen nicht für den morgigen Tag."

Gleichgültigkeit und Mangel an Weitblick kann man Frau Jensine nicht vorwerfen. Sie ist tätig und voller Interessen über den Augenblick hinaus.

Daß die Familie materiell gut lebt, betont sie häufig, sicher nicht zum wenigsten deshalb, weil sowohl sie selbst als auch die, für die ihre Briefe bestimmt sind, grade das Gegenteil gekannt haben. Es ist aufrichtige Freude in der Art, wie sie von dem warmen Balkenhaus mit der guten Zimmerwärme spricht — das dazu von ihr selbst verputzt und gedichtet ist — oder, wenn sie nach Erwähnung der harten Arbeit ihres Mannes, fortfährt: „Doch wir leben gut, wir essen viel Rindfleisch, wir haben ein paar Monate lang ³/₄ Kuh gegessen, die wir gekauft haben. Das kommt auf Braten und Beefsteak und Suppe abwechselnd, jeden Tag. Glaube mir, wir haben alle guten Appetit, wir essen hier mehr als zu Hause in Dänemark, das ist das harte und kalte Klima, glaube mir also, wir bereuen nicht, daß wir hierüber gekommen sind, und wenn wir wieder mal nach Dänemark kommen sollten, so wären wir imstande, wieder zurückzureisen."

Aber auch über das Materielle hinaus ist ihr Interesse stets lebendig. Sie dankt für die Sendung „all der Bücher; wir sind sehr froh darüber, jedes Bißchen dänisches Lesen ist so willkommen." In einem Briefe vom 10. Januar 1910 ist sie z. B. persönlich und im Namen der Familie entzückt über „alle Zeitungen von Dir und Weihnachtsbilder ... wir sind so froh über alle die Neuigkeiten, die Du uns bringst, wir können da zu Hause mitfolgen. Liebe Mutter, Du möchtest auch noch gut auf alle Zeitungen mit Prinzeß Maries*) Tod und Begräbnis achten, es war eine große Trauer für all die armen Kinderchen und Menschen. Sie tat sehr wohl für Arme, und viel gutes ist mit ihr fortgegangen." Und trotz ihrer Geschäftigkeit verfolgt sie nicht nur die Familienverhältnisse, sondern auch viele andre lokale Dinge zu Hause; sie sendet über den Atlantischen Ozean der Schwiegermutter gute Ratschläge gegen Husten, in ähnlicher Weise, wie die alte Frau seiner Zeit auf den Wunsch des Sohnes ihm ein Mittel gegen das Jucken senden mußte; sie freut sich über die Erzäh-

---

*) Marie von Orleans, 1865—1909, 1885 verheiratet mit Prinz Waldemar von Dänemark, Christians IX. Sohn. Übs.

lungen von dem „fidelen" Wahltag zu Hause, wo die Schwiegermutter hätte „herauskommen und im Automobil fahren" können, doch das Anerbieten nicht annahm, und sie fragt munter: „Wie geht es Dir, liebe Mutter, mit dem neuen System zu Hause, ich meine mit den neuen Maßen und Gewichten. Kannst Du da heraus finden? Das ist wohl nicht so leicht für Dich."

Lauter Annehmlichkeiten enthalten die Briefe von Hause gleichwohl nicht. Der dänische Klatsch hat sich durch den Atlantischen Ozean nicht abschrecken lassen. Aber Frau Jensine nimmt ihn mutig entgegen. Sie schreibt mit Bezug auf einen Brief, den eine der weiblichen Verwandten des Mannes, Emilie, diesem geschickt hat: „Es hilft nichts, daß sie mit all dem Gewäsch ankommt, sie kann keinen Unfrieden in unserm Haus hier drüben stiften, dazu sind wir zu glücklich mit einander, und dein lieber Sohn glaubt nicht sehr, was sie sagt, die Hexe..." Die betreffende Dame wird energisch bezeichnet als voller „Gier und Geiz und ehrgeizig in dem, was sie schließlich macht," sie ist eine „Klatsch-Liese", und Jensine spottet darüber, daß Emilie sagt, sie habe ihren Klatsch an Hans „aus gutem Herzen" geschrieben und weil sie es als ihre Pflicht ihm gegenüber und seinen Geschwistern und den Fremden gegenüber empfand, die der Familie hinübergeholfen hatten, aber „das soll sie nicht sagen, denn das ist Lüge." Und wenn Frau Emilie, „bevor wir herkamen", an Hans kompromittierende Dinge über Frau Jensines Leben und Treiben geschrieben hat, so kann die ihres Mannes sichere Farmerfrau jetzt triumphierend schließen: „... das hat ihr genug gegeben, als sie nun sah, wir reisten. Als ich zuletzt mit ihr sprach, sagte sie: Daß Ihr nur gut miteinander leben möchtet! — Ja, sie ist süß, aber sie weiß es nur nicht. Wer hat sie gehalten, als sie den Brief an uns schrieb? Ich denke, sie ist mehrere Tage vorher oder nachher krank gewesen, ehe sie Luft bekam. Aber sie wird schon ihre Antwort bekommen" — und man darf nicht bezweifeln, daß Emilie sie auch bekommen hat; vorläufig wird ihr ihr Brief zurückgeschickt.

Und wie die Kolonisten draußen in ihren Wäldern sich nicht von den Unbehaglichkeiten anfechten lassen, die ihnen von Hause kommen können, so versäumen sie es keineswegs sich gesellschaftlich zu vergnügen, wenn sich die Gelegenheit bietet.

Den 14. November 1909 erzählt Jensine, wie die Familie „zu Tanz" bei dem neuen dänischen Farmer Jensen und bei der Familie Jameson gewesen ist. Der Däne „gab 12 Uhr Nachts ein feines Diner mit Braten, Kartoffeln, allerhand Kuchen, Pei\*) und Tee.". Bei Jamesons „bekamen wir nur Kuchen, Pei und Tee. Es ist sonst nicht weit her mit ihrem Tanz hier, sie laufen um einander herum, sie tanzen ein und dasselbe die ganze Zeit nach ein paar Violinen, die die Leute selbst mitbringen." Aber daß die Tanzgesellschaften nichts desto weniger sich einer energischen Beteiligung erfreuen, ersieht man daraus, daß „Frauen mit kleinen Säuglingen da waren." Ein andermal verhinderte Jensines Unpäßlichkeit, daß die Familie mit auf einen Bazar mit Ball ging, „wir hatten einen so schönen Blumenkorb gemacht, so einen, wie man Basket nennt, nur die Girl bringen so einen mit, voller Kuchen oder Butterbrot (Girl ist dasselbe wie Mädchen) und den kaufen dann die Boi (das ist dasselbe wie Junge oder junger Mann) ... aber im Sommer werden wir mit zu einem Piknik (oder Waldausflug), liebes Großchen." Und in einem Schreiben, das am 13. April 1910 schließt, kann Jensine melden, daß sie sich nicht nur von einem Anfall von Nierenentzündung erholt hat, „gut esse und gut in der Nacht schlafe und mich um meine Sachen wieder kümmern kann," sondern gleichzeitig daß „wir allen hier versprochen haben, einen Tanz zu geben, und dann will ich auch meinen kleinen Dreher mithaben, wir haben ja keine andern Vergnügungen hier, als was wir uns selbst machen. Ich und unser

---
\*) pie. Übs.

Vater sind bei allen Farmern herumgefahren, die wir finden konnten, und haben sie zu Tanz den 8. April Freitag eingeladen. Das ist nun der 8. April, wir waren auf der Station und empfingen Marie, sie hatte frei bis Sonnabend Abend, ich und alle die Kleinen fuhren zum Zuge hin. Ich hatte die Stube mit einer Guirlande rings um die Decke mit Rosen geputzt und alles ausgeräumt bis auf ein Bett, worin die kleinen Kinder schlafen mußten, die mit waren. Hier waren im ganzen ein Halbhundert. Einer spielte Violine, und wir tanzten und amüsierten uns bis in den hellen Tag. Um 12 Uhr Nachts gab ich ihnen Tee und Butterbrot und mehrere Arten Kuchen, die Missis Jameson mir den Tag vorher hatte backen helfen."

Als die Familie, Sommer 1908, zu dem Manne nach Kanada hinüberging, waren die Kinder in einem Alter von 15 bis 5 Jahren. Das jüngste — zugleich der Sohn — Marinus ist selbstverständlich der Liebling der Familie. Er ist knapp 5 Jahre bei der Ankunft in Amerika im August 1908 und hat noch zwei Jahre danach nicht schreiben gelernt. Doch mit gewohnter Intelligenz schreibt die Mutter für ihren kleinen Sohn und in seinem Geiste an die Großmutter.

Das jüngste Mädchen, Sigrid, das gut 9 Jahre war, als die Familie auswanderte, kann selbst an die Großmutter schreiben, doch ist es meist sehr kurzgefaßt und hinten auf den Briefen der andern, z. B. *[mit der eigentümlichen Rechtschreibung und Interpungierung des Kindes]:* „Liebes Großchen. Ein Paar zeilen von deiner Sigrid einem Farmer die Kuh hat nun gekalpt draußen im Schnee das waren Jameson. Wir sind zwei mal da gewesen und da spielen spielen das heißt Plä auf englisch, wir sind Gesund alle Ich bin so schläfrich daß ich zu Bett gehn muß. Zum Schluß Pfreundlichste grüße von deiner Sigrid." Ein paar selbständigere Schreiben von Sigrid stammen aus der Zeit gegen Weihnacht 1909 und vom 1. März 1910. Man sieht, daß sie schon in ihrem elften Jahre von Hause fort gewesen und andern Leuten in der Umgegend ein wenig zur Hand gegangen ist, aber „jetzt bin ich wieder nach Haus gekommen und helfe Mutter wieder, und Vater ist alle Tage im Wald und haut so viel Holz, um nach der Station zu verkaufen, und jetzt habe ich einen guten, neues Winterkleid bekommen." Im Übrigen sind die Gedanken des Kindes von dem kommenden Weihnachten erfüllt, „sie feiern bloß einen Weihnachtstag hier drüben, aber wir feiern unsern Weihnachtsabend. In dieser Woche, in die wir kommen, glaube ich will Vater und Mutter nach Prince Albert und für Weihnachten einkaufen, und ich glaube, sie kaufen etwas gutes, und ich glaube, Marinus und ich sollen drüben bei Jamesons sein, bis Vater und Mutter zurückkommen . . ." Und Sigrid schließt mit einem Gruß an ihre „Lehrer und Lehrerinnen daheim," wie sie später „meine Spielkameraden von mir" zu grüßen bittet, „und sage ihnen, daß es sein kann, ich komme nach Hause nach Dänemark in 10 Jahren zurück und sehe nach ihnen."

Es geht aus den Briefen hervor, daß Sigrid in Kanada keinen Schulunterricht erhält, nur scheint sie auf einer ihrer Stellen etwas Englisch lesen und schreiben gelernt zu haben. Jedenfalls verhält es sich mit ihrer älteren Schwester Karen etwas anders, die im April 1910 14 Jahre alt wurde und die zu Hause mit ihrer jüngeren Schwester und dem kleinen Bruder „lernen" mußte.

Von Karen liegt eine ganze kleine Reihe Briefe vor, von ihr selbst geschrieben. Überaus kindlich heißt es in dem zeitigen Frühling 1909 *[mit der besonderen Rechtschreibung und Zeichensetzung der jungen Dame]*:

„Liebes Großchen. Ich will ein Paar Zeilen schreiben um dir zu erzählen, daß ich und Sigrid draußen gewesen und auf dem Stier geritten sind, jetzt ist es so warm daß das Vieh schon gut draußen stehn kann. Die Sonne scheint so Prächtig, der Schnee ist bald geschmolzen, und nun können wir gut draußen sein und spielen. Ein Farmer hat alle seine Kühe im Winter verloren, ihnen waren die Hörner erfroren und sie haben den Ganzen Winter im Stall gestanden. Heute den 23 sind Marinus und Mutter bei einem Farmer auf Besuch, und da ist Vater und Ich und Sigrid alle zu Hause, und passen aufs Vieh auf, wir haben eine Kuh, die soll dieser Tage Kalben. Jameson hat eine Kuh, die hat draußen im Schnee geKalbt. Der Knecht und das Mädchen mußten ausgehn und sie Hohlen es war ganz dicht bei unsrer Farm. Den Tag, wie Vater und Mutter in Prince Albert waren, kaufte Vater einen Puppen Kopf für mich, und ich selbst habe den Puppenbalg genäht wie Vater und Mutter drüben mit Marie *[der ältesten Tochter]* auf der Station waren. Nun will ich meinen Brief schließen mit vielen süßen Küssen für Großchen von Karen. Grüß Alle meine Kusinen. Schreibe ein Paar Zeilen in Vaters und Mutters Brief liebstes Großchen schicke ein paar Anzieh Puppen F. Hansen hat sie in seinem Geschäft auf Papier."

Karen soll, einem ihrer späteren Briefe zufolge, „hinaus und einer Kaufmannsfrau etwas mit im Hause helfen, und dann werde ich wohl dort in die Schule gehn, das ist in Macdowall." Von der besprochenen Stelle in dem kleinen Ort schreibt sie jetzt, vom 28. November bis 17. März, drei Briefe, aus denen hervorgeht, daß sie dient bei einem „Kaufmann an der Station... es sind zwei Kinder da, ein Junge und ein Mädchen, es sind süße Kinder, ich esse viele Äpfel, und heute war ich draußen und gefahren, es war feines Wetter, ich gehe 3 Tage in der Woche zur Schule, manchmal 4 Tage." Der Schulbesuch erscheint im folgenden Februar etwas eingeschränkt, „denn wir haben ein kleines Kind bekommen, ein Mädchen, da ist die Frau nicht kräftig genug, da ist so viel zu tun, aber sie ist so nett, sie gibt alles, was ich haben will, ich gehe in die Sonntagsschule." Aber im März heißt es, daß Karen jetzt, trotzdem sie die Kinder warten und die Kuh des

Hauses melken muß, „jeden Tag zur Schule geht, und ich kann auf englis sprechen, rechnen, schreiben."

Das Schicksal und der ganze Standpunkt der ältesten Tochter Marie geht am klarsten aus ihrem letzten Briefe an die Großmutter hervor.

Marie war bei der Ankunft in Kanada fast 15 Jahre, hatte schon zu Hause in Dänemark gedient und kam sofort aus dem Hause. Nun schreibt sie den 30. Juli 1910: „Liebes Großchen. Du sollst vielen dank für alle deine lieben Briefe haben die wir bekommen haben ich bin zuhaus auf 3 Wochen Ferien und muß auf meine Stelle zurück wo ich 6 Monate gewesen bin da ist viel zu tun aber das geht ja sehr gut da sind immer so viel Menschen da und essen zu Abend da einmal war da ein großer Pianist und seine Frau der kam zu Besuch in Prince Albert und da war er da wo ich biene und Kaffee zu haben und Kuchen gelee mit Schlagsahne drauf und verschiedene Torten und so viel daß ich es fast *[nicht]* sagen kann, und dann war da ein haufen feine Damen und Herren, die da waren und mitaßen, da kam eine Frau und half mir mit servieren und aufwaschen.

Und zwei Monate später waren da 38 junge Mädchen und Männer, das ist so wie ein Gesangverein, mit dem sie reisten, in eine Stadt, die hieß Sakatown; da unten sind sie vor einer Woche gewesen; wie sie zurückkamen. Die Frau und der Herr, bei denen ich biene, schickten ein 5—6 Automobile und Wagen an die Station um die jungen Menschen zu holen. Du kannst glauben, liebes Großchen, es war hübsch anzusehn, da waren 26 junge Hornmusikanten, die gingen vor allen Automobilen, und dann kamen alle Wagen, die waren so voll, wie sie sein konnten. Sie fuhren vor vor dem großen Haus, in dem ich biene, und sie stiegen alle aus und kamen ins Haus und bekamen Kaffee und Tee, Kuchen, Torte, Eiscreme und Butterbrot, das war zusammengeklappt und in ganz kleine Stücke geschnitten. Die Hornmusikanten spielten draußen im Garten, bis es 9 Uhr abends war. Da waren im ganzen 120 Menschen zum essen, und es waren alles so vornehme und feine Damen und Herren. Du glaubst vielleicht, das ist ein Hotel, wo ich biene, nein, das ist es nicht; es ist ein großes privates Haus, da *[sind]* 3 Töchter und 2 Jungen zu Hause, das eine Mädchen ist 22 Jahr, 18 Jahr und 15 Jahr, die Jungen sind 20 Jahr und 12 Jahr, dann haben sie einen Sohn und eine Tochter, die verheiratet sind, der Sohn ist 26 Jahr und die Tochter ist 24 Jahr. Die Tochter von 24 Jahren ist nach Kopenhagen gereist mit einer dänischen Frau und ihrem kleinen Sohn. Die dänische Frau, ihre Eltern sind reich, sie singt so schön, ihre Eltern haben viel Geld für sie ausgegeben, sie sind nach Haus auf Besuch gereist und kommen in einem Jahr zurück. Die Tochter, von wo ich biene, kann garnicht Dänisch sprechen, daß das etwas wunderlich für sie sein muß. Ich kann Dir auch erzählen, Großchen, daß ich ringverlobt bin mit einem lieben jungen Menschen hier von 19 Jahr. Er war zu Haus auf Besuch und schlief hier eine ganze Nacht, während daß ich zuhause in Ferien war. Er ist von Schottland. Gustav *[ein alter Anbeter zu Hause]* weiß garnichts davon; er glaubt, ich komme zurück, aber das tue ich garnicht; aber laß ihn nur glauben, denn er bekommt mich sicher nie. Mein Bräutigam ist Schlächtergeselle in Prince Albert; er hat eine gute Stellung, er bekommt 35 Dollar und Kost im Monat. Wir haben viel zu tun mit allem den Vieh und dem Garten; wir sind alle gesund, aber Mutters Beine sind schlimm, es tut unter den Fußsohlen und an den Knöcheln weh, aber ich *[hoffe]*, es geht bald *[vorüber]*, sie nimmt solche Pillen von einem Doktor unten in Chikago; er spricht und schreibt Dänisch, sein Name *[ist]* Dr. Lynott. Ich hoffe nun, daß Du gesund und bei guter Laune bist, denn ich bin es. Nun grüße .... *[hier folgt, sorgfältig spezifiziert, eine große Reihe von Familienmitgliedern zu Hause und Bekannte nebst freundlichen Grüßen an die Großmutter, auch von allen andern auf der Farm].*

— Die allerletzten Briefe der Kolonistenfamilie in Kanada nach der Heimat bildet eine kleine Gruppe von 3 Stücken, vom Manne, der Frau und der vierzehnjährigen Karen, geschrieben vom 30. September bis zum 5. Oktober und abgesandt mit kanadischem Poststempel vom 6. Oktober.

Hans Rasmussen selbst übernimmt die Führung im Briefschreiben, im Gegensatz zu dem, was sonst nach Jensines Ankunft der Fall war.

Stets beschäftigt oder müde von harter Arbeit hat er sonst den Briefwechsel mit Dänemark in die Hände der Frau gelegt, und nur ganz selten hat er selbst geschrieben. Einmal, 1909, heißt es in einem der Briefe der Frau: „Ich rief Hans herein und ließ ihn diese Verse an seine liebe Mutter schreiben," und Hans, der „es eilig hat, ein kleines Haus für unsern Hafer zu bauen," schreibt da eigenhändig hinten auf den Brief der Frau eins seiner kleinen Gedichte an die Mutter:

### An meine teure geliebte Mutter.

Liebe Mutter, sei nicht betrübet,
Denn was ich auch im Leben verübet,
Nie soll meine Mutter vergessen werden,
Mein ein und alles bist Du auf Erden.

Wenn ich daheim mich schlecht benahm,
Oft Not mich trieb, zu Dir ich kam,
Ich fand erwärmt mein frierend Blut
Und aufgerichtet neuen Mut.

Die Zeiten wurden andre
Ich zog in ferne Lande.

Arbeitete und kämpfte wert
Und fand hier einen Herd.

Doch einmal auch nach Zeiten
Ziehts mich nach Dänemark,
Ich kehre zurück mit reinerem Sinn
Da bau ich mein Heim unter Linden grün.

Dann, liebe Mutter, bei mir wohnst Du,
Bei mir wirst Du finden Frieden und Ruh,
Gut will ich machen, was Dich gekränkt,
Bleibt uns nur allen das Leben geschenkt.
                          Dein Sohn
                          H. Rasmussen
                              im fernen W.

Ebenso steht hinten auf dem Brief der Frau vom 1. August 1910, wortgetreu wiedergegeben:

„Teure, Geliebte Mutter

Du Sehnst dich wohl bald von uns zu Hören wir sind ziemlich Gesund und es geht uns guht ich Fahre holz nach der station alle Tage ich habe vier Pferde jetzt und die 3 muß ich jetzt im Sommer bezahlen wir haben einen trocknen Sommer gehabt die Saht ist kurz und das Heu ist trocken aber holz haben wir genug ich habe 4 Mann zum Hauhen für mich da wird es, schlimm lichten im Walde im Sommer und nächstes jahr stoupen [Stubben] brechen und das pflügen da wirst Du sehn Liebe Mutter daß wird nicht lange dauern das ich eine große Farm habe dein Sohn H. Rasmussen"

Aber in der Oktobersendung 1910 muß er das Meiste schreiben, weil die Frau krank gewesen ist und es ihr jetzt zwar etwas besser geht, aber sie doch noch nicht ganz gesund ist. Gleichzeitig hat die vierzehnjährige Karen, die nach Hause gekommen war, um der Mutter zu helfen, beim Spiel mit der kleinen Schwester sich den Arm gebrochen, sie hat 11 Tage im Krankenhause der Stadt liegen müssen, wo die älteste Schwester dient und ist nun bei ihr. Das wird darum diesmal nicht viel, was Jensine schreibt, dennoch hat sie Zeit zu versichern, daß „es uns allen sonst gut geht, es fehlt uns ja nichts" und sie spricht ihre aufrichtige Freude darüber aus, daß es ihr endlich glücken soll, ihren Bruder zu ihnen hinüber zu bekommen, er kommt nun bestimmt im November. Außerdem sendet sie mit Aufschrift eine Photographie der ältesten Tochter, die sich als ein außerordentlich nettes junges Mädchen zeigt. Bei ihr in der Stadt hat Karen ein recht ausführliches Schreiben an die Großmutter beigelegt, die kleine Schwester hat einen Gruß auf den Brief der Mutter geschrieben; aber zuerst und zuletzt ist es der Hausvater selbst, der an seine „teure geliebte Mutter" über den Verlauf der Arbeit und das Befinden der Familie schreibt. Die Ernte ist vorbei und das Dreschen überstanden, die Ausbeute ist der Trockenheit wegen nicht so gut gewesen wie das Jahr vorher, Krankheit im Hause ist ja zuletzt reichlich gewesen, und „wir fangen an jetzt Winter zu bekommen, die Blätter fallen von den Bäumen, und es sieht nach Schneewetter aus". Aber es gilt auszuhalten und sich getrost auf die Winterarbeit in den Wäldern zusammen mit dem Schwager vorzubereiten, der jetzt endlich kommt; „ich will morgen in die Stadt und sehn eins meiner Pferde umgetauscht zu bekommen, ich habe Angst, es hält nicht den Winter aus, denn es ist harte Arbeit für sie Holz zu ziehen." An sich selbst denkt er nicht; es muß nun einmal so sein. —

Hans Rasmussens und seiner Familie Briefe geben einen lebendigen Eindruck davon, daß bei der dänischen Landbevölkerung, neben Aufgewecktheit und ästhetischem Sinn, sich wirkliche Charaktereigenschaften finden, die unter nur einigermaßen günstigen Verhältnissen vortrefflich zur Entwicklung kommen.

Man empfindet aufrichtige Sympathie mit diesem beharrlichen, treuen Manne und mit der Frau, die, nachdem sie sich einmal entschlossen hatte, getrost in ihrer Arbeit aufgeht, unermüdlich und munter, ohne Selbstzufriedenheit oder Sauertöpfischkeit, wie er auch. —

Mitteilungen bis zur Zeit bekunden, daß die Familie sich beständig wohl befindet und Erfolg hat.

# Der Verwalterfarmer und seine Frau

Um die Mitte des vorigen Jahrhunderts lebte auf dem Herthahofe im östlichen Jütland ein unverheirateter Gutsbesitzer in mittleren Jahren mit seinen beiden älteren, gleichfalls unverheirateten Schwestern. Gegen das Frühjahr 1859 nahm er die vierzehnjährige Tochter einer verstorbenen Schwester, Laura Borup, zu sich ins Haus. Das junge Mädchen war grade konfirmiert worden und hatte bis dahin in einer jütländischen Garnisonsstadt bei ihrer älteren Schwester gewohnt, die als Witwe eines Telegraphenamts-Vorstehers in dürftigen Verhältnissen lebte. Lauras Vater, ein jütländischer Pfarrerssohn, war ein wohlhabender Kaufmann und später Gastwirt in einer jütländischen Stadt gewesen; doch kurz nachdem Lauras Mutter im zwölften Jahr ihres Töchterchens gestorben war, verlor der Vater in der Geldkrise 1857 alles, was er besaß, und der Hausstand löste sich auf. Die Ausbildung des jungen Mädchens in der Schule und auf andre Weise war daher etwas unregelmäßig gewesen, und auf dem Herthahof gab es für sie nichts andres zu tun, als Handarbeiten zu machen, die sie zum Teil verkaufte, um etwas Taschengeld zu haben, und Romane zu lesen, da die alten Tanten, die das Hauswesen führten, alles selbst machen wollten.

Das arbeitslustige und aufgeweckte junge Mädchen fand indes auf dem Holtumer Pfarrhof, nur eine halbe Viertelmeile von Herthahof, eine Freundin in der damals einundzwanzigjährigen Lehrerin Wilhelmine Frimann, der Tochter eines angesehenen Geschäftsmannes und Obersten der Bürgerwehr in einer Stadt auf Seeland. Fräulein Frimann trieb Dänisch und fremde Sprachen mit Laura, die — nach der Schilderung ihrer Lehrerin — im großen ganzen „gut begabt an Geist, Hand und Herz" war, etwas Klavier spielte und etwas sang, malen konnte, „besonders geschickt mit der Hand, eigen bis ins letzte" war und übrigens gut aussah, was auch aus den aufbewahrten Photographien der Zeit zwischen ihrem achtzehnten und fünfundzwanzigsten Jahre hervorgeht. Sie war brünett, hatte lebhafte Züge, „eine nette Figur, war groß, voll, mit entzückendem Haar, kleinen Händen und Füßen, schönen Bewegungen", dazu „sehr unterhaltend, wußte sich ausgezeichnet zu helfen, war vielleicht etwas zu herausfordernd, was zu der Zeit noch nicht der rechte Ton für junge Mädchen war; aber es war etwas Fesselndes an ihr, das besonders die Herren anzog".

Fräulein Laura suchte zeitig Stellung als Lehrerin bei Pächterfamilien oder größeren Bauernfamilien, „weil sie Wirksamkeit und Zerstreuung brauchte. Sie wechselte oft, fand aber leicht wieder eine neue Stelle und hatte in Herthahof ständig ein Heim, zu dem sie ihre Zuflucht nehmen konnte".

Dos à dos mit dem Herthahof — wie man in jenen Tagen sagte — lag ein andrer Gutshof, Röbkjär, nur wenige Minuten davon.

Hier hielt sich in den sechziger Jahren häufig ein junger Verwalter aus einer seeländischen Gutsbesitzerfamilie, Christian Birch, auf, der ein Brudersohn des Besitzers war. In seiner Familie in Kopenhagen, wo der Vater jetzt als Rentier lebte, hatte er eine Stiefmutter bekommen, mit der weder er noch seine Zwillingsschwester Emma auskommen konnte; die Brüder seiner Mutter waren höhere Offiziere. Bei dem Onkel auf Röbkjär machte er sich gern zu schaffen, wenn er grade auf einem der großen Höfe keine Stelle finden konnte.

Der junge Mann kam oft in den Holtumer Pfarrhof und war mit den zahlreichen Söhnen dort befreundet, die studierten oder zu Geschäftsleuten ausgebildet wurden. Er wird von dem damaligen Fräulein Frimann als „allgemein beliebt, gutmütig, mitteilsam, höflich und artig" geschildert, „hatte ein anständiges Wesen, war schön und nett"; von „seinem damaligen Fleiß und seiner Tüchtigkeit" weiß sie nichts, dagegen „daß er Jagd und L'Hombre liebte".

Nach derselben Quelle wurde Christian Birch „sehr eingenommen" für Fräulein Laura. Das junge Mädchen war im Alter von sechzehn Jahren heftig verliebt gewesen, war jedoch enttäuscht worden, worüber sie, nach Aussage ihrer Freundin, niemals recht hinweggekommen ist. Sie war nicht in Birch verliebt, „meinte aber, ihn dazu bringen zu können, daß er sich aufraffte und ihr folgte".

Ein Briefchen vom 22. Februar 1867 von Christian Birch an Fräulein Frimann erzählt davon, daß er auf dem Holtumer Pfarrhof zu Besuch gewesen sei (von wo das Fräulein im Hinblick auf ihre nahe bevorstehende Heirat jetzt abgereist war). „Laura Borup," heißt es, „war auch da. Daß ich viel von ihr halte, wie von Ihnen, brauche ich wohl nicht zu erzählen; aber dessenungeachtet kann ich nicht leugnen, daß sie diesmal im höchsten Grade launisch, wenigstens gegen mich, ist. Gott weiß es, ich habe sie nie im geringsten gekränkt, wenigstens *[nicht]* mit Bewußtsein; aber das ist ja eben wieder ein Beweis dafür, daß die Tatsache als feststehend zu betrachten ist, daß selbst die Menschen, die man am liebsten in einem fehlerfreien Lichte sehen will, doch bei näherer Bekanntschaft sich stets nur als gewöhnliche Sterbliche, wie wir andre, erweisen."

Daß Fräulein Laura sich schließlich ihres Anbeters erbarmt hat, geht u. a. aus einem Brief hervor, den er den 8. November desselben Jahres von einer Stelle in Lolland an seine „liebe alte Freundin" Wilhelmine, die nun verheiratet ist, schreibt. Da heißt es „Laura" zuerst, und „Laura" zuletzt; er sehnt sich nach Jütland und „den prächtigen Pfarrhofsleuten, nicht zu reden von einer gewissen bösen Range da", befürchtet, daß ein Brief, den Laura ihm unter der Adresse der Eltern nach Kopenhagen gesandt haben soll, von Unberufenen erbrochen sein könnte; die Verlobung soll offenbar einige Zeit geheimgehalten werden, weil keiner von den jungen Menschen mit seinen vierundzwanzig und ihren zweiundzwanzig Jahren etwas Besonderes an Geld oder Aussichten besitzt. Birch ist außerordentlich scherzhaft und bemerkt nebenbei, daß „Laura auch behauptet, daß ich ihr bestimmt ein strenger Herr werben werbe, aber barauf möchte ich boch Wat sagen, wie wir in Jütland zu sagen pflegten".

Die Verlobung des jungen Paares weckte keine sonderliche Begeisterung innerhalb der Birchschen Familie, wo namentlich die militärische Seite Laura zu ländlich ungeschliffen und „vorlaut" fand; da Christian Birch zudem mit verschiedenen seiner Stellen unzufrieden war und die Jahre vergingen, ohne daß er etwas Rechtes in Dänemark finden konnte, das für ihn passen wollte, kam er auf den Gedanken, sein geringes mütterliches Erbteil dazu zu verwenden, nach Amerika zu gehn, Freiland zu erhalten, das damals an jeden Mündigen, Mann oder Frau, ausgeteilt wurde, und sich einen Weg als Farmer zu bahnen. Seine Zwillingsschwester Emma sollte zusammen mit Laura folgen, die darauf rechnen durfte, einmal von ihrem Onkel auf dem Herthahof etwas zu erben. Es sollte Freiland auch für die beiden jungen Mädchen genommen werden, die zunächst sehen wollten, etwas Geld zusammenzubringen, dadurch daß sie Stellungen in irgendeiner größeren amerikanischen Stadt annahmen.

Laura war ihrer kleinen Lehrerinnenstellungen auf dem Lande fast ebenso überdrüssig wie ihrer langen Verlobung und billigte den Plan ihres Bräutigams. Birch reiste 1872; den Sommer barauf folgten Laura und Emma nach.

Laura Borup hatte beständig die Verbindung mit ihrer früheren Lehrerin und lieben Freundin vom Holtumer Pfarrhof aufrecht erhalten, die sich im Jahre 1867 mit einem Vetter, einem Provinzredakteur in Seeland, verheiratet hatte.

Den 27. Juli 1873 schreibt die nun 28jährige Laura das erstemal an Wilhelmine von Omaha in Nebraska.

Während der Fahrt über den Atlantischen Ozean ist sie „die meiste Zeit krank gewesen", und es waren „nur wenige Dänen an Bord"; aber trotzdem fand ein junger Mann aus der Gegend von Stanborg, der zu Hause in einem großen Gutsverwaltungskontor angestellt gewesen war, Gelegenheit, sich als „ein wirklich lieber und netter Mensch" zu zeigen, und „*[wäre]* ich nicht verlobt gewesen, hätte er angehalten. Er machte fast zu viel die Kur, wenn ich mich hin und wieder einmal zeigte. Wir erlebten natürlich auch ein paar Abenteuerchen; aber die will ich Dir erzählen, wenn wir uns sehn, falls ich sie noch behalten habe; denn sehn wir uns hier nicht wieder, sehn wir uns wohl im Himmel".

Vorläufig befindet sich Fräulein Laura sehr wohl in Omaha, „wovon Du wohl bei „Topsöe" gelesen hast — aber er beschreibt das garnicht so, wie es ist".

Der dänische Schriftsteller Vilhelm Topsöe hatte im Jahre 1871 Amerika bereist und in seinem, im Jahre darauf herausgegebenen „Aus Amerika"\*) Omaha als „den äußersten Vorposten gegen den fernen Westen" geschildert, öde und primitiv in der Wirkung an dem späten Abend, an dem der Verfasser ankam, aber, wie es sich am nächsten Morgen zeigt, „doch eine wirkliche Stadt. Es gibt in ihr sogar ansehnliche Gebäude, schöne Häuser, gut aufgeführte Kirchen; die meisten sind indes niedrige Häuser mit zwei oder drei Stockwerken, die vorwiegend aus Holz gebaut sind. Der Bürgersteig ist nach westlicher Sitte mit Brettern belegt, und diese sind, gleichfalls nach westlicher Sitte, in einem fürchterlichen Zustand, sobaß es für die Omahenser sehr gewöhnlich sein muß, sich die Beine zu brechen, wenn ihre Beine wie die andrer Menschen sind. Die Straßen haben natürlich kein Pflaster, sie sind wie schlechte Landwege; aber Omnibusse wie Wagen fahren darauf. Man begegnet nicht viel Eleganz in den Straßen, aber sie sind doch keineswegs unbelebt. Es gibt auch Läden eigner Art hier zu sehn, keine großen eleganten Magazine, sondern Verkäufe von allen den Dingen, die eine praktische, eine junge Gesellschaft braucht, gute, aber grobe

---

\*) Wilhelm Sigurd Topsöe, 1841—1880. Vgl. S. 220. Abs.

Kleider, schweres Schuhwerk, einfache Hüte und eine Unmenge von Gewehren- und Pistolenverkäufen. Es gab indes an mehr als einer Stelle Sachen, die ein Schmuck für die elegantesten Läden in London und Paris gewesen wären. Trat man bei einem dieser Kürschner ein, die ihre großen Verkäufe in den häßlichen Holzschuppen hatten, sah man Herrenpelze, Damenmäntel, Fußdecken, große Felle von der ausgesuchtesten Art und zu Spottpreisen". Mit seinen 25000 Einwohnern hat Omaha „eine Menge Schulen, fünfzehn Kirchen, unter welchen eine sehr ansehnliche katholische Domkirche, elf Hotels und eine unermeßliche Menge Trinkhäuser, besonders Bierstuben, „Saloons"..."

Die junge jütländische Provinzdame hat augenscheinlich in höherem Grade, als der kopenhagener Redakteur und Schriftsteller einen Blick für die Hauptgeschäftsstraßen in Omaha. Sie haben ihr sogar fast imponiert: „Du würdest unsre „Ostergabe" sehn," sagt sie, „hier sind Straßenbahnen, Gas und so elegante moderne Damen, daß man sie in Kopenhagen nicht flotter sieht... Hier gibt es ebenso große Läden, wie in der Ostergabe in Kopenhagen."

Durch einen der Freunde ihres Verlobten in Omaha hat sie „eine Stelle bei Oberst Wells als Lehrerin für seine Kinder" bekommen, und die sagt ihr in hohem Grade zu.

„Eine nette Stelle habe ich," schreibt sie. „Ich ziehe zwei kleine Kinder am Morgen an, den reizendsten kleinen Jungen von 3 Jahren, Thommy — und ein größeres widerliches, unartiges Mädchen, Lizzie, mache mein Bett und das der Kinder, gehe um 8 Uhr zum Frühstück, esse ein warmes Fleischgericht, auf glühenden Kohlen geröstet (widerlich), und 4 Arten Gemüse, Tee und Kaffee. Darauf spiele ich mit zweien, Emily, 13 Jahre, Katie, 10 Jahre, die letzte das widerlichste Mädchen, das man sich denken kann — dann treibe ich Französisch und Deutsch, esse Lunch um 1 Uhr (Weißbrot mit Tee), dann gehe ich in das Kinderzimmer und nähe an alten Kindersachen. Um 3 Uhr mache ich die Kinder zu Mittag fein, das aus demselben wie das Frühstück besteht, nur bekommen wir da Dessert. Nach dem dinner gehe ich wieder nach oben und nähe. Um 7 Uhr bin ich mein eigner Herr und kann machen, was ich will. Für diese Arbeit, die hier für eine gradezu glänzende Stellung gilt, bekomme ich 20 Dollars im Monat — oder 33 Rtlr.*) — einen guten Lohn! ... Wir bewohnen ein großes elegantes Haus. Die Frau ist die Vornehmheit selbst und so elegant wie nur denkbar, der Oberst so liebenswürdig und aufmerksam! Mit der Sprache geht es einigermaßen, da ich mich nie auf eine tiefere Konversation einlasse ... Mir gefällt das Leben hier sehr gut; aber ich werde ja selbst nicht als Bediente behandelt, sondern wie ein Gleichgestellter der Herrschaft."

Nur ist sie schon etwas ängstlich vor dem so frembartigen amerikanischen Klima. "Der liebe Gott erhalte mir meine Gesundheit!" bricht sie mitten in ihrer Zufriedenheit aus, "denn hier ist es wahnsinnig warm. Ich schwitze bisweilen, daß alles feucht ist, und an andern Tagen ist es fast kalt, namentlich die Nächte sind manchmal sehr kalt."

Die Schwägerin war nicht so glücklich, eine einigermaßen ähnliche Stelle zu finden, nach einiger Zeit verschaffte ihr Laura denn "eine Stelle hier als Stubenmädchen, eine ziemlich mühsame Stelle im Verhältnis zu meiner. In den ersten Tagen plagte sie mich zu Tode mit all ihren Jeremiaden über ihre ungewohnte Arbeit — jetzt geht es besser, und ich hoffe, es ist überstanden".

Lauras Bräutigam hat Freiland erhalten — homestead, 160 acres — in der Umgegend einer kleinen Stadt, 6—7 englische Meilen von Omaha, und "ich war da draußen auf Christians Land".

Jedoch weder das Land noch der Bräutigam haben sie sonderlich befriedigt. "Es ist nur sehr wenig Fortschritt, noch dazu hatte er

---

*) Der dänische Reichstaler galt von 1813—1863 = 6 (dän.) Mark = 96 Schillinge = 2 Kronen. Übs.

das Unglück, daß sein Maultier gestorben ist, sodaß er in fast bodenlosen Schulden steckt — neulich haben Emma und ich 65 Doll. für ihn bezahlt. Wenn das so weitergeht, dann helfe mir Gott!"

Und eine recht bittere Kritik liegt bereits in ihrem Zusatz: „Es gehört eine ganze Menge dazu, hier vorwärts zu kommen. Man muß unternehmend sein. Aber ist man das und es stößt einem kein Unglück zu, kann man in kurzer Zeit selbständig werden."

Auch krank ist der Bräutigam gewesen, an Fieber, hat sich aber mit Hilfe einer ausgezeichneten Medizin wieder erholt.

„Glücklicherweise!" fügt Laura selbstverständlich hinzu; aber gleich danach, daß sie ihren Punkt gemacht hat, läuft es ihr ganz unwillkürlich in die Feder: „Du kannst Dir nicht denken, wie häßlich er geworden ist!

Und nun will er noch dazu Mitte August „hierher kommen, um für Leute zu fahren! Ja, das ist ein heiteres Leben!" Aber sie beruhigt ihre eigenen, sozialen zarten Empfindungen wie die der Freundin damit, daß es in Amerika „gleichviel ist, was man ist, man ist darum doch genau so geehrt! Hier ins Haus kommen junge Handelsangestellte, und man macht mit ihnen genau so viel Staat wie mit den Offizieren, die hierher kommen."

Schon am 23. Oktober d. J. kann sie der Freundin für einen Brief danken; aber es kommt ihr doch allzulange vor: „Da kam denn endlich Dein Brief, meine liebe Wilhelmine, ich kann Dir nicht sagen, wie ich mich danach gesehnt habe, von Dir zu hören! Du darfst das nächste Mal wirklich nicht mehr solange mit dem Antworten warten; ein Brief aus Dänemark ist ein Fest..."

„.... Ach, Du bist also in diesen Sommerferien meiner Geburtsstadt so nahe gewesen! Wie vielmal habe ich nicht gewünscht, daß Du mich hättest besuchen können! Wäre jetzt alles gewesen, wie in alten Tagen, hätte meine Schwester gelebt und ich wäre in den Ferien zu Hause gewesen, dann hättet Ihr alle kommen und ein paar Tage bei uns sein können! Aber die Freude sollte ich nun nicht haben! und werde ich auch wohl nie haben. Wenn Du wüßtest, wie ich mich sehne! Ach, manchmal fühle ich mich ganz krank vor Sehnsucht! ... So, Carl *[ein Sohn vom Holtumer Pfarrhof]* denkt noch an mich! Ich glaubte mich schon lange vergessen. Ach ja, wie hat sich alles für mich verändert, seit der Zeit, als ich zu Dir nach Holtum kam. O, glückliche Zeit, ich vermag garnicht daran zu denken!" —

Hinter all dieser Wehmut und Sehnsucht muß selbstverständlich ein gut Teil Enttäuschung über das liegen, was Amerika dem jungen Mädchen bisher gebracht hat.

Ihre Stelle mag ja ganz gut sein, aber das Klima ist äußerst unbehaglich, und „man fühlt sich einsam, glaube mir, hier drüben in diesem großen mächtigen Lande, wo alle Verhältnisse so groß sind. Alles ist hier teuer — nicht Kattun, aber wollene Stoffe und Seide. Man gibt 15 Doll. für ein Kleid zu nähen, ohne Zutaten; ein schwarzes Alpakka kann hier 50 Doll. oder 83 Rtlr. kosten, ein einfaches gutes Seidenes mit allem 200 Doll., sodaß ich wirklich wünsche, ich hätte mich mit Kleiderstoffen versehen. Ein Paar Handschuhe kosten 4 Rtlr."

Dänen gibt es wohl in Omaha, aber Laura kommt nur in eine einzelne dänische Familie und sehnt sich am meisten danach, daß der Sohn, der daheim in Europa ist, zurückkehren möge, damit sie „etwas von Dänemark hören kann."

Trotzdem sie beständig die Behandlung vonseiten ihrer Herrschaft rühmt, fühlt sie auch nicht die leiseste Spur von Anhänglichkeit an die Familie. In starkem Gegensatz zu Wilhelmine, die eine Reihe von Jahren auf dem Pfarrhofe diente und dauernd mit allen Familienmitgliedern und ihren Schicksalen verknüpft blieb, befindet sich Laura bereits in dem typischen amerikanischen Gedankengang, wenn sie schreibt: „Obersts sind eine echte amerikanische Familie, und hier wird nur Englisch gesprochen — der

Oberst selbst kann etwas Französisch — da lerne ich also jetzt Englisch, und es geht ziemlich gut. — Na, ich nehme nicht an, daß ich hier länger als bis zum Frühjahr bleibe; bis dahin werde ich hoffentlich vollständig Englisch können, und ich denke dann möglicherweise nach Denver zu gehn, 500 engl. Meilen westlich, denn da ist mehr Geld zu verdienen..."

In den Kern der ganzen Sache bringt Fräulein Laura, wenn sie fortfährt: „... doch weiß ich das noch nicht, das wird ganz von dem Verhältnis zwischen Christian und mir abhängen."

Dieses befriedigt sie weniger und weniger. Er ist noch nicht nach Omaha gekommen — „Gott weiß, womit er trödelt" — und man sieht deutlich, daß weder er mit seiner Landwirtschaft eifriger noch sie mit ihren Gefühlen zärtlicher geworden ist.

Er hat geschrieben, „daß er möglicherweise auf Jagd auf Elen im Westen ginge, aber daß es lebensgefährlich wäre, weil die Indianer auch auf dieselbe Jagd gingen". Sie notiert das mit dem kaltblütigen Zusatz: „— also kommt er möglicherweise nicht hierher."

Und ihrer vertrauten Freundin gegenüber spricht Laura sich ferner in reinen und unzweideutigen Worten aus: „Ich denke, er verkauft sein Land, da ich homestead genommen habe und er daher, wenn er mich heiratet, wieder zu gratis Land kommt, und das ist wirklich auch die einzige Art, die ich weiß, daß Christian jemals soweit kommen kann, um ein Haus zu bauen und alle die hundert andern Dinge zu tun, die zum häuslich Niederlassen gehören. — Wenn ich mir nur hier etwas zusammenverdienen könnte, daß ich ein paar Kühe kaufen könnte"!

Die unternehmende junge Dame, die gern Geld verdienen und vorwärtskommen möchte, findet, daß „in Christian keine Betriebsamkeit ist und auch nie welche werden wird. Es gehört Mut dazu, sich draußen auf freiem Felde in einer Hütte mit einem Manne zu verheiraten, der noch nicht einmal sich selbst ernähren kann. Er hat nun von Emma und mir allein für diesen Sommer

152 Doll. oder 258 Rtlr. bekommen; und doch ist er ebenso weit, keine Kleider auf dem Leibe, aber dafür Schulden — nicht einmal eine Hütte auf seinem Land! — ich bin dicht daran, die Geduld zu verlieren. Ich hätte Lust wieder nach Hause zu reisen, — doch nicht um für einen elenden Lohn zu dienen und wieder Sklave zu werden — sondern jenen alten Mann zu heiraten, ich weiß nicht, ob Du Dich seiner erinnerst, der mich einmal haben wollte; ich glaube, ich kann ihn noch bekommen! Er ist 30 Jahre älter als ich, also jetzt ein Greis, aber er ist wohlhabend, und ich könnte dann ein behagliches Leben in verschiedener Beziehung führen; ich bin den Dienst so müde, so müde! Mit Christian verheiratet, glaube ich, werde ich nie. Das wäre im höchsten Grade unvernünftig — und Gott weiß, ob ich ihm jemals eine gute Frau werden würde! Ich kann weder Achtung für ihn haben noch ihm gutsein..."

Das Einzige wäre noch Mitleid: „Armer Kerl! Er hängt immer noch so innig an mir. Und ich wünsche nur, Gott gebe, ich hätte ihn niemals gesehn! Brechen mit ihm kann ich nicht, denn ich habe Angst, daß ich nachher Gewissensbisse bekomme — das sind vielleicht nur Grillen, denn es wird nie etwas aus ihm, ob ich nun seine Frau werde oder nicht. —"

Gleichzeitig ist etwas sehr Unbehagliches eingetroffen, indem Laura sich aufs schärfste mit der Schwester ihres Bräutigams, Emma, entzweit hat. Sie vertraut es Wilhelmine in köstlichen Wendungen und mit jähen Übergängen an, die beispielsweise hier mit der Zeichensetzung des Originals wiedergegeben werden:

„Die Bestimmung war ja von Hause aus, daß wir Alles teilen sollten und sehn, uns damit ein gemütlicheres Heim zu schaffen, aber ich entdecke jetzt, daß sie einen unverträglichen Charakter hat — ich kann sie nicht ausstehn, sie ist im höchsten Grade roh — ich kann es kaum aushalten, sie zu sehn! — sie hat mich ein paarmal ausgescholten, als ob ich ein Straßenmädchen wäre — und ich habe ihr mitteilen lassen, daß ich mich mit ihrem Bruder nur unter der

Bedingung verheiraten würde, daß sie nie über meine Schwelle käme. Das ist mir fast zu viel! — nicht den Mann zu lieben, dem ich so viel geopfert habe, aber zugleich von diesem kleinen dicken, faulen, verfressenen Tier geplagt zu werden! — sie geht herum und triumphiert über mich — lacht und ist vergnügt! Ärmste! sie hat doch Grund betrübt zu sein, denn ich sehe nicht ein, auf welche Weise sie unabhängig werden wollte, wenn der Bruder ihr nicht hülfe, — und sie ist nicht der Aufopferung wert. — —"

Nein, da nimmt Laura ihre Zuflucht zu ihrer treuen Wilhelmine daheim im alten Land:

„Du mußt einmal wieder an mich denken und mir schreiben — ich habe garkeinen, an den ich mich hier drüben halte, nicht einen, mit dem ich sprechen kann .. Hier sind nur zwei dänische Familien, zu denen ich einmal gelegentlich komme, sonst führe ich ein sehr stilles, tristes Leben; zu Obersts kommen ja viele, aber ich bleibe meistens oben bei mir. Ich arbeite von 6 morgens bis 7 abends; da bin ich müde und will mich am liebsten etwas ausruhn."

Flüchtig verweilt sie bei Eindrücken der Natur, die „jetzt im Herbst schön" ist mit einem purpurroten Waldgrund zu den abwechselndsten grünen Farben in den Bäumen, und schließt damit, die Freundin wiederholt anzurufen, doch „wirklich schnell an mich von allem Möglichen" zu schreiben, auch etwas davon, was daheim „im öffentlichen Leben passiert."

Das neue Jahr beginnt, aber als Laura im Januar 1874 Frau Wilhelmine ihre besten Wünsche sendet, geschieht das mit dem Zusatz, daß es für sie selbst sehr düster aussieht, „ich habe nur eine kleine Hoffnung, daß es einmal besser werden wird, und doch hoffe ich im Grunde meines Herzens."

Eine ausführliche Erklärung folgt:

„Im Augenblick habe ich mich entschlossen, mit Christian zu brechen, und das hat mich gleichsam etwas belebt; es ist gleichsam, als beginne ich aufzuatmen und doch, weiß ich, ist es eine Fessel, die ich nicht so leicht loswerde. Wie Du weißt, sind meine Gefühle für ihn nie sehr warm gewesen, und jetzt, wie ich hier herüber kam und sah, wie dämlich er sich anstellt — dazu die Schwester ihn bei jeder Gelegenheit herunterreißen hören — und einen Brief fast nur von ihm bekomme, jedesmal wenn er Geld geschickt haben möchte, wurde meine Geduld auf eine zu harte Probe gestellt; ich verlor ganz den Mut, als der Streit mit der Schwester dazu kam.! Es war Kreuz genug für mich, sein Geschwätz zu ertragen. Aber ihres mit zu tragen, nein, das kann ich nicht. Ich habe mich selbst genug geopfert, jetzt bin ich müde. Du schreibst, daß ich alle zurückstoße! Das will ich gern glauben, denn ich fühle mich selbst so bitter und unzufrieden, daß ich kaum wünsche, andre Menschen zu sehn. Ich fühle mich so einsam und verlassen, daß ich wünschte, ein Ende mit diesem elenden Leben zu finden — und dazu habe ich Hoffnung; sehr viele Jahre lebe ich Gottseidank nicht. Neulich war ich krank, und der Doktor behorchte mich auf dem Rücken mit sehr bedenklicher Miene; dazu spuckte ich Blut und habe fast immer Schmerzen in der Brust. Das Klima hier ist zu streng für mich; ich bleibe auch nicht hier — nicht um mein Leben zu verlängern — sondern weil ich nicht glaube, daß hier ein Platz für mich ist. Möglicherweise gehe ich nach Denver, 500 engl. Meilen von hier; das liegt am Rande der Steinberge; da soll es im Sommer nicht so warm und im Winter nicht so kalt sein — hier kann man beinahe neben dem glühenden Ofen totfrieren. Außerdem will ich fort — fort von Christian! Ich lebe in beständiger Unruhe, daß er hierher kommt und — wie schon so viele Male — mich mit Tränen und Bitten überredet, es noch eine Weile mit ihm zu versuchen. Armer Mensch! ich habe das innigste Mitleid mit ihm; er ist so hilflos. Wenn es doch nur in meiner Macht stünde, ihm eine Menge Geld zu schicken, sobaß er über die ersten, schweren Jahre als Kolonist hinwegkommen könnte!

Ich weiß nicht mehr, ob ich Dir die Ursache des Bruches zwischen Emma und mir erzählt habe, ich will sie Dir daher nochmal erzählen. Zuerst begann es damit, daß sie bei jeder gegebenen Gelegenheit mich kommandierte, und mochte ich z. B. äußern „Du hast dies oder jenes vergessen" (um ihr zu helfen, da ich einen Monat vor ihr hiergewesen bin), schimpfte sie mich doch aus! ja, ich habe niemals etwas ähnliches in meinem Leben gehört. Ich flüchtete entsetzt, die Treppen hinauf, von den gemeinsten Schimpfworten verfolgt. Sie konnte eine ganze Stunde fortschimpfen, glaube ich, ohne daß jemand ein Wort einzuschieben vermochte. Eines Abends bei der Mutter des dänischen Herrn Smiths — es waren nur wir drei — kamen wir dazu, über Deutsch und Dänisch zu sprechen (die Frau ist deutsch.) Emma ließ mich merkwürdiger Weise etwas zu Worte kommen, sonst pflegt sie zu schwatzen, daß keiner ein Wort einzuflechten vermag, und denke Dir doch, daß sie in der unverschämtesten Weise, die ich je gehört habe, zu mir sprach — ihre Meinung war natürlich die einzig gültige —, sie kenne die Deutschen weit besser als ich, Gott bewahre! und schließlich erzählte sie mir, daß ich mit den deutschen Offizieren kokettiert hätte *[im Kriege 1864, als der Herthahof wie der Holtumer Pfarrhof preußische Einquartierung hatten und Laura sich im großen ganzen viel unter den Deutschen bewegte, was u. a. aus einem Briefe von ihr hervorgeht, der in meinem „Während unsres letzten Krieges", S. 198/9\*) steht]*. In ihre Grobheiten hier zu Hause, wo nur das andre Mädchen uns verstand, konnte ich mich zur Not finden, aber bei der ersten Klatschbase der Stadt insultiert zu werden, das wurde mir zu viel. Auf dem Nachhausewege teilte ich ihr daher mit, daß ich mich nur unter der Bedingung mit Christian verheiraten würde, daß sie niemals über die Schwelle käme. Du hättest hören sollen, wie sie bei jeder Gelegenheit ver-

---

\*) In der deutschen Ausgabe unter dem Titel „Ein modernes Volk im Kriege", Kiel und Leipzig 1907, S. 146. Übs.

suchte, mich zu verhöhnen und zu kränken, bis sie krank wurde; da war ich gut genug, da wollte ihre teure Freundin die Köchin sie nicht pflegen, da verhielt sie sich doch die Zeit über ruhig.

Inzwischen hatte sie an den Bruder geschrieben und die Sache in ihrem Lichte dargestellt. Ich erwähnte zu ihm nicht die Geschichte, ich hatte ihm schon oft von ihrer Unartigkeit gegen mich erzählt, ich schrieb ihm also nur, daß ich mich niemals mit ihm verheiraten könnte, wenn Emma bei uns wohnen würde.

Als Antwort darauf bekam ich eine Menge Grobheiten — einen so unverschämten Brief, daß ich seitdem nicht geschrieben habe. Das tötete den letzten kleinen Rest von Mitleid, der bei mir übrig war, und ich denke jetzt nur mit Verwunderung daran, wie ich das fast 7 lange Jahre ausgehalten habe. Mein ganzes Leben ist verspielt, ich opferte ihm den letzten Rest meiner Jugend und stehe jetzt als eine verlassene alte Jungfer in Amerika! Das ist mehr als bitter, das ist schrecklich; es kommt bisweilen ein richtiges Entsetzen über mich, und mein innigster Wunsch ist nur, nach Dänemark zurückkehren zu können. Noch habe ich kein Reisegeld gespart, das meiste ist zu Christian gewandert, aber in 3 bis 4 Monaten würde ich es, so Gott will, haben, wenn ich doch dann wieder heimkehren könnte! ... Ich erwarte jeden Tag einen Brief von Christian als Antwort auf mein langes Schweigen, und es graut mir vor der Zeit, der ich entgegengehe. Jetzt werde ich ihn wahrscheinlich um den Finger wickeln und ihn dazu bringen können, seine harten Worte zu widerrufen, aber das flößt mir ebenso wenig Achtung wie Wohlwollen für ihn ein. Mir sind die Augen geöffnet. Ich habe alles getan, um ihn vorwärts zu bringen; doch zwecklos: es wird nie etwas aus ihm, und bin ich erst seine Frau geworden, würde ich mich schon darein finden müssen, daß Emma bei uns bliebe — diese faule Person, die nur Interesse für Essen hat und noch dazu so giftig ist! 7 lange Jahre hat er mich festgehalten, indem er sagte: Verläßt Du mich, wird niemals etwas aus mir; und die

Anstrengungen 7 langer Jahre von meiner Seite haben ihn nur dazu gebracht, in Amerika zu bummeln, wie er zu Hause gebummelt hat, sobaß ich mich mit ruhigem Gewissen zurückziehen kann. Ist in diesen 7 Jahren nichts aus ihm geworden, wird überhaupt nichts aus ihm, und wenn ich 14 Jahre auf ihn wartete.

Und ich habe Angst davor, daß ich ihm keine gute Frau werden werde. Ich kann mich dem Mann nicht unterwerfen, für den ich weder Achtung noch Wohlwollen hege, und ich werde, was ich schon bin, werden, bitter und ungeduldig..."

Im Übrigen beantwortet Laura eine Reihe von Fragen, die die Freundin daheim ausdrücklich an sie gerichtet hat. Sie haben sich um ihre Stellung gedreht, ob sie mit Dänen umgeht, wie ihr Verlobter eigentlich lebt, wie Weihnachten verlaufen ist.

Lauras Antwort vervollständigt das Bild der Verhältnisse, in denen sie lebt. Sie ist immer noch bei Obersts und „kann die ganze Familie gut leiden, mit Ausnahme der Frau, sie ist widerlich, stolz und rücksichtslos! Der Oberst ist besonders liebenswürdig und behandelt mich in jeder Beziehung als Lady; aber seitdem Emma hier ins Haus gekommen ist, ist die Frau alles andere als liebenswürdig gegen mich. Emma hat nämlich verstanden, sich bei ihr einzuschmeicheln, und da wir beide Ladies aus dem alten Land sind, sorgt sie, soweit wie möglich, dafür, daß ich, so oft wie nur möglich, fühle, daß ich nur Bedienter bin. Alles, was Emma entweder nicht mag oder nicht kann, wird auf mich abgewälzt, und dabei muß ich doch bei jeder Gelegenheit hören, daß ich ihr niemals helfe, daß ich nie etwas für sie tun kann usw.... Das Unbehaglichste ist, daß sie bei Tische aufzuwarten hat. Letzten Neujahrstag hatten wir Ball, auf dem ich als Lady war und sie aufwarten mußte". Lauras Herrschaft „wohnt sehr elegant, doch nicht übertrieben, da der Oberst jedes zweite oder dritte Jahr die Garnison wechselt und daher alles zu einem Spottpreis verkaufen und zu einem ungemessen hohen Preis wiederkaufen muß. Wir haben herrliche große Gemälde, eine Menge Silberzeug, Statuen u. a. m. ... Ich nehme aus Sparsamkeit an dem Gesellschaftsleben des Hauses keinen Teil, mein ganzer Lohn und mehr würde daraufgehn, wenn ich mitmachte. — Christian lebt bei den Nachbarn *[in der Prärie]* umher, mietet sich ein. Besonders belästigt er eine dänische Familie, einen Leutnant N. B. Hansen, wo der Mann ihn mit Grobheiten anfährt, selbst als ich es anhörte! aber trotzdem kommt er und bleibt da den ganzen Tag kleben, da bekommt er das Essen umsonst, meint er wohl... Die Dänen hatten einen Bazar Sonnabend und Sonntag zwischen Weihnachten und Neujahr, auf dem ich dabei war und in einem Postkontor stand und Briefe für 10 Cent an die jungen Herren verkaufte (alles Dänen) und nahm am Sonnabend Abend 8 Doll. 35 Cent ein; war das nicht hübsch für den Nonsens! Ein paar Herren hatten Briefe geschrieben, die für alle passen konnten, und wenn ich einen sah, den ich kannte, schrieb ich seine Adresse und ließ einen sagen, es läge ein Brief für ihn auf der Post. Der Inhalt eines Briefes wurde mir gezeigt, er war auf Englisch, übersetzt ungefähr so: „Inhaber dieses Papiers hat an diesem Abend die Erlaubnis, alle jungen Damen zu küssen, die auf den Bazar kommen. — Grant, Präsident." Es kam ein sehr schöner Amerikaner zu mir, er sah mich an, als ob er mich küssen wollte, und darum wurde ich neugierig auf den Inhalt. Du kannst Dir übrigens nicht denken, wie gemütlich es die Jugend hier hat und wie ehrerbietig, galant und angenehm die Herren sind. Wenn die Damen zu Hause so wären, würden alle sie für Koketten erklären — hier ist das Unschuld!..."

Und Laura schließt damit, die Freundin zu bitten, ihr das nächstemal „ein paar Modejournale" zu schicken; „schneide die Damen aus! Die Tochter Helen Wells hat mich darum gebeten ... es muß aber das Nobelste und Geschmackvollste sein; hier denkt und lebt man nur für Staat ..."

Wilhelmine hat sich nicht grade übereilt, wieder zu schreiben, und ist offenbar in ihrer Antwort vorsichtig um das Wesentliche in Lauras letztem Brief herumgegangen. Es ist Ostersonntag, den 5. April 1874, geworden, bis Laura antworten kann, — erst mit einigem Vorwurf und mit Ausdrücken der Angst, die sie davor gehabt hat, daß die Freundin krank gewesen sein könnte, dann mit Dank für einen besonders gewürdigten Gruß von einem Verwandten Wilhelmines und vielen Ausbrüchen der Sehnsucht nach Wilhelmine und nach Dänemark. Darauf fährt sie in demselben Zuge fort:

„Heute ist Ostersonntag, und die Erde ist weiß für uns — war es — denn jetzt hat die warme Sonne sie geschmolzen. Einen Tag haben wir hier, selbst mitten im Winter, vollständig warmen Sommer, um eine Stunde darauf an einem glühenden Ofen halbtot zu frieren. Zu Hause habt Ihr schon Schneeglöckchen, Veilchen, ja viele schöne Blumen, hier werden wir es in 14 Tagen haben, denn jetzt erwarten wir einen 14tägigen warmen Regen und wir haben Sommer, und nach kurzer Zeit haben wir einen mörderisch heißen, langen Sommer mit Schweiß und Staub. Besten Dank für Deine übersandten Modeblätter, aber sind sie zu Hause nobel, so sind sie hier ärmlich! Abgesehn von ausgeschnitten würden wir uns hier so zu Hause in aller Einfachheit anziehn! Nein, mein Fräulein! Die Damen ziehen sich hier wie zu Hause in Galla bei Hofe an, und dabei kostet alles hier 4mal so viel als in Europa, ja mehr als das.

Eins kann ich mir schon denken, daß Du nämlich diese Zeilen überfliegst, um nach etwas über Christian zu suchen und wie die Sachen in diesem, dem wichtigsten Punkte in meinem Leben stehn. Well! ich will denn aus alter Gewohnheit mit dem Anfang anfangen und ehrlich beichten, wie bisher.

Wie Du weißt, hatte Christian eine ganze Menge Unglück zu Beginn, als wir hier herüberkamen, stellte sich etwas blödsinnig an. Emma hob bei jeder Gelegenheit Chr.'s Dummheit, seine Schlechtigkeit in jeder Hinsicht hervor, erklärte mir jedes Ding, sodaß es mir mehr und mehr klar wurde, er müßte ein Idiot oder etwas noch Schlimmeres sein. Nun, auf dem Grunde meines Herzens konnte ich mich allzugut an all das erinnern, weswegen seine und meine Familie ihn herabsetzten. Nun, jetzt kam auch noch seine eigne Schwester dazu, das wurde mir zuviel, ich wurde müde; wenn selbst sie der Meinung war, daß nie etwas aus ihm würde, dann verlor ich den Mut. Dazu kam ein grober Brief von ihm... mit diesem Brief verlor ich alles, selbst den letzten Rest von Mitleid. Ich schrieb ihm nicht während voller 3 Monate, er einmal an mich und fragte mich nach der Ursache meines Schweigens. Nun ging ich herum und betete beständig, daß er nicht herkommen möchte, um mündlich eine Erklärung zu fordern, ich hoffte, er würde sich nicht das Geld zu dieser ziemlich kostspieligen Reise verschaffen können. Eine Woche verging nach der andern, und ich fing an, freier zu atmen; er würde nicht kommen und ich also frei sein. Aber eines Tages, wir saßen am Mittagstisch, fand Emma Gelegenheit, mir zuzuflüstern: „Entschuldige Dich, sobald Du kannst, und geh hinunter in die Küche, da ist jemand, der uns dort zu sehn wünscht." Am wenigsten kam ich darauf, daß es Christian war. Als ich ihn sah, bekam ich ein Gefühl, als sollte ich mich übergeben — fror, jawohl, daß mir die Zähne im Munde klapperten. Die Köchin war glücklicherweise da, und eilends zog ich mich zurück, mehrere Stunden lang entschuldigte ich mich mit Beschäftigungen, aber endlich kam die Zeit, daß ich in den Keller hinunter mußte, wo die Küche ist, wo er und Emma schon behaglich mehrere Stunden zusammen gesessen hatten. Die Köchin war fort, weil, ich kann nicht erzählen wie, das ist zu umständlich, aber aus alter Gewohnheit, denke ich wohl, mudte ich anfangs etwas, aber ich konnte dem famosen, betrübten Gesicht nicht widerstehn; er sah mich mit ein paar Augen an, so groß, tief, blau, ich verstand so gut, was sie sagten. Er war diesmal schöner, als er je vorher gewesen war; und eins kam dazu: Er wußte, daß es jetzt galt, und darum hatte er sich richtig ermannt und war ein ganz andrer, als ich ihn vor einem Jahr als Arbeiter draußen auf der Prärie traf, da sah er einem Räuber oder Menschenfresser am Ähnlichsten! Jeden Abend nach 5 kam er in Obersts Küche, da saßen wir denn gemütlich rings um den großen rotglühenden Herd (es war nämlich kein andrer Raum, wo Emma ihren Bruder empfangen konnte — das Eßzimmer, das sonst der Parlour *[Empfangszimmer]* der Mädchen ist, war Durchgangszimmer, sodaß dort keine Minute Ruhe war).

Wir besprachen viele verschiedene Dinge, unsern Streit und Emmas Unliebenswürdigkeit, von der er sprechende Beweise hundertmal in den 14 Tagen, die er hier war, sah. Als er reiste, ging es mir Gott sei dank so, daß ich wünschte, er könnte viel länger bleiben." —

Der junge Mann scheint auch bedeutend unternehmender geworden zu sein. Er hat für 40 Doll. „ein Stück Eisenbahnland" gekauft und es wieder für 90 Doll. verkauft, eine kleinere Baustelle in der Distriktsstadt und ein „gutes Haus, wofür er 10 Doll. Miete im Monat bekommt". Damit „sah er sich imstande, nach Omaha zu kommen, einen Teil seiner Schulden zu bezahlen und ein Haus zu haben, das er auf sein Land hinausschaffen konnte (die Häuser hier können nämlich auf Rollen fortgeschafft werden, meilenweise, weil sie aus Holz sind)".

Es ist auch die Bestimmung getroffen worden, „daß, so Gott will, wir in den ersten Tagen des September Hochzeit haben sollen. Seine nächste Stadt ist so vorwärts gegangen, daß es da Kirche und Pastor gibt, Apotheke, 4 Doktoren und Gott weiß wie viele Kaufleute und andre Handwerker, es ist viel größer als Stanberborg — und all das in knapp zwei Jahren! Trifft also kein neues Unglück ein, werde ich Chr.'s Frau in diesem Herbst werden. Vielleicht ist das etwas gewagt, weil er noch so wenig hat, auf das hin er sich verheiratet, aber wie Leutnant Hansen sagt: „Wenn etwas aus Birch werden soll, müssen Sie schon seine Frau werden; und warten Sie doch auch nicht länger, als bis zu diesem Herbst, das ist Sünde gegen ihn." Ich bin auch selbst der Überzeugung, daß wir schon vorwärtskommen werden, wenn ich hinaus komme und ihm zusetze ..."

Laura wünscht nun bloß, daß sie „etwas Geld zusammensparen könnte; es werden so viele Sachen sein, die wir notwendig haben müssen. Bisher ist all mein Geld draufgegangen, teils um Christian zu helfen, teils für mein „homestead", das ja freilich einmal das Geld mit Zinsen zurückbringen sollte. Neulich schickte ich Chr. 40 Doll. für eine Kuh ..."

Ein Unglück ist es, daß Laura eine neue Stellung hat annehmen müssen, die ja in vielen Beziehungen vortrefflich ist, jedoch die schwache Seite hat, daß sie dort nur 3 Dollars die Woche bekommt gegen 5 bei Obersts; aber dort „ging es schief".

Eines „schönen Abends, als die Frau mit ihrem vierzehnten Kleinen lag, schalt sie mich brav aus und teilte mir mit, daß ich gehn könnte, wenn ich eine andre Stelle fände. Denselben Abend ging ich aus und hörte von einer andern Stelle — und den nächsten Morgen hatte ich die beste Stelle in Omaha, als eine Art Gesellschaftsdame bei Senator Wilsons, der reichsten und nobelsten Familie in ganz Nebraska. Und glaube mir, hier geht es nobel zu! Der König von Dänemark brauchte sich nicht zu schämen, hier zu wohnen, und die Königin hat vielleicht nicht noblere Toiletten als Mrs. Wilson, schwarzes Samtkleid zu 1300 Rtlr. dänisch, und davon hat sie zwei; wieviele Seidenkleider, Spitzen, Juwelen und andern Staat, mag Gott wissen, aber das eine paßt zum andern. Im Schlafzimmer ist ein himmelblauer Brüsseler Teppich mit Blumenguirlanden, graue Seide mit Buketts auf Stühlen und Sofa, Spiegel von der Decke bis zum

Fußboden, ich will nicht von der Wohnstube und dem Parlour reden; in dem letzteren ist weiße Seide mit Rosenknospen, der Teppich weiß im Grunde mit den reizendsten Blumen. Ja, ich habe niemals eine solche Pracht gesehn. Von der Wohnstube gehn wir in einen Wintergarten, wo die Wände und der Boden aus Marmor sind, die reizendsten Pflanzen stehn hier in vollem Flor. Vögel fliegen frei herum, und in einem großen Aquarium kriechen kleine Krokodile, Wasserschlangen und Gott weiß was für Merkwürdigkeiten umher.

Ich habe das reizendste Zimmer bekommen! Es ist Abend, ich sitze oben in meiner eignen Stube und schreibe, und die Gaskrone wirft ihr Licht so blendend auf mich herab, als ob wir zu Hause große Gesellschaft haben. Als der russische Großfürst hier drüben auf Jagd war, wohnte er hier im Hause, und hier ist es auch in Wahrheit fürstlich. Meine Beschäftigung besteht darin, der Frau vor- und mit ihr zu spielen, aufzupassen, daß die Tochter (Irene — außerordentlich schön, 14 Jahr alt) übt, Deutsch mit dem Sohn Teddy (17 Jahr alt) zu lernen und etwas zu nähen. Dafür bekomme ich 3 Dollars die Woche und werde vollständig wie ein Gleichgestellter in jeder Hinsicht behandelt. Ich fühle mich vollständig zu Hause, plaudere so gut ich kann, lehre den Senator dänisch tanzen — zu seinem und meinem großen Vergnügen. Die Frau ist schwach, klug und sehr bestimmt. Der Mann ist viel älter und sehr schön und soll 5 Millionen Dollars besitzen. Hier sind jeden Tag Fremde, und ich fühle mich so zufrieden und froh zumute; so gut habe ich es nie gehabt."

Mit großer Befriedigung kann Laura anführen, daß „den Tag, nachdem Mrs. Wells mir gekündigt hatte, sie mich zu sich rufen ließ und mich zu bleiben bat, weinte und mich um Verzeihung bat. Sie sagte, daß die Kinder mich nicht lassen wollten und daß ich doch bleiben möchte. Doch Gott sei dank, daß ich ihr antworten konnte, daß ich schon eine andre Stelle habe. Es hielt dennoch schwer, von dort zu gehn, denn die Kinder hingen an mir und hielten, glaube ich, fast mehr von mir, als von der Mutter..."

Die Oberstin hat denn auch Laura engagiert, zweimal in der Woche mit einer der Töchter zu spielen, „und dafür bekomme ich 50 Cents die Stunde oder einen Doll. die Woche. Das ist ein Schreien und Toben, wenn ich komme und unterrichte, als ob sie verrückt wären. Emma hat jetzt die Stelle bekommen, die sie mir anfangs so sehr mißgönnte, aber ich glaube, ihre Sonne wird jetzt untergehn.

Meine Sorge ist jetzt, daß möglicherweise die ganze Familie nun zu den Sommerferien, die 10 Wochen dauern, in irgend ein Bad geht und sie daher keine Verwendung für mich haben werden, ich habe es allzu gut, als daß es lange anhalten könnte..."

Eine Nachschrift folgt:

„8 Tage sind vergangen, seitdem ich diesen Brief begonnen habe, es ist wieder Sonntag und eine solche Wärme, grade wie ein warmer Julitag daheim .. Die Oberstin, dies Schaf, wurde neulich böse, weil ich eine Musikstunde versäumt habe, ich spiele also nicht mehr mit der Tochter und verliere dadurch 20 Dollars bis zum 1. September, und ich brauche doch das Geld so nötig. Christian kann nicht viel im Sommer verdienen, weil er viel auf seinem eigenen Land arbeiten muß, damit wir ernten können, um im Winter davon zu leben. Ich sehne mich danach hinauszukommen und à la Robinson anzufangen, alles selbst zu fixen *[dieses auf alle möglichen Verhältnisse angewandte amerikanische to fix, zu ordnen]*. Wenn der liebe Gott mir meine Gesundheit erhält, so daß ich aushalten kann zu arbeiten, dann wird wohl alles gehn. —"

„Christian ist dieses Jahr tüchtig gewesen," heißt es weiter in dem nächsten Briefe vom 17. Juli d. J., schon „75 acres Land aufgebrochen! Das ist großartig! Leider geht der ganze Verdienst darauf, alte Schulden zu bezahlen, aber es ist ja immer gut, ohne

Schulden zu sein, außer allen den vielen Sachen, die er anschaffen muß. — Es sieht so aus, als ob Christian sich nun zusammennimmt; es hat geholfen, glaube ich, daß er im Winter fühlte, daß ich fast für immer für ihn verloren war ... Was wollte ich nicht dafür geben, Dich an meinem Hochzeitstage bei mir zu haben! Ich nehme an, daß es so wird: um 11 Uhr reise ich hier ab und bin da in der kleinen Stadt 8 Uhr Abends — da trifft mich Christian mit zwei Zeugen, wir gehen gleich zum Pastor, werden getraut und fahren im Mondschein 1$^{1}/_{2}$ dänische Meilen nach Hause. Das wird unsre Hochzeitsfeier. Denke an mich! — 8 Uhr Abends ist leider 2 Uhr Nachts bei Dir! dann schläfft Du wohl. Und wenn wir schlafen gehn, dann ist es bald bei Dir Zeit aufzustehn. — Ob es wirklich möglich sein soll, daß ich nun in 3 Monaten verheiratet sein werde! So viele Jahre habe ich auf diese Stunde gewartet, daß ich kaum glauben kann, daß sie jemals kommen kann."

Wilhelmine hat sie gefragt, wie es mit der Sprache geht: „Es geht so gut, daß mir eine Lehrerinnenstelle an einem großen Institut in Denver in Musik, Deutsch und Zeichnen mit 75 Doll. im Monat angeboten worden ist — aber meine Pflicht ist jetzt nur darauf zu sehn, daß Christian weiter vorwärts kommt. Würde ich ihn jetzt enttäuschen, wird nie etwas aus ihm werden und ich würde da mehr als die paar Hunderte verlieren, die ich zusammensparen könnte, denn leider geht das Geld fort. Ich spare alles, was ich kann, aber das hilft nicht viel; alles ist so teuer ..."

Der Brief wird erst am zehnten Tage danach abgeschlossen, da es zu aller Freude „wieder ein kalter Tag geworden ist." In der Zwischenzeit ist die Hitze vollkommen unerträglich und abstumpfend gewesen, es „wehte ein so warmer Sturm, daß er mir buchstäblich das Gesicht verbrannte", um darauf „verhältnismäßig sehr kalt" zu werden, sodaß eine Menge Menschen krank wurden. In der vorigen Woche hatten wir buchstäblich 4 Tage und Nächte Gewitter; ich vermag es nicht zu beschreiben — es ist großartig, über alle Begriffe! Die Heuschrecken fangen an, aber sind nicht viele und werden jetzt nicht besonderen Schaden anrichten können."

Was die Toiletten angeht, so kommt Laura darauf zurück, daß es gar keinen Zweck hat, wenn sie versuchen wollte, es mit den amerikanischen Damen aufzunehmen. Und indem sie ein genaues Verzeichnis über ihre verschiedenen — teils der Freundin von Hause bekannten — Kleider gibt, unter denen sich doch „ein neues, hübsches, durchbrochenes Kleid nach der neusten Mode" befindet, hebt sie es als einen Vorteil bei der Hitze hervor, „daß man sich nicht putzen will — eine gute Einrichtung! ... Wir führen im Sommer alle ein langweiliges, ungesellschaftliches Leben, uns den heißen Tag, wie es grade geht, vertreibend ... Ich zähle jetzt die Wochen, bis ich ausziehn und mein eignes, armes Nestchen bauen kann! Ich bin müde, für andre zu arbeiten, trotzdem ich wohl dann erst alle die Güter schätzen werde, die ich nun habe."

Laura hegt eine starke Schwärmerei für Blumen und sie legt ein Bukett bei, das sie Wilhelmine versprochen hat, von Blumen und Blättern aus dem Garten des Senators und „ein paar Bilder von kleinen Partien in Omaha ... Hast Du keine Bilder von Gegenden in Dänemark, die Du mir schicken könntest? Das würde mir besondere Freude machen ... Wir haben einen dänischen Pastor hierher bekommen, eigentlich einen Norweger, einen schlechten Prediger, aber es ist doch ein Wort des Herren in unsrer eigenen Muttersprache."

Immer läuft ihr Gedanke darauf hinaus, daß es ihr und ihrem künftigen Manne glücken müsse, sich vorwärts zu arbeiten, sobaß sie einmal in das alte Land zurückkehren können, wenn es auch langsam gehn wird, „wie die Schnecke, die auf den Berg kriecht", weil sie, ohne Hilfe ihrer Verwandtschaft zu Hause, mit traurig geringen Geldmitteln dastehn. „Grüße das liebe gesegnete Dänemark ... erzähle mir etwas von öffentlichen Neuigkeiten, wenn Du wieder schreibst."

Doch dann folgt eine kleine, hastige, unruhige Nachschrift: „Es ist Sonntag, ich bin in der Kirche gewesen, und da erzählte man mir, daß die Heuschrecken in Christians Gegend in einer solchen Menge gekommen sind, daß sie alles fressen, sobaß aus der Hochzeit nichts wird — — ich komme sicher nie zum heiraten. Armer Christian, das wird eine große Enttäuschung für ihn werden!"

Fräulein Lauras Hochzeit findet nun doch, trotz der Heuschrecken-Verwüstungen, ungefähr um die bestimmte Zeit, Mitte Oktober, statt.

Und der lange Brief der jungen Frau vom 4.—5. November gibt eine klare Vorstellung von dem Leben des Ehepaares draußen in der Prärie.

Das Brautpaar ist von einem englischen Pfarrer bei der früher erwähnten dänischen Familie, einem verabschiedeten Leutnant H. V. Hansen, getraut worden, „der eine ausgezeichnete Anstellung in der Distriktsstadt hat. Es war mir ganz wunderlich, so allein von Omaha hinauszuziehn, um mit dem Mann getraut zu werden, mit dem ich 7 lange Jahre verlobt gewesen bin. Die Hochzeit fand in Hansens kleiner Stube statt, es war niemand außer den Zeugen da, aber wir alle waren so gemütlich wie möglich, daß ich garnicht fühlte, daß ich allein war, ohne Verwandte und ohne Freunde. Ich bekam ja einen Freund, der fürs ganze Leben gut sein wird und will.

Wir wohnen nun in einem winzig kleinen Haus, 11 Fuß im Quadrat, nur eine Stube, das ist Küche, Schlafkammer und Wohnstube. Darin wasche ich, backe ich, lebe und atme ich, und trotzdem hier alles anders als anheimelnd ist, bin ich doch ganz zufrieden. Wenn wir nun nur unser tägliches Brot haben, dann wird es schon gehn. Mag auch das Heim noch so ärmlich sein, so ist es doch 10 Mal besser, als bei Fremden zu dienen, ich tausche nicht die vergoldeten Säle des Senators gegen meine kleine Hütte.

Christian ist fast nie zu Hause, er muß bei andern Schulden abarbeiten und seinen eigenen Boden liegen lassen; das ist sehr ärgerlich, aber das kann ja nun nicht anders sein. Es ist nicht so leicht, mit leeren Händen anzufangen, besonders wenn man unpraktisch und dazu etwas lässig ist. Er ist gut und lieb, doch nicht mehr, als daß ich annehmen kann, es wird eine Zeitlang so bleiben, wenn auch nicht das ganze Leben. Die Arbeit wächst uns beiden über den Kopf, wir müssen uns dranhalten, ehe der Winter kommt. Neulich fror es $1/4$ Zoll Eis auf dem Wasser; gestern war es so warm wie der wärmste Sommertag zu Hause... Die Gegend ist arm an Bäumen, wie eine große, etwas wellenförmige Ebene, wo die Häuser der Nachbarn verstreut herum liegen. Hier ist eine ganze dänische Familie, Hindstrup, nette gebildete Menschen. Christian geht jeden Sonntagmorgen 8 Uhr dahin, um mit auf Jagd zu gehn, am Abend wird L'Hombre gespielt und musiziert, wir Frauen reden von unsern Haushaltungssachen. Ich komme erst später dahin, fahre selbst mit einem Paar erzfaulen Maultieren, aber das ist doch immer noch besser, als zu gehn.

In diesen Tagen haben wir einen Stall für unsre Kuh und Maultiere gebaut, aus Rasen; es sieht wunderlich aus; aber es ist warm und ziemlich solide; viele wohnen in solchen Häusern hier draußen auf dem Lande. Einen der nächsten Tage will ich hinaus und mir ein Hühnerhaus aus Rasen bauen; ich habe 10 Hühner, die keine Eier legen. Heute war ich auf dem Maisfeld und versuchte, den umgehauenen Mais in Haufen zu lesen, damit Chr. ihn einfahren konnte, aber es bläst ein solcher Sturm, daß ich es für heute aufgeben mußte. Jetzt will ich rasch noch einen Hasen braten, bis mein Mann nach Hause kommt, ich denke um 7 Uhr; es ist dann so dunkel, aber ich stelle die Lampe ins Fenster, daß er nach dem Licht lenken kann."

Nicht ohne ein unheimliches Gefühl führt die junge Frau an, daß „in diesem Herbst eine Klapperschlange sozusagen grade vor dem Hause getötet worden ist, und noch vor acht Tagen schoß ein junger Däne einen 9 Jahre alten Burschen — ich glaubte, sie wären jetzt im November in Winterschlaf gefallen", und sie ist „noch etwas ängstlich allein zu sein, trotzdem 50 Schritt hiervon ein norwegischer Zimmermann mit Frau und 6 Kindern wohnt, das ist ja angenehm".

Im Übrigen hat sie „einen ganzen Berg von alten Kleidern von Christian, die zurechtgemacht werden sollen, sodaß ich kein Ende von meiner Arbeit sehe ... Wenn nur Chr. den Boden gepflügt hätte, 30 Tonnen Land; es sind noch 10 zu pflügen übrig; und wenn nur nicht die Heuschrecken das nächste Jahr wiederkommen, und wenn ich nur keine Kinder bekommen möchte; es heißt eben hoffen und harren! .."

Eine Nachschrift vom Tage darauf verweilt u. A. bei dem „hübschen, freundlichen Jagdhund" des Mannes und ihrem eigenen „niedlichen kleinen Kätzchen" und fügt hinzu: „Christian gefällt es nicht, daß ich geschrieben habe, er sei lässig; ich nehme daher meine Worte zurück und sage, daß er süß ist."

Und darauf folgt, wie ein rein unwillkürlicher Ausbruch: „So bin ich also eine verheiratete Frau, das ist mir ganz wunderlich, ich kann es nicht recht verstehn. —"

Ein Brief vom Februar nächsten Jahres vervollständigt die Schilderung vom Leben des jungen Ehepaares: „Ja, meine liebe Wilhelmine, ich bin nun wie Du eine verheiratete Frau, aber es könnte wohl kein größerer Unterschied als der existieren, der zwischen unserm Leben besteht! Und doch mußt Du keineswegs glauben, daß wir wie die Tiere in Höhlen leben und uns von dem ernähren, was wir beschaffen können. Nein, wir leben ganz gemütlich und nett in unserm winzig kleinen Haus! Ich habe vollauf Arbeit, mein kleines Haus zu versehn."

Der Mann liest ihr aus Büchern vor, die sie von dem nächsten größeren Nachbarn Hindstrup leihen, „dem Exbranddirektor" aus

Dänemark, der 2½ englische Meilen von Birch wohnt. Hindstrups Büchersammlung scheint einen echt ländlichen, zufälligen Charakter zu haben. Sie haben „etwas von Bulwer („Der Verleugnete" und „Eine seltsame Geschichte" u. a.)" gelesen. „Wir haben grade „Den Sprung am Niagara" [?] gelesen; es ist mir so, als ob Du einmal im Sommer mich in einem Deiner Briefe fragtest, ob ich dies Buch gelesen hätte; wir haben „Der letzte Bombardier" von Hackländer gelesen und „Der Mann, der lacht" von Victor Hugo."

Hindstrup hat „eine brave Frau, die ich, glaube ich, ganz gern haben werde, wenn ich sie näher kennen lerne. Es ist ja immer nett, mit Dänen zu verkehren, besonders wenn sie gebildet sind. Leider ist der Winter dies Jahr so ungeheuer streng, strenger als er die letzten 10 Jahre gewesen ist, sobaß ich mich nicht aus der Tür wage, um nicht totzufrieren; es ist schwer, in unserm Bretterhaus warmzuhalten, aber da es vergipst ist, schneit es wenigstens nicht zu uns herein, das ist schon etwas. Ja, Du machst Dir keinen Begriff von der Kälte, sie übersteigt jede Vorstellung, ebenso wie die Wärme. Spuckst Du z. B. aus, dann gibt es einen Eisklumpen, bevor es zur Erde kommt. Doch ist diese Kälte nur bei Nordsturm; leider steht der Wind meist in dieser Richtung im Winter; dreht er sich nach Süden, können wir es so mild haben, wie an einem Apriltag zu Hause. Heute haben wir vollständigen Sommer gehabt, wir sind ja schon im Februar; aber heute Abend ist es Sturm von Norden und wieder ungeheuer kalt".

Es zeigt sich, daß Frau Lauras Mann immer noch häufig auf Jagd geht. Den Tag, an dem sie schreibt, ist er „den ganzen Tag auf Jagd gewesen und verbringt den Abend bei einem von den Hindstrups bei einem L'Hombre. Sonst fährt er, wenn es das Wetter zuläßt, an den Fluß, 6 engl. Meilen davon, um Brennholz für mehrere Jahre nach Hause zu holen, da man es noch umsonst holen kann."

Darum ist Laura „sehr oft den ganzen Tag allein und hat in der letzten Zeit angefangen, sehr an schlechter Laune zu leiden. Kein Wunder, wenn Du bedenkst, daß ich nur gut drei Monate verheiratet gewesen bin und schon meine Kleider aus einer gewissen Ursache weitermachen muß; ist das nicht schrecklich! Ich bin sicher, daß es genau 9 Monate nach der Hochzeit wird. Erzähl' es aber keinem, liebe Wilhelmine; es ist zeitig genug, wenn das Wurm gekommen ist. Angst habe ich ja nicht; es liegt wohl in der Natur, daß man das nicht hat, wenn ich auch guten Grund dazu habe: 30 Jahre alt und so schmal und schmächtig, wie ich bin! Chr. ist auch nicht froh. Teils hat er Angst für mich; das ist wohl der wesentlichste Grund; teils wird das ja eine Menge Ausgaben verursachen und große Beschwerden und Unannehmlichkeiten mit einem schreienden Kleinen. Ich verstehe kaum, wie ich das Kind vorm Totfrieren bewahren kann, oder wie ich all die Arbeit bewältigen soll; aber es wird schon gehn, man kann viel mehr, als man glaubt."

Wie gewöhnlich hat Frau Wilhelmine eine Reihe bestimmter Fragen, die Ökonomie des Hauses betreffend, gestellt, die Laura sorgfältig beantwortet. Sie gibt darüber Bescheid, wie der Mann die Kuh melkt, „das ist in Amerika nicht Frauenarbeit", während sie Brot aus dem Weizen bäckt, den der Mann baut, und hat den Nutzen von seiner Jagd, daß er mit Hasen und Wachteln nach Haus kommen kann. Im Übrigen muß sie „bisweilen etwas Rindfleisch" kaufen und dieses Jahr Kartoffeln und Zwiebeln, weil die Heuschrecken alles gefressen haben, was in ihrem Garten stand, außerdem ein Schwein zum Pökeln und die gewöhnlichen täglichen Bedürfnisse, Zucker, Kaffee, Tee, die aus der Stadt 6 englische Meilen von der Farm, kommen; „alles wird für das Geld gekauft, das ich in Omaha verdient habe — wenn es nur bis Herbst nächsten Jahres ausreichen möchte! ... Meine kleine Katze springt um mich herum. Du kennst ja meine alte Passion für Katzen. Hier ist es warm und gut ... Wenn ich nur sicher wäre, recht bald wieder in Dänemark wohnen zu können!" —

Es ist keine Zeit gewesen, wieder einen Brief bis zum Geburtstag der Freundin im Juni zu schreiben, und da muß Wilhelmine obendrein noch einen ganzen Monat lang warten. Die Schwierigkeit, einen Boten in die Stadt und zum Postamt zu bekommen, trägt einige Schuld und „Du kannst sicher sein, daß es nicht aus Mangel an Interesse für Dich ist; den Tag sprachen und dachten wir viel an Dich und wünschten uns, daß wir mit Dir zusammensein könnten."

Durch den Brief geht doch etwas wie eine Empfindung davon, daß Laura schon auf dem Wege ist, in Amerika Wurzel zu fassen: „Gott weiß, ob der Tag *[an dem sie wieder nach Dänemark kommt]* jemals kommen wird," heißt es, „es sind so wenige, die mich nach Dänemark zurückziehn, besonders in einigen Jahren, da dann wohl mein alter Vater fort ist — Freunde habe ich nur wenige, die sind bald gezählt! aber Dänemark zieht doch an — den dänischen Buchenwald vergessen wir nie."

Sie spricht ihre Freude über „den unvergleichlichen Segen" aus, der dieses Jahr auf ihren Feldern wächst. „Zu denken, daß dies Erde ist, die eben gepflügt wird — nach 1000jähriger Ruhe, und das Jahr danach gibt es einen solchen Ertrag! Ach, wenn nun bloß nicht Amerikas Fluch, die Heuschrecken, kommen! Hier sind schon viele. Möchte nur der Herrgott in Gnaden auf uns sehn, denn sonst wird es Hungersnot für uns alle!"

Christian ist in der Stadt gewesen, um „6 Bushels Kartoffeln" zu holen, „die er von Senator Wilsons in Omaha geschickt bekommen hatte, als eine besondere Gabe und Hilfe von ihm; hierher wird viel Hilfe von reichen Leuten an die geschickt, die die Heuschrecken verwüstet haben, — aber es geht hier so wie zu Hause, Schwindler und Betrüger stecken es in ihre eigene Tasche, und der Bedürftige muß es entbehren. Verlaß Dich brauf, hier ist es jetzt heiß! Es ist schwer für mich, hart zu arbeiten, und doch geht es ganz gut, denn ich arbeite ja für mich selbst."

Es ist Sonnabend, sie hat 36 Stück Wäsche waschen müssen, Weizenbrot backen, scheuern und vom Boden bis zum Keller großreinmachen, sodaß „alles jetzt wie reingeblasen ist; das mag ich leiden!" Und im Übrigen ist sie draußen gewesen, um „die Kuh grade in der Mittagshitze" zu holen, „sie zu tränken, 4 Eimer Wasser aus einem 100 Fuß tiefen Brunnen mit der Sonne grade über sich hochzuziehen, und dabei bin ich sehr beschwert von meinem dicken Leib. Ich bin doch sonst immer so dünn und jetzt habe ich solchen Sack zu tragen. Es fällt ja manchmal schwer, aber dann liege ich einen Augenblick, und dann bin ich wieder munter."

Mit einiger Angst denkt sie doch daran, „wie ich mein Krankenlager in der wärmsten Zeit aushalten soll, Ende Juli oder Anfang August. Das wird mehr als schwer, aber der Herrgott hilft mir wohl darüber hinweg. Ich bin jetzt immer munter und garnicht angst vor dem Augenblick; ich habe viel mit dem Nähen der Kindersachen zu tun. — Mein lieber, herzensguter Christian fährt jeden Morgen 2½ englische Meilen zu einem Nachbarn, um Land zu pflügen, damit verdient er 3 bis 4 Doll. den Tag. Leider ist er dazu gezwungen, noch dies Jahr für andre zu arbeiten; es würde sich ganz anders bezahlen, das Land für sich selbst aufzubrechen; aber wird der Rest des Sommers nicht zu trocken, hoffen wir, daß er 20 bis 30 acres für sich selbst aufgebrochen haben wird, sodaß wir zum nächsten Jahr 50 acres für Korn haben können."

Am Morgen desselben Tages hat sich zum großen Schrecken die Erde gezeigt, „als übersät mit diesen verfluchten Heuschrecken! Kommen noch mehr oder bleiben diese nur und ziehen heute nicht weiter, so sieht es schlimm für uns aus. Der arme

Christian wurde ganz krank, er konnte weder essen noch trinken," und Mann und Frau denken, von der Waldpartie fortzubleiben, zu dem sie auf Sonntag eingeladen waren, weil ihnen die Heuschrecken die Lust an Vergnügungen benommen haben. Immerhin ist Laura guten Mutes: „Du schreibst, daß Dein Leben einförmig dahinrinnt. Glaube mir, daß unsres das auch tut! Wir sehn nur unsre grünen Felder, ich bin allein von 7 Morgens bis 7 Abends, aber habe vollauf zu tun, sobaß mir die Zeit nie lang oder langweilig wird."

Sie fragt die Freundin nach einer andern jüngeren verheirateten Frau daheim:

„Es wundert mich, daß sie solange von ihrem Mann fort sein kann, das könnte ich wahrhaftig nicht, und er kann mich nicht einen Tag entbehren. Wir geraten ja manchmal aneinander; aber das geht gleich vorüber, und dann sind wir so froh mit einander. Wenn der Herrgott mir nur ein gesundes und wohlgestaltes Kind geben will und ich ohne allzu langes Krankenlager darüber hinwegkomme und wir sonst nur unser Auskommen haben, habe ich vielleicht mehr Glück und Zufriedenheit als manche andre. Christian wird so rasch wie möglich an Dich schreiben, Du kannst ganz sicher sein. Ach, die Angst um mich bringt ihm oft Tränen in die Augen! — Ach, die Heuschrecken! Nun muß ich in den Garten und Unkraut für meine beiden Schweine jäten, die Christian gekauft hat. Alle meine Hühner sind an einer Epidemie gestorben, bis auf eins, das 11 Küken hat. Ich habe ein kleines Bukett von weißen Rosen hierdrin, das riecht so stark, daß es fast betäubend ist. Hier sind so viele schöne, wohlriechende Blumen auf dem Felde, ja selbst die Kala wächst im Moor."

So trifft denn das große Ereignis ein, worüber Laura den 17. August 1875 schreibt:

„Meine liebe, liebe Wilhelmine!

Heute vor 14 Tagen bekam ich unter den gräßlichsten Leiden einen großen Jungen — den 3. August 1 Uhr mittags. Sei froh, daß Du keine Kinder haben sollst! Noch bin ich so schwach und elend, wie nur möglich. Der Mut verläßt mich auch oft. Armer Christian! er litt mit mir, und ein lieberer und besserer Mann existiert nicht. Ich bin so froh über meinen reizenden Jungen, in meinen Augen ein vollkommenes Geschöpf in jeder Beziehung. Ich kann nicht mehr schreiben; wenn ich mehr zu Kräften komme, will ich einen langen Brief schreiben. Ich habe die beste Pflege von unserer Nachbarin, Mrs. Hindstrup, gehabt, sie ist die ganze Zeit bisher bei mir gewesen. Morgen erwarten wir Emma Birch, die auf 8 Tage hier herauskommen will. Ich kann nicht ohne Hilfe sein, da ich noch nichts tun kann. Mein Mann ist zu ängstlich meinetwegen gewesen, als daß er an Dich hat schreiben können Lebe wohl, ich kann nicht mehr, und schreibe sobald wie möglich!"

— Es vergeht eine lange Zeit, ehe Laura wieder schreibt, und die Nachrichten, die Wilhelmine erhält, lauten alles andere als fröhlich. Neun Monate nach der Geburt des kleinen Jungen ist Laura noch keineswegs wohlauf. Infolge der schlechten Geburtshilfe und mangels ärztlicher Hilfe während des Kindbetts hat sie sich eine innere Schwäche zugezogen, die sie, wie sie meint, nie verlassen wird. „Noch bin ich schwach und krank," klagt sie, „muß ein Mädchen halten (was in dieser Gegend fast unmöglich zu bekommen ist). Ja, das sind 9 traurige Monate gewesen, glaube mir. Mein kleiner, reizender Junge erhält mir ja den Mut etwas aufrecht." Vieles hätte sie ja zu erzählen, aber „mein Gedächtnis ist so geschwächt, daß ich nicht alles mehr zusammenbringe. Dank Deinem Gott, daß Du keine Kinder bekommst, und doch gibt es keine größere Freude als ein solch kleines, reizendes, unschuldiges Wesen zu besitzen, das nur seinen Vater und seine Mutter kennt und an ihnen hängt. Ja, glaube mir, er ist süß: groß, dick, weiß und rot, große blaue Augen und gut wie sein Vater, wie er ihm auch ähnlich sieht. Der Herrgott halte seine Hand über ihm und lasse ihn leben!"

Die andauernde Schwächlichkeit der jungen Mutter quält sie stark, erfüllt sie mit bangen Ahnungen und verbittert ihr die Freude an dem Kinde. „Ich bin jetzt oft ganz mutlos," gesteht sie, „meine Krankheit macht mich reizbar und ich bin immer bei schlechter Laune. Gott weiß, was für ein Ende das mit einem armen Farmer nehmen soll mit einer schwachen Frau, die ein Mädchen halten muß, sodaß der ganze Verdienst für Kost und Lohn draufgeht ... Ich darf nichts heben und am wenigsten meinen großen schweren Jungen. Wie Du ihn mögen würdest! er ist so lieb, streckt seine kleinen Arme nach allen aus und will sie streicheln. Leider muß ich ihn in diesen Tagen entwöhnen, da ich es nicht länger vertrage ihn zu nähren..."

— Jetzt in der Frühjahrszeit hat ihr Mann viel zu tun und pflügt „mit 3 Maultieren vor einem großen Pflug, sodaß er 3 Acres am Tage pflügen kann, er ist dick und braun von unsrer warmen Sonne", eine Kuh soll ein Kalb bekommen und die Sau Ferkel, — „große Ereignisse in unserm Leben". Sie selbst hat „genug damit zu tun, das Kind zu warten und etwas zu nähen — und meinem kleinen Mädchen etwas zu helfen", außerhalb des Hofes ist sie in den neun Monaten nicht gewesen.

Einige Blumen hat sie sich aber angeschafft und schickt eingeschlossen in den Brief „unsre ersten Feldblumen, blaue Anemonen"; aber die erinnern sie nur daran, daß der fürchterliche, heiße Sommer bald kommen wird; ich „graue mich davor."

Mit Lauras Beginnen, sich in Amerika zurechtzufinden, ist es rasch vorbei gewesen. „Könnten wir es doch noch einmal erleben, nach Dänemark zurückzukommen!" ist ihr letztes Wort in dem Briefe.

Erst nach Verlauf eines Jahres kommt der nächste Brief mit der Meldung, daß Laura jetzt „nach einem zweimonatigen Krankenlager wieder auf ist und sich so schwach fühlt, daß sie sich kaum eine Stunde aufhalten kann." Sie hat wieder einen kleinen Sohn bekommen, und das typische amerikanische Phänomen, daß es unmöglich ist, Dienstboten zu bekommen, zwingt Laura dazu, wieder Hilfe im Haus von der Schwägerin Emma anzunehmen, die nach Lauras erstem Kindbett eine kürzere Zeit draußen auf der Farm gewesen ist. Laura spricht sich in ihrem ersten kleinen Schreiben, während sie noch größtenteils zu Bette liegt, nicht näher in dieser Beziehung aus; ihr Brief enthält nur recht bittere Klagen darüber, daß sie jetzt in den 19 Monaten seit Geburt des ersten Kindes „nicht eine gesunde Stunde gehabt hat," und Unzufriedenheit mit dem Frühjahr auf der Prärie, „mit brennender Sonne und öden Feldern," während „es in Dänemark so herrlich ist."

Hinter Äußerungen, wie der, daß „meine Kinder und Briefe bekommen die einzige Freude ist, die ich habe," und im Tone des ganzen Briefes verspürt man doch eine allgemeine Niedergeschlagenheit, die in dem nächsten Briefe — vom 2. März 1878 — sich zur Verzweiflung entwickelt hat.

Die richtet sich in erster Linie mit Heftigkeit gegen die Schwägerin: „Mit Christians Schwester Emma ist der Teufel ins Haus gekommen," ruft sie aus. Sie hat mit der „Faulheit, die ihr wunder Punkt ist," nicht nur „mein Haus unbehaglich und schweinisch" gemacht, sondern sie und ihr Bruder „schimpfen sich, solange der Tag geht ... Sie und ich schimpfen uns selten, ich hasse das und lasse sie deshalb nach Belieben schalten und walten. Mitunter aber wird es mir doch zu viel, und dann weiß Gott schimpft sie auch mich aus, wenn ich endlich einmal eine Meinung habe. Ja, die ärgste Kuhmagd kann keinen schmutzigeren, ekelhafteren Mund haben, als diese Furie. Christian hat viele Fehler, namentlich ist er wie sie faul, und viele Dinge werden deshalb versäumt, die getan werden müßten. Da kommt dieser elende Tropf von Frauenzimmer und räsonniert, und klug ist sie dabei, sie weiß gleich, wie sie meine kränkliche, reizbare Verfassung nehmen muß, und macht mich schließlich verdrießlich und manchmal wütend und schimpfend auf Chr. und dann bekomme ich dieselbe Bescherung zurück. Bei dem ewigen Streit zwischen Bruder und Schwester ist sein Charakter, der immer reizbar gewesen ist, ganz unerträglich geworden. Ach, es ist manchmal eine so harte Probezeit für mich, daß ich es kaum aushalten kann und der Verzweiflung nahe bin. Chr. will nichts davon hören, sie reisen zu lassen; denn Hilfe muß er mir schaffen, und ihre ist billig (Arbeit auf ihrem Boden), arm sind wir natürlich, und es ist kaum für Chr. alles zu schaffen, denn der Haushalt geht durchaus nicht so sparsam, wie ich wünschen könnte, außerdem hat sie einen fürchterlichen Appetit und will von allem vollauf haben. Aber Gott, sie lebt doch so elend hier! ein reines Opfer bloß aus dem Grunde, weil sie hierbleibt! Der elende Tropf, der sich nicht selbst Brot schaffen kann, sie prahlt und ist so großartig damit, daß es ekelhaft ist. Sie ist eine teure, allzu teure Hilfe. Und doch muß ich mich ja in sie und alles finden, nur weil ich mit meinen zwei armen kleinen Kindern, beides Jungen, Charles und William, nicht allein sein kann. Willy kann noch nicht gehn, und Nr. 3 zappelt mir schon im Leibe herum. In Folge meines Zustandes ist meine Laune schlimmer als je und macht mich oft so ungeduldig und reizbar grade Chr. gegenüber, der mir keineswegs durch die Finger sieht, nein, so hart wie möglich ist, so daß es Augenblicke gibt, in welchen ich ihn gradezu hasse und verachte und auch Grund dazu habe. Du kennst Chr. nur, wie ich zu Hause auch, als den gutmütigen Kerl, dem man alles bieten konnte. Ich ahnte nicht, daß sein wirklicher Charakter eine unermeßliche Eigenliebe war, er selbst zuerst und zuletzt! Ein Hund von einer armen Frau, die bedienen muß, springen, wenn sie Frieden im Haus haben will; er selbst liegt den ganzen Tag auf dem Bett und tut nur das

Allernötigste draußen, denn jetzt ist es ja Winter. Ja, jetzt kommt bald die Arbeitszeit; wir können jeden Tag die Saat säen, wenn ich ihn nur werde aufrütteln können! Ich bin es, die ihn antreiben muß, sonst „komme ich nicht heute, dann komme ich morgen"."

Die Schwägerin bekommt die Schuld, daß sie es ist, die nach und nach „es soweit gebracht hat," selbst wenn „immer etwas zwischen Chr. und mir dazwischenkommen konnte. Sie selbst hat ein unverträgliches Wesen, ist bitter und ungeduldig, eifersüchtig über die geringste Liebkosung von Chr., verdrießlich und giftig gegen die Kinder, die sie darum ganz verdirbt. Ach, liebe Wilhelmine, wäre sie nur weit von [hier]; sie ist eine wahre Höllenplage für mich."

Lauras aus Dänemark mitgebrachte, bequeme Religiosität hat während ihres ganzen Mißgeschicks unter ihr zu wanken begonnen. „Ich wünsche mir oft den Tod," schreibt sie, „und werde von Tag zu Tag gottloser. Ich kann nicht anders, als gegen die Vorsehung murren, denn die Prüfung scheint mir zu hart und unverdient. Nie habe ich einen gesunden Augenblick; infolge meines Zustandes ist meine Gesundheit schlechter als je; ich habe bisweilen große Schmerzen und bin immer so empfindlich und müde, daß mir das Leben gradezu zur Last ist. Bekomme ich das dritte Kind, werde ich wohl ganz Invalide. Willy ist so krank und unartig wegen der Zähne, daß ich fast nie eine Nacht ausschlafen kann, was mich auch nicht kräftiger machen wird. Ja, hier ist nur Jammer und Elend. — Chr. ist auf Jagd; ich muß sehn, diese Zeilen heimlich auf die Post zu schaffen, sonst geht es noch wie letztens, daß er den Brief in die Tasche steckt und ich ihn nie [abgeschickt] bekomme.

Chr. mag mich noch — notabene wenn ich ihm zu Gefallen sein will, auf jeden Wink bereit stehn und keine Aufwartung von ihm verlangen, dann kann er schon gutmütig sein; doch wollte ich ihn bitten, das kranke, schreiende Kind einen Augenblick zu halten, weil ich entweder müde war oder etwas im Hause tun möchte, bann würde was in die Luft gehn. Ja, Gott helfe uns allen mit einander! ..."

Der Ton des nächsten Briefes — vom 25. August 1878 — ist weniger aufgeregt, zum Teil deswegen weil die junge Frau eine bisher unbekannte, tiefe Trauer betroffen hat. Das Kind, das sie erwartete — und fürchtete — wurde ein kleiner Junge, der den 9. Juli geboren wurde, „und den 17. August nahm der Herrgott ihn wieder von mir. Keiner, der nicht selbst ein Kind verloren hat, kann sich einen Begriff von dem Verlust und der Trauer machen, die das für das Mutterherz ist!"

Keins der Kinder ist bis jetzt getauft worden, aber „den 11. August ließen wir einen lutherischen, deutschen Geistlichen holen, der alle Kinder taufte. Hier ist keine Kirche, aber eine Schule, und dahin kommt dieser Geistliche alle 3 Wochen. Mein Jüngster bekam den Namen Bernhard *[ein alter Name in Lauras Familie]*, es war, als ob er meinem Herzen am liebsten war. Er litt sehr den letzten Tag, den er lebte, sobaß ich nicht anders konnte, als Gott zu bitten, ihn zu erlösen; er ist auf unserm Feld begraben, nicht weit vom Hause; das ist mein Gang jeden Abend, wenn es die Hitze zuläßt. Das ist unser Kirchhof hier in der Gegend. Es ist wohl einer in der Stadt, doch sollte ich mein kleines Kind so weit fort bringen lassen, ich, die ich zu schwach bin, um je dahin zu kommen, und sein Grab würde ein vergessener kleiner Grashügel werden, den ich nicht wieder finden würde! Nein, hier liegt er, und hier werde ich wohl auch ruhn; sollten wir verkaufen und an einen andern Ort ziehn, will ich ihn mit mir nehmen ..."

Etwas getröstet fühlt sie sich dadurch, daß Christian „jetzt besser gegen mich ist und es lange Zeit gewesen ist; ich glaube, er glaubte, daß er mich in diesem Kindbett verlieren würde. Ich litt gräßlich... hätte ich diesmal keinen Arzt gehabt, wäre ich sicher infolge eines Blutsturzes gestorben, den ich bekam, sowie das Kind geboren war. Ja, glaube mir, es ist nur wenig Freude an der Ehe, und ich glaube fast, ich würde Deine *[kinderlose]* Ehe meiner vorziehn. Wohl möchte ich jetzt nicht meine Kinder fortgeben gegen alles Gold der Welt, aber die Sorgen sind weit größer als die Freuden, die man von den Kindern hat. Warum ist es denn auch so ungerecht eingerichtet, daß die Männer den ganzen Genuß haben sollen, während die Frau erst in einem beständigen Leiden von 9 Monaten leben, dann ein Kind unter gräßlichen Qualen gebären, lange von den Folgen des Kindbetts gequält werden, das Kind Tag und Nacht trotz Krankheit und Qual warten muß, während der Mann in einem andern Zimmer auf dem Ohr liegt, damit sein teurer Schlaf nicht durch das Schreien seines kleinen Kindes gestört wird. Der Mann wartet nur darauf, daß die Frau wieder gesund werden soll, damit er wieder seine tierische Leidenschaft befriedigen kann — da gibt es keine Gnade, dafür ist man Frau geworden und muß herhalten. Ja, das sind wohl wunderliche Worte für Dich, in die Du Dich wohl garnicht hinein versetzen kannst; doch so viel ist sicher, eine schwache Frau oder kranke Frau zu sein, ist beinah unerträglich. Das ist das erstemal, daß ich auf diese Seite meiner Ehe angespielt habe ... —"

Ihre und des Mannes ganze ökonomische Stellung kommt ihr betrüblich und recht hoffnungslos vor: „Ich muß viele Dinge entbehren, da jetzt meine Garderobe daraufzugehn anfängt, die ich mit mir aus Dänemark hatte. Einfaches Essen habe ich bis jetzt gehabt, aber das ist auch alles; wir leben noch in demselben kleinen Raum von 11 Fuß mit zwei gestrichenen Holzstühlen. Kommen Fremde, muß einer von uns auf einer kleinen Tonne sitzen, und ich glaube kaum, daß wir je weiter kommen. Christian gibt sich nicht genug Mühe dazu. Er selbst kommt sich natürlich als ein Muster an Fleiß und Ausdauer vor. Es ist heute Sonntag, er ist auf Jagd, dazu ist er nie zu müde ..."

Die Schwägerin, die beständig bei der Familie wohnt, wird in dem Märzbrief von 1878 nur vorübergehend erwähnt, mit einer kurzen Bemerkung, daß es „in der letzten Zeit mit Bruder und Schwester besser gegangen ist," weil in der Zeit, als das kleine Kind lebte, es glückte, „ihr ein kleines Mädchen zur Aufwartung zu besorgen".

Aber im Januar des folgenden Jahres heißt es:

„Alles steht hier beim Alten, ich bin immer krank, doch nicht bettlägerig, meine Schwägerin ist weiter bei uns, weil ich nicht ohne Hilfe sein kann und keine andre beschafft werden kann. Sie ist wenn möglich noch unliebenswürdiger. Gott, wie hart werde ich mit dieser Notwendigkeit geprüft, sie bei mir haben zu müssen; am meisten von allem quält mich doch die Art, wie sie gegen die Kinder ist, und sie macht sie darum auch so ungezogen und unartig, daß mich das ganz verzagen läßt ... Es hat Zeiten gegeben, wo ich mich so niedergeschlagen und unglücklich gefühlt habe, daß ich mit dem Gedanken umging, mir das Leben zu nehmen, oder daß ich vielleicht meinen Verstand verliere ... — Chr. ist so heftig und so böse, nur ein halbes Wort, dann ist er so grob und wütend: ich kann leider nicht schweigen, sondern suche mit derselben Münze heimzuzahlen, seitdem die Schwester ins Haus gekommen ist. Die Macht des Beispiels! Sie verursacht all den Unfrieden, der ihr möglich ist, zwischen uns, dadurch daß sie seine Fehler und Unterlassungen hervorhebt und mich auf ihn hetzt .... In der letzten Zeit ist es besser geworden, indem ich einmal in einem Spektakel zwischen mir und ihr mir ihre Bosheit zwischen Mann und Frau verbat. Das half zum Teil; sie kann ja immer noch mit giftigen Bemerkungen kommen, aber ich habe mich soweit wie möglich auf den Standpunkt gestellt, mit Rücksicht auf Chr.'s Arbeit fünf grade sein zu lassen. Ich bekomme ihn nie dazu, betriebsam zu sein, ob ich nun bettele oder schelte. Ich will hoffen, daß wir einmal so weit kommen können, uns einen Knecht zu halten, dann hoffe ich, daß die Sachen besorgt werden ..."

Lauras Brief wird dadurch unterbrochen, daß der Mann gesehen hat, wie sie an ihre Freundin schrieb, und ihr verbot, „von unserm Verhältnis zu schreiben und zu sprechen." Er hat dadurch nur erreicht, daß sie es hinter seinem Rücken tut; aber es dauert fast 4 Monate, bis sie Gelegenheit findet fortzufahren.

Das geschieht mit derselben rücksichtslosen Offenheit wie immer: „Zwei Dinge binden mich an ihn, meine Kinder und mein hilfloser Gesundheitszustand, sodaß ich das Joch tragen muß. Aber schwach zu sein, immer krank, so arm, daß ich so unendlich viel von den Notwendigkeiten des Lebens entbehren muß, und dazu in der Ehe unglücklich, das ist zu hart."

In religiöser Hinsicht fühlt sie sich immer unsicherer: „Niemals höre ich ein Gotteswort. Ich sage oft zu Chr., daß er mir mein zeitliches wie mein ewiges Glück genommen hat. Ich denke oft, hätte nur dieses Leben ein Ende ohne Ewigkeit; ich bin so müde vom Leben, daß der Gedanke an die Ewigkeit mich so mutlos und müde macht; wenn ich nur sicher wäre, daß dieses Leben hier ein Ende hätte! Diese Unsicherheit allein hält mich manchen Augenblick davon zurück zu — — — Meine Kinder, sagst Du, denke ich mir. Ich habe mich so unglücklich gefühlt, so müde vom Leben, daß ich gewünscht habe, ich hätte keine Kinder, die mich am Leben hielten. — Und doch mag Chr. mich, aber er ist so selbstsüchtig, daß alles nur auf ihn selbst, auf sein eignes Wohlbehagen hinausläuft. Ich kann nicht mehr auf dem Sprunge stehn, mich abrackern, ihn an allen Enden bedienen, und deshalb wird er zornig und böse, schimpft mich noch mit den gemeinsten Schimpfworten aus. Gewiß, er bereut es immer, aber ich kann eine Beleidigung nicht so schnell verzeihen, wie sie mir zugefügt worden ist. Ich habe ihn nie geliebt, und in solchen Augenblicken hasse ich ihn, sodaß mir sein bloßer Anblick unerträglich ist. Antworte hierauf nie, denn er liest Deinen Brief, darauf kannst Du Dich verlassen.

Erzähle mir, was Du von alten Freunden weißt! ... Zeitungen, dänische, die in Omaha erscheinen, haben wir, sodaß ich alle Neuigkeiten aus Europa erfahre, auch den Rechts- und Links-Quatsch des Reichstags... Hast Du nicht eine neuere Photographie von Dir selbst, dann schicke sie mir! Ich sehne mich danach, Dich zu sehn. Hätte ich die Mittel, würde ich mein Skelett schicken, — aber leider Geld habe ich nie."

Und überwältigt von ihrem Unglück und der Sehnsucht nach etwas Besserem muß sie ausbrechen: „Ach, dürfte ich doch heimkehren und in Dänemark sterben!!..."

Bitter und schwer schleppt die Winterszeit sich weiter; aber kurz nach Neujahr trifft doch so etwas wie ein kleines glückliches Ereignis ein. Lauras Onkel auf Herthahof in Dänemark ist gestorben und hat ihr 3000 Kronen vermacht, deren Nießbrauch indes zwei ihrer alten Tanten haben sollen, solange sie leben. Aber die eine der alten, gutgestellten Damen geht schon jetzt darauf ein, Laura einen Erbvorschuß von 400 Rtlr., 209 Dollars, auszubezahlen. Diese gelangen im Januar 1879 in ihre Hände.

Die Verwendung, die Lauras Mann mit diesem so willkommenen und benötigten Gelde trifft, erfüllt indes ihren praktischen Sinn nur mit Unruhe.

Sie erzählt davon in einem — defekten — Brief vom 3. April 1879.

Birch braucht das Geld nicht dazu, seine verschuldete, kleine Farm etwas zu konsolidieren, er kauft vielmehr „billig 80 acres dazu, sodaß wir jetzt 240 acres haben!" Bei diesem vermehrten Boden muß er nun einen Knecht halten und außerdem 5 Pferde.

Laura bemerkt dazu ängstlich: „Wenn wir uns nur nicht in solche Schulden stürzen, daß wir das Ganze aufgeben müssen, ich habe Angst!"

Gewiß hat sie früher gewünscht, daß sie dahin kommen möchten, einen festen Knecht zu halten, damit sie „die Arbeit besorgt haben" könnte; aber das war in bitterer Erkenntnis dessen, daß der Mann sich der regelmäßigen Bauernschinderei mit dem Boden nicht unterwerfen wollte und konnte, und selbst wenn jetzt auch verhältnismäßig mehr ausgerichtet wird, bleibt die Hauptwirkung doch die, daß der Mann noch weniger als früher zu arbeiten braucht, und daß die Ausgaben unverhältnismäßig steigen. Es bleibt rein nichts für die Verbesserung der täglichen Lebensweise der Familie übrig; im Gegenteil, ohne Fortschritt nach innen steigen die Schulden ruhig Tag für Tag.

Außerdem „sieht es so aus, als ob der Frühling garnicht kommt. Er wird so spät wegen des ewigen Nachtfrosts, daß die brennende Sonne, die wir haben, alles vertrocknet, sodaß schlimme Aussichten für die Ernte sind ... Christian hört nie auf mich, er tut, was er selbst will, ob es nun richtig ist oder nicht. Er hat solche Angst davor, unter den Pantoffel zu kommen, daß er gute Ratschläge ablehnt, alles — nur um der gestrenge Herr in seinem Hause zu sein. Ja, am wenigsten von allem kennt man doch den Mann, mit dem man sich verheiratet, sie sind sie selbst nicht, solange sie die Kur machen. Sind sie erst Ehemänner, dann Gutenacht! Nach einer fürchterlichen Szene zwischen Chr. und mir herrscht jetzt gleichsam etwas Waffenstillstand, ich bin schlaff und stumpf, lasse fünf grade sein, und er — ja, er ist nichts, verdrießlich und reizbar, bereit zu Zänkerei, sobald ich es nur wieder wage, mich in seine Sachen zu mischen, die ja auch meine sind; denn kommen wir ins Armenhaus, bin ich es doch, die herhalten muß! Ach, wäre ich doch nur imstande zu arbeiten und das zu tun, was ich kann, um die Armut abzuwehren, aber ich muß mit den Händen im Schoß sitzen und alles gehn lassen; es ist um den Verstand darüber zu verlieren. Wenn ich nur nicht den Verstand einbüße der Kinder wegen; meine Gesundheit bekomme ich natürlich nie wieder."

Eine kleine Nachschrift zu dem Briefe malt die heimische Situation noch deutlicher aus. Sie ist von über einen Monat später datiert — den 14. Mai — und lautet folgendermaßen:

„Als ich grade saß und schrieb, kam Chr. vom Felde nach Hause, ohne daß ich den Brief verstecken konnte; denn sein schlechtes Gewissen läßt ihm keine Ruhe, er will alle meine Briefe lesen. Das Erste, wonach er fragte, war, ob ich über ihn geschrieben hätte. Ich kann nicht lügen, da wurde er rasend, drohte mir mit Prügeln, war im höchsten Grade roh. Das Ende war, daß er diese Seiten las und etwas kleinlaut wurde; ich war allzu rücksichtsvoll gegen ihn gewesen, muß ich mir sagen. Heute ist er fort, und nun will ich sehn, diesen Brief einmal fertig zu bekommen..."

Für Laura erscheint das Leben immer dunkler und dunkler, und sie macht sich in einem Briefe vom 18. Januar 1880 Luft.

Es sind im Laufe der letzten Jahre von Wilhelmine ganze vier Briefe gekommen, die unbeantwortet geblieben sind, aber zum Schreiben zu kommen, war Laura „fast eine Unmöglichkeit, teils weil ich niemals so gesund bin, daß ich meine Gedanken so recht zusammennehmen kann, teils weil meine Jungen so wild und unbändig sind, daß sie mich nicht in Ruhe lassen wollen; jetzt ist es Winter, und sie sind in unserm kleinen Raum von 11 Fuß eingeschlossen, denn wir sind noch nicht weitergekommen, als zu dieser einen, unbegreiflich kleinen Stube, in welcher wir schlafen, essen, kochen, waschen und backen, atmen und leben. Ein großes Bett nimmt ein Viertel des Raumes ein. Das Bett der Kinder ist ein Kasten, der am Morgen unter unsres geschoben wird; am Abend kann man sich grade bewegen; dann ist noch ein verkleideter Aufgang zum Boden und ein winzig kleiner Herd, der gut wärmt und ausgezeichnet bäckt; wir brennen Kohle..."

Ihre Armut schmerzt sie besonders beim Vergleich mit den Verhältnissen andrer Frauen. Die Freundin hat sie etwas nach den amerikanischen Damen und deren Kleidung ausgefragt.

Laura antwortet: „Sie leben und atmen nur für den Staat und ahmen die Pariser Mode nach, selbst in unsrer kleinen Stadt, in jeder Beziehung. Selbst ich altes Weib nähte mir doch *[im]* Herbst einen alten Rock um, 3 Ellen weit, mit Polonaise *[eine Art Überkleid]*, so flott wie möglich! Damals wußte ich nicht, daß ich an Umfang zunehmen würde, sonst würde ich mir die Mühe erspart haben. Hier ist man ganz so ästimiert, wie man gekleidet ist. Alles, was Komfort und Luxus auftreiben kann, kannst Du Dir in der Stadt kaufen; es sind ca. 3000 Einwohner; vor vier Jahren, als ich dorthin kam, waren es 3 Häuser..."

Der Fortschritt, von dem sie so und auf andre Weise Eindrücke erhält, wirkt auf sie niederdrückend durch den Gegensatz zu ihrem eigenen Dasein. „Ja," fragt sie Wilhelmine, „was soll ich sonst von unserem traurigen Leben erzählen? — Es geht mit dem alten Zank und Streit dahin. Und ich soll das vierte Kind bekommen das heißt 9 Monate ununterbrochener Krankheit, um endlich auf das gräßlichste Schmerzenslager zu kommen, das einer sich denken kann, und danach ein langes, entkräftetes, elendes Dasein und dazu ein kleines, schreiendes Kind Tag und Nacht zu warten, obgleich ich so entkräftet bin, daß ich kaum glaube, den Kopf vom Kissen heben zu können. Chr. streckt nicht einen Finger aus, um mir zu helfen oder das Leben leichter zu machen — das ist nicht seine Pflicht; er macht die Kinder, und Gott gnade mir, wenn ich ihm die tierische Lust eines Augenblicks verweigere! In einem solchen Augenblick ist jedes gute Gefühl aus seinem großen, dicken Körper verschwunden, und nur das Tier ist noch übrig, und er will mißhandeln wie ein wütender Bulle. Ja, siehst Du, das hast Du nun niemals erfahren, und sei froh darüber. Es ist ein großes Glück, damit verschont zu bleiben. Chr. ist heute nicht zu Hause, darum will ich schreiben, um schreiben zu können, was mir einfällt. Er hat es mich gelehrt, hinter seinem Rücken zu handeln; ein strenger Ehemann wird immer betrogen und nur wenig geliebt, aber desto mehr gefürchtet.

Du fragst, ob ich später wieder ein Mädchen als Hilfe bekommen habe *[anstatt dauernd die verhaßte Schwägerin im Hause zu haben]*. Gott helfe mir! Im Herbst fing ich an, etwas kräftiger zu werden, weil ich jeden Morgen ein kaltes Bad brauchte und Eisen nahm, und ich fing an zu hoffen, daß ich soweit wieder zu Kräften kommen könnte, um jetzt zum Sommer das Untier aus meinem armen Häuschen jagen zu können. Aber jetzt, jetzt soll ich wieder ein Kind haben, wie soll ich sie da entbehren können, wenn sie auch noch so boshaft ist!...

Du bittest mich darum, ein paar Äußerungen von meinen Kindern zu erzählen. Ja, neulich nannte Charles mich eine verfluchte Trine! — das ist das Einzige, das mir im Augenblick zu erzählen einfällt.

Er ist sonst ein hübscher, aufgeweckter Junge, der seine Mutter noch mag, aber der Umgang mit dieser Furie von Tante verdirbt ganz ihren Charakter, macht sie durch ewiges Schimpfen, ewiges Dominierenwollen reizbar und wütend. Ich habe gestritten und gelitten, aber eher könnte ich eine ganze Welt verändern, als daß ich dieses ekelhafte, gemästete, giftige Weib verändern könnte, dessen einziger Genuß und Wunsch ihr Bauch ist, den sie bei uns leider nicht nach Wunsch mästen kann."

Und mit steigendem Fanatismus fährt sie fort:

„Sie brachte mich dazu, uns in Omaha zu hassen zu der Zeit, als wir dort zusammen dienten. Die Zeit ließ es mich vergessen, und sie kam hier heraus, obgleich ich gelobt hatte, das sollte niemals geschehn. Nun sitze ich da. Nun ist sie hier. Ob ich sie wohl jemals wieder loswerde? Aber soviel ist sicher, jetzt vergesse ich sie nie mehr, und ich lebe grabezu und ich hoffe, daß der Tag kommen möge, da ich sie mit einem Fußtritt von mir jagen kann wie eine ekelhafte Kröte. Es gibt Augenblicke, in denen mir ist, als könnte ich Jahre meines Lebens dafür geben, mich von ihr befreit zu wissen, sie ebenso elend und unglücklich zu wissen, wie ihr unseliger Einfluß mich in meinem kleinen armen Heim gemacht hat.

Du lebst in der Hoffnung, Dich mit voraufgegangenen Lieben zu versammeln — ich denke mit Grauen daran, daß es möglich sein könnte, daß das Leben mit diesem kein Ende hätte. Ich bin so müde, so müde vom Leben, sobaß ich bereit bin, jeden Augenblick zu gehn ... Zuviel Mißgeschick macht mich böse; ich murre gegen die Vorsehung und finde mich selbst ungerecht behandelt. — ... Wir sprechen immer dänisch; das Englisch, das ich konnte, ist im Unglück vergessen. Ich bin in keiner Beziehung noch derselbe Mensch; harte Behandlung durch Menschen und die Vorsehung hat mich bitter und selbstsüchtig gemacht, sobaß ich nur wenig für andre Menschen empfinde ..."

Und in ihrer Not bittet sie die Freundin, durch einen Mann daheim, der nach Amerika will, „ihr irgend einen kleinen Gegenstand zu senden, den Du gemacht hast, am liebsten um meine kleine Stube damit zu zieren, sobaß ich es immer vor Augen haben kann! Das würde mich ganz außerordentlich freuen, und Freuden habe ich nicht gehabt seit — ja, weiß ich, wann? das ist alles vergessen. Mache mir zum Beispiel eine kleine Gardine um ein Brett herum für eine Uhr, die ich an der Wand habe, nur ganz einfach, daß Sonne und Fliegen sie nicht gleich zuschanden machen können."

Und für den Fall, daß Wilhelmine nicht Zeit haben sollte, die kleine Arbeit auszuführen, meint Laura, daß sie ihr vielleicht, wenn das nicht zu teuer würde, ihr ein gutes und nützliches dänisches Buch schicken könnte, wie Wilhelm Becks*) Hauspostille.

Mit Selbsterkenntnis und einem kleinen Rest von Hoffnung sagt sie: „Sie könnte ich brauchen, daß sie mich vielleicht etwas zum Besseren ermuntern könnte!"

---

*) Johan Vilhelm Beck, 1829—1901, bän. Geistlicher, Stifter der „Inneren Mission". Übs.

Lauras viertes Kind kommt den 4. Juni das Jahr darauf zur Welt und ist ein kleines Mädchen; aber es vergeht noch fast ein Jahr, bis Laura — den 3. April 1881 — sich dazu aufschwingen kann, bloß auf die wiederholten Briefe der Freundin in der verflossenen langen Zeit zu antworten.

Es ist ein Sonntag. Der Mann ist auf Gänsejagd, die Jungen etwas aus dem Wege und das kleine Jüngste schläft ruhig. Dieses Kind, dessen Kommen Laura beinahe mit Verzweiflung entgegensah, ist nun für sie nur „mein kleines, reizendes, blauäugiges Mädchen". Die Jungen sind so ausgelassen, dazu „fangen sie an häßlich heranzuwachsen", aber „mein reizendes Baby, ja, ich bin vielleicht närrisch mit der Kleinen, aber ein reizenderes Kind gibt es nicht auf der Erde! Wenn ich sie nur vor diesem zweiten Sommer bewahren könnte, dem gefährlichsten für Sommercomplain [eine Art Kindercholera]. Verliere ich sie, dann bricht mein Herz!... Ja, glaube mir, es ist recht mein Trost und meine Freude, das liebe, kleine Wesen, sie ist so gut und lieb, daß sie mir manche traurige Stunde erheitert."

Sonst scheint alles um sie herum beständiges Elend.

Ein dänischer Pastor ist in die Gegend gekommen und hat die kleine Annie getauft, doch im Übrigen äußert Laura hart, daß er „ein Tropf ist", und „ich glaube nicht an Gott. Es ist vielleicht zu viel gesagt, aber ich fühle mich so schlecht in meinem Unglück, ich kann nichts andres als murren und sagen, womit habe ich all das verdient? Ich bin krank, verbannt und unglücklich verheiratet und arm. Für mich gibt es keine Rettung. Weil ich schwach bin, muß ich den Mann behalten, selbst wenn er mich noch so unglücklich macht; ich kann mich nicht mehr selbst ernähren, geschweige meine Kinder, und Chr. kann uns kaum den ärmlichsten Unterhalt verschaffen und gar keine Kleider, sodaß keine Rede davon sein kann, daß er uns etwas im Jahre gibt. So muß ich bleiben, wo ich bin. Manchmal habe ich das Gefühl, als ob der Tod ein Glück wäre; aber meinem kleinen Mädchen zu Liebe muß ich zu leben sehn und versuchen, sie vor demselben Unglück zu bewahren, das mich getroffen hat, einen Mann zu nehmen, den sie nicht liebt. Die Liebe macht nachsichtig und geduldig; ich liebe weder noch achte ich, ich bin arm, krank und unglücklich, zweifle, ja [bin] bisweilen so weit gebracht, daß ich Gott und mein Dasein verfluche. Christian verändert sich niemals. Sage ich etwas, was ihm nicht behagt, sagt er: „Was Du Dich hast, Du Schaf"; weine ich dann wieder, sagt er: „Warum heulst Du denn nun?" Selbst gegen die Kinder ist er roh und brutal; das Gewöhnlichste, was er zu uns sagt, ist: „Dummerian, Rindvieh, Idiot, Hunde, halts Maul, halt den Mund!" Wer würde das in Dänemark gesagt haben? Das sollte ich geahnt haben, als ich ihn um meine Freiheit bat und darum bettelte, und er weinte und hatte sich und drohte mir, bei ihm auszuhalten, sonst würde er sich erschießen! Ich habe bei ihm ausgehalten, weil ich glaubte, es wäre meine Pflicht, doch jetzt ist alles vergessen ... Es fehlen bloß noch Prügel, vorläufig wird erst damit gedroht — und etwas geklapst. Kommt aber jemals der Tag, daß er Hand an mich legt, dann schlage ich ihn tot; ich glaube weder an Gott noch Ewigkeit, ich will nur meinen Tyrannen los sein. Dir sträuben sich wohl die Haare auf dem Kopf, das tun sie mir selbst beinahe. So weit ist es mit mir gekommen. Es gibt keine Rettung, ich bin verloren. Bei alledem gibt es Zeiten, wenn ihm die Laune danach steht, daß er mich küßt und so albern tut, aber nur wenn ihm die Laune danach steht."

Ein Fortschritt ist doch zu verzeichnen:

„Emma werde ich doch Gottseidank den 1ten September los. Viel muß ich jetzt tragen, was früher Emma zu entgelten hatte, und doch, wenn ich es recht bedenke, ist es ein Glück, daß ich sie loswerde. Ich mußte mich allein einen Monat oder zwei um alles kümmern, da bekam ich ein elternloses Mädchen, 12 Jahre, aus dem Armenhaus, ein Dreckstück, unartig, dumm und faul, lehrt die Jungen viele häßliche Dinge, aber ohne Hilfe kann ich nicht sein, und bessere kann ich nicht bekommen — und doch ist es besser, als wie Emma hier war!

Den letzten Sommer ist die Ernte fehlgeschlagen, sowohl mit dem Weizen wie mit dem Mais ging es schlecht, „wir haben keine 2 bushels auf einem acre." Der Winter ist schrecklich gewesen; es ist so kalt gewesen, daß in dem einzigen Wohnraum und Schlafraum des Hauses „wir dicht daran waren, zu erfrieren, trotzdem der Stove (der Ofen) *[heating-stove]* glühend war ... es ist noch kalt mit Nachtfrost und Schnee, wir haben noch nicht einen acre besät, und wir sollen 110 acres mit Weizen haben — das sieht schwarz aus."

Das Einzige, was helfen kann, ist eine besonders gute Ernte" — 20 bushels der acre — dann wäre doch vielleicht die Möglichkeit, eine Schlafkammer und etwas mehr Bequemlichkeit zu bekommen," oder auch „.. wann wohl meine Tanten sterben werden! Sie müssen nahe an 90 sein. Wir brauchen Geld so nötig *[den Restbetrag von Lauras Erbschaft nach ihrem Onkel]* ..."

Nur von glücklichen Zufällen darf sie sich noch etwas erwarten; durch des Mannes oder ihre eigene ruhige Arbeit vorwärts zu kommen, hat sie schon längst aufgegeben.

Sie ist darauf vorbereitet, ihre Gebeine in dem verhaßten Amerika ruhen zu lassen, ohne etwas andres in ihren Gedanken zu haben, als eine trostlose Angst vor der Zukunft ihrer Kinder.

„Lebwohl, liebe, gute Wilhelmine," schließt sie, „Du bist glücklich gegen mich. Du bist in Dänemark und hoffst auf die Vorsehung! ..."

Es klingt wie ein Notruf, wenn sich in dem nächstfolgenden Briefe vom 11. März 1882 ein kleiner abgerissener Zettel mit den Worten findet: „Da Du *[als mit einem Redakteur verheiratet]* so viele Zeitungen liest, achte doch darauf, ob eine von den alten

Tanten sterben sollte; es ist um unsre Existenz zu tun, daß wir bald Hilfe bekommen."

Die Hoffnungen auf eine reichliche Ernte sind traurig getäuscht worden; nach dem Mißwachsjahre 1880 folgte nur eine bescheidene Ernte im Jahre 1881 und „jetzt kommt das Frühjahr, die Arbeitszeit, aber jetzt kommen wohl unsre Gläubiger und nehmen unsre Pferde, sodaß wir gezwungen sind, aufzugeben ... grade in diesen Tagen wird es sich zeigen, ob wir alles verlassen müssen ..."

Die Arbeit will sie fast überwältigen. In der Erntezeit mit der stark vermehrten, gemieteten Arbeitskraft „waren wir während 5 Tage 19 Menschen, und ich hatte nur das kleine Mädchen von 12 Jahren zu meiner Hilfe; die Hitze war gräßlich; dazu den ganzen Tag stehn und kochen und backen! Deshalb abortierte ich auch eines schönen Tages."

An und für sich war das ja ein Glück, meint sie, da sie „sonst jetzt das fünfte Kind hätte haben sollen," und im Augenblick „sind wir wieder eine lange Zeit 9 tägliche Menschen zum Kornpflücken gewesen *[Pflücken des Maises, the corn]* ... in Dänemark würde man nie daran denken, einer Frau anzusinnen, all das zu tun, was ich tue, dazu bin ich immer krank." Nur eine bescheidene Erleichterung hat sie nach achtjähriger Wirtschaft endlich erreicht, indem „wir grade eine gebrauchte Singers Nähmaschine billig kaufen konnten", und sie jetzt ihre ganze Näherei besser bewältigen kann.

Der Mann „wird dicker und dicker und immer fauler. In Folge all seiner Sorgen ist er ein strenger Herr in seinem Hause; wir fürchten ihn alle und *[sind]* niemals froher, als wenn er draußen ist." Doch „unter den Fremden ist er sehr beliebt; den Amerikanern scheint er der gutmütigste, gemütlichste Bursche zu sein, den man sich denken kann ... er geht von dem einen Vergnügen zum andern, bald ist er auf Jagd, bald aus um L'Hombre zu spielen, bald in der Stadt sich amüsieren; aber Frau und Kinder müssen immer zu Hause bleiben, und das schadet ja auch nichts, wenn er nur gut gegen uns wäre, wenn er bei uns ist."

Wie die Verhältnisse indes liegen, wird sie nur „so müde, so müde! Mühe und Not für mich vom frühen Morgen bis zum späten Abend. Nie eine Freude, nie eine Zerstreuung! Diesen Sommer war ich in der Stadt; da war es 1½ Jahr her, daß ich zuletzt da war."

Die Furcht vor dem vollkommenen ökonomischen Ruin, daß sie mit den Kindern „ins Armenhaus kommen" soll, verläßt sie niemals.

Vorläufig glückt es dennoch, die Katastrophe hinzuhalten, und im Sommer 1882 biegt sich die Saat auf den Feldern.

„Niemals habe ich in Dänemark Ähnliches gesehn", schreibt Laura in einem Brief vom 5. Dezember desselben Jahres, „ich wollte und wollte Dir schreiben, aber immer schob ich auf zu schreiben, weil mir eine Ahnung sagte, daß uns eine solche Ernte nicht vergönnt war."

Grade als Lauras Mann „bereit stand, um zu ernten, sahen wir eine scheußliche, schwarze Wolke im Nordwesten. Chr. wollte warten und sehn, was sie brachte; es ging ihm, wie mir, wir ahnten, es würde etwas kommen, und da kam ein Sturm, daß Häuser umgerissen wurden, eine Kirche, 4 Meilen östlich von uns, wurde 20 Fuß von ihrem Platz gerückt, eine große Schule wehte ganz in Stücke. 1 Meile östlich von uns wurde ein Stall mit 4 Pferden, ein paar Kühen u. a. 16 Fuß von seinem Platz gerückt, ein großes Haus wehte ganz um.... Hier schlug etwas gegen das Haus, Gott weiß, was es war, sodaß der Kalk platzte und meine neue Tapete in Fetzen von den Wänden hing. Wir waren wie alle hinab in unser kleines, schwarzes Erdloch geflohen, das wir einen Keller nennen, mit der Laterne und Äxten, um uns damit hinauszuhelfen, wenn das Haus über uns zusammenstürzen sollte. Es blitzte und donnerte, und bei uns fiel Hagel so groß wie Schillinge, weiter fort wie Hühnereier. Die Wolken flogen längs der Erbe; wo sie trafen, nahmen sie alles mit. Es war eine gräßliche Stunde, eine einzige lumpige Stunde — und alles, Hoffnung, Arbeit, tausend Wünsche, alles war vorbei; und doch dürfen wir nicht klagen, denn etwas wurde doch übrig gelassen, aber viele konnten nicht einmal sehn, daß Saat auf den Feldern gewesen war, der Boden war wie umgewühlt. Nun mußten wir eine Menge Menschen haben, um bei der Ernte zu helfen, die Maschinen konnten das meiste garnicht mähen, mehrere Tage waren wir 15 Menschen, mit 3 Mal am Tage warmem Essen, ein kleines Mädchen von 12 Jahren zum aufwischen und fegen. Einen Monat lang Arbeit und Anstrengung von 4½ Morgens bis 10 Abends, kein Wunder, daß es mir zu viel wurde und ich wieder krank wurde *[abortierte wie den vorigen Herbst]* ..."

Acht lange Wochen muß sie liegen; aber trotz der Krankheit und dem Unglück mit der Ernte ist ihre Stimmung doch etwas lichter, weil „Christian so gut zu mir in meiner Krankheit gewesen ist."

Mit sympathischer Anspruchslosigkeit freut sie sich darüber, daß sie in dieser Periode niemals fühlte, „daß ich ihm mit all den Ausgaben, die ich verursachte, zur Last wäre." Doch fügt sie rasch hinzu: „Wenn es nur gehn wird, wenn ich wieder zu arbeiten anfangen werde — und er etwas dabei helfen muß! Er arbeitet ja fast nie, während ich mich totschleppen muß .."

Und ihre bangen Ahnungen treffen zu.

Man hat ihr erzählt, daß sie nach ihrer letzten Fehlgeburt wirklich auf den Tod gelegen habe, und, wie sie später einmal erwähnt, hatte das liebevollere Auftreten des Mannes ihr gegenüber wohl darin seinen Grund. Nun, fünf Vierteljahre, nachdem sie sich von ihrem Krankenlager erhoben hat, ist alles wieder längst in der alten, traurigen Weise gegangen.

„Ich lebte," schreibt sie den 8. Januar 1884, „um sofort wieder schwanger zu werden, und jetzt habe ich vor 2 Monaten, den

23. Okt., noch einen Jungen unter den gräßlichsten Schmerzen geboren; aber es dauerte nur 3 Stunden. Nun habe ich 5 Kinder bekommen und 2 Mal abortiert, wie lange werde ich das wohl noch aushalten können! Dazu bin ich gut genug für meinen Mann, sonst bin ich ein niederträchtiges, elendes altes Weib, uh! so ekelhaft und scheußlich; ja, werde mit Prügeln bedroht! ... In einem verzweifelten Augenblick neulich, als er mich in Gegenwart der Knechte und Mädchen ausgeschimpft hatte, machte ich ihm den Vorschlag, daß wir uns scheiden lassen sollten. Aber da wurde es erst ganz schlimm. Ich wollte mich der Kinder wegen scheiden lassen und weil ich körperlich wie geistig zugrunde gehe, aber wie soll er, der sich nicht im geringsten rühren mag, uns ernähren? Das war der Haken. Er schwor, daß ich nicht eins von den Kindern bekommen sollte, nach dem Gesetze darf ich nur das kleine Mädchen nehmen, die Jungen gehören ihm! — Meine armen Kinder wachsen wie Heiden auf, ich habe kein Buch zum Vorlesen und keine Religion im Herzen, da ist nur Leere und Elend, meine Kinder wissen nur sehr wenig von ihrem Erlöser. Ich fühle mich so elend, müde und jämmerlich, tägliche Schinderei nimmt meine ganze Zeit in Anspruch, sodaß ich mich nicht mit irgendwelche Gelehrsamkeit abgeben kann. Chr. schlägt bloß die Zeit tot, und selbst dazu ist er zu faul, er sagt, er versteht nicht, von Gott zu erzählen. Einmal im Frühling wurde er von einem Maultier an dem einen Bein geschlagen, daß er lahmte, und jetzt tut er nie etwas; obgleich er wieder gesund geworden ist, rührt er sich zu so wenig ..."

Auch das Aussehn des Mannes ist ihr im höchsten Maße zuwider geworden, „so dick und bequem, wie er ist! Ja, wo ist der schöne Christian geblieben? Das ist der dicke, faule, gegen Fremde sehr gemütliche, in seinem Hause sehr unangenehme Mann — alles Alte ist vorbei." —

In der letzten Zeit „nimmt er sich etwas in Acht." Doch leider muß Laura glauben, daß das allein dem Umstand zu verdanken ist, daß die letzte von ihren alten Tanten in Dänemark endlich gestorben ist, sobaß ihr der Rest der Erbschaft nach ihrem Onkel ausbezahlt werden soll, von denen die Tanten bei Lebzeiten die Zinsen genießen sollten.

„Eine Frau hat viel Recht hierzulande, und Christian kann nicht einen Cent von meinem Gelde anrühren, ohne daß ich es will; siehst Du, nun wird er wohl gut sein, etwas manierlich, bis er es in die Klauen bekommen hat, dann wird er schon wieder kratzen."

„Gott gebe, ich tue ihm Unrecht!" schließt sie.

Laura hat ihrem Manne kaum sonderliches Unrecht getan mit der Annahme, die sie so ungern sich selbst gegenüber eingestehen wollte; Birch ist in Wirklichkeit darauf angewiesen, soviel wie möglich von der Erbschaft zu verwenden, um die Reste des Betriebes zu retten.

Die Zeit hat unbarmherzig seinen leichtsinnigen Versuch verurteilt, nur durch Vergrößerung seines Besitzes vorwärts zu kommen; der alte Rittergutsverwalter von daheim muß wieder auf die gewöhnliche amerikanische Bauernfarm zurückgehn; im Mai 1884 schreibt seine Frau, daß die 80 acres, die für ihren Erbvorschuß seinerzeit dazu gekauft waren, „uns fortgenommen worden sind, weil wir nicht bezahlen konnten." Aber auf der andern Seite hat der Erbrest, der jetzt Laura ausbezahlt worden ist, es ermöglicht, daß „ein Teil Schulden bezahlt worden ist," und gleichzeitig wurde gesetzlich festgelegt, daß für „die Schulden, die Chr. hat oder in Zukunft macht, nichts von mir genommen werden kann, solange ich lebe. Das ist ja ein großer Vorteil."

In dem folgenden Brief — vom 11. Februar 1885 — geht Laura näher auf dieses Arrangement ein:

„Ich bekam aus Dänemark meine Erbschaft nach Onkel Frederik gesandt, 780 Dollars; das rettete uns grabezu vor dem Ruin. Jetzt haben wir nur 160 acres mit 1300 Doll. festen Schulden, außer alten Schulden, Steuern und Gott weiß was mehr; aber jetzt ist alles mir überschrieben, sobaß alles meins ist, und Chr.'s Gläubiger haben hübsch alles sein zu lassen, da es meins ist. Solange wir nun die Zinsen von den 1300 und die Steuern bezahlen können und uns, eigentlich mich, vorsehn, neue Schulden zu machen (was Chr. für Schulden macht, geht mich nichts an, solange ich die Noten nicht unterschreibe), solange sitzen wir dann wohl fest. Aber das wird schwer halten." Und sie meint, leider „ziemlich sicher zu sein, daß Chr., der keinen Begriff von sparen oder die Dinge auf rechte Weise zu sitzen hat, schon auf irgend einen Humbug verfallen wird, in den ich mich mengen soll, sobaß sie uns schließlich doch Haus und Heim nehmen."

In der ersten Zeit nach dem neuen Arrangement war mit Birch „weit angenehmer umzugehn als vorher", und Laura wollte diese Veränderung gern darauf schieben, daß er früher sein Gemüt allzu sehr von den drohenden Aussichten für sie wie für sich selbst bedrückt gefühlt hätte. Aber gleich ist er wieder „gereizt und unangenehm" geworden, und nun wiederholt sie nur ihre früheren Klagen in einer zum Teil noch schärferen Form:

„Ich gehe umher und bin so krank, so krank, daß die Beine unter mir vor ewiger Überanstrengung zittern. Wo ist denn ein Mensch so elend, daß sie nicht in ihr Bett gehn können, wenn sie krank sind, ich muß auf meinen Beinen bis zu meiner Todesstunde gehn — ich wundre mich oft, ob ich da werde liegen dürfen! Es kann mich rasend machen, wenn ich weit über meine Kräfte arbeite und ihn dann liegen sehe und bald über dies, bald über jenes schimpfen, das nicht gut genug wäre; so tische ich nicht genug für ihn auf (das ist eine gräßlich wichtige Sache), er ist so dick wie eine Tonne, Essen und Trinken ist das Einzige, woraus er sich etwas macht, ja L'Hombre und Jagd auch, das ist aber auch alles. Etwas tun oder andre Interessen haben, das kennen wir nicht ... Wir hatten natürlich eine schlechte Ernte, denn wir kümmerten uns nicht darum einzuernten, als es Zeit war."

Es hat sich eine kleine dänische Gemeinde am Ort gebildet, und

„wir halten uns einen ganz ausgezeichneten Pastor, den besten Redner, den ich je gehört habe. Ich konnte schließlich Chr. überreden, die 10 Doll. im Jahr zu bezahlen, damit wir auch dabei sein konnten; aber jetzt darf ich nie in die Kirche gehn, die einzige Freude und Zerstreuung, die ich haben konnte; aber die will mir meine wohlgenährte Selbstsucht, mit der ich verheiratet bin, nicht einmal gönnen, denn dann müßte er die zwei Stunden zu Haus bleiben und nach den Kindern sehn, Baby kann ich im Winter nicht mitnehmen. Er hat etwas andres für den Sonntag vor, dann muß er auf Jagd und zu Hindstrups L'Hombre spielen bis ca. 1 Uhr nachts. Er ist früh und spät draußen, wenns ihm paßt, ich darf nicht einmal jeden zweiten oder dritten Monat Gottes Wort hören — das ist hart, glaube mir! Ich nahm den Menschen aus den edelsten Beweggründen, aber welchen Lohn habe ich erhalten? Ich kann heftig und gereizt sein, wenn jeder kleine Wunsch mir verweigert wird; ich muß opfern und opfern und wieder opfern, darf nie ich selbst sein. Das Leben ist mir oft gradezu eine Last. Wie kann ein Mensch ein so infamer, verfluchter Schurke sein und nur sich selbst sehn und nie einen Gedanken oder etwas Wohlwollen für einen andern übrig haben! Es heißt nur ich selbst und ich selbst! Benutze ich dann einen günstigen Augenblick und beklage mich, ja dann bin ich es allein, die so unvernünftig *[ist]*, so anspruchsvoll, so überspannt, dann ist alles, was ich bekomme, ein langer Vorwurf über meine Jämmerlichkeit — und das von ihm, für den ich alles geopfert habe, was geopfert werden konnte. Vaterland, Familie Freunde, alles habe ich verloren; und glaubst Du, er sieht ein Opfer darin? Nein, ich habe ja so einen prächtigen, großen, dicken Mann bekommen!... Der Pastor sagte eines Tages, daß ich beten sollte, beten zu Gott für meinen Mann. Ich habe es versucht, aber ich kann es nicht..."

Die dauernd bekümmerten Gedanken um ihre Kinder machen sie mehr und mehr verzweifelt:

„Das Schlimmste von allem, das mir noch bevorsteht, ist, daß ich noch Kummer mit meinen Kindern bekomme — Freude habe ich nur wenig jetzt an ihnen, aber schon Angst vollauf und kleine Sorgen, die vielleicht zu großen werden. Warum nicht? Hat sich nicht bisher alles zum Schlimmsten gewandt! Wie können es gute Kinder werden, wenn Vater und Mutter sich in ihrer Gegenwart schimpfen. Chr. nennt mich ein „Satansweib! Rindvieh! Idiot!" etc. und sie auch, sie sind auch mehrfach Rindvieh und Idioten. Gegen Willy ist er grabezu böse, den besten von allen zusammen. Ich lese die Bibel mit ihnen und tue, was ich kann, für ihr Seelenheil; es hat angefangen mein Gewissen zu beschweren — in diesem verruchten, gottlosen Lande, wenn sie einmal in die Welt hinaus sollen, daß sie dann nicht in schlechte Gesellschaft kommen und der Versuchung unterliegen mögen. Ach, daheim will das ja nichts bedeuten, da können sie ihren Kindern eine gute Erziehung geben, hier lernen sie nichts als Ungezogenheiten in der Schule, keine Religion, da behalten wir sie zu Hause und lernen selbst etwas mit ihnen; das ist nur grausam wenig, aber immer noch ebensoviel, wie in den elenden Schulen."

Rein materiell hat die Erbschaft Laura den Vorteil gebracht, daß eine kleine Schlafstube gebaut wurde, wo sie in dem strengen Winter „einen Ofen hat, der die ganze Nacht mit etwas Kohle brennt. Am Morgen tut der Knecht Feuer darauf, sobaß ich nicht aufstehe, bevor das Teewasser kocht, denn wir haben noch die Küche, Eßstube, Waschhaus und Parlour alles in einem Raum — aber eine gute Hilfe ist es doch, wir haben nicht mehr das Bett darin — doch ist hier immer noch greulich wenig Platz. Wir sind 7 Menschen — außerdem habe ich 6 Wochen lang einen Border *[boarder, Kostgänger]* gehabt, einen Norweger, dem wir etwas Geld schuldeten und der es badurch bezahlt bekam, daß er bei uns wohnte."

Die Freundin daheim in Dänemark hat gewünscht, Laura ein gutes religiöses Buch zu Trost und Hilfe zu senden.

Schon bevor es angekommen ist — in einem Briefe vom Mai 1884 — drückt Laura ihre Dankbarkeit aus:

„Möge Dein Wunsch um seinen guten Einfluß auf mich in Erfüllung gehn! Ich brauche nötig Hilfe. Ich habe Gott darum gebeten, aber sie ist mir verweigert worden — durch meine eigene Kraft komme ich niemals zu einem Glauben. Vielleicht würde etwas Glück meinen Sinn mildern; aber ich habe bisher nur Unglück gekannt ... ich kann nicht all mein Unglück tragen und dann der Rute, die mich züchtigt, danken, von Gott kommt ja alles, Böses sowohl wie Gutes. — Es ist leicht für den zu glauben, der gesund, umgeben von einem komfortabeln Leben ist, Ermunterung hat, wenn er in die Kirche geht und Gottes Wort hört — — aber versuche, 8 lange Jahre krank zu sein, trotz Krankheit arbeiten zu müssen wie, ja härter als das gewöhnlichste Dienstmädchen, in einer unbequemen, elenden Wohnung, wo der enge Platz und Mangel an allem die Arbeit doppelt schwer machen — da wollen wir mal sehn, wie viel Glauben dann übrig bleibt!"

Nachdem das Buch gekommen ist und sich als Pastor H. P. Möllers dänische Ausgabe von „Luthers christlichen Betrachtungen für jeden Tag im Jahre" erwiesen hat, wiederholt sie ihren Dank im Februarbriefe von 1885: „Das gibt mir viel Trost und Ermunterung zum Besseren. Zuerst hielt es schwer, die Ruhe zum Lesen zu finden — aber jetzt bin ich darauf gekommen, jeden Abend, wenn ich zu Bett bin, zu lesen, da ist ein Augenblick Ruhe."

Die übrige bewegte Stimmung des Briefes beweist grade nicht, daß die Abendandacht, die Laura sich so verschaffte, imstande war, eine dauerhaftere Wirkung in ihrem Dasein auszuüben.

Und den dänischen Prediger, den sie doch ab und zu mit einigem Nutzen hat hören und sprechen können, verliert sie, nach ihrem Briefe vom November desselben Jahres, sehr bald.

Ein Jahr lang „haben wir eine dänische Gemeinde gebildet gehabt und haben alle vierzehn Tage einen Geistlichen hier draußen. Aber", klagt sie, „jetzt hat er uns leider gekündigt und reist in 6 Monaten. Einen ähnlichen Prediger bekommen wir niemals. Ich habe viele Geistliche gehört, z. B. Frimodt *[einen bekannten Kopenhagener Prediger aus den Sechziger-, Siebzigerjahren]*, aber doch keinen, der ihn bieten *[beat = schlagen]* konnte; es wäre ein wahres Glück für uns gewesen, wenn er hätte bleiben wollen, aber er wurde verhöhnt und gequält und geplagt von dem ekelhaften Gesindel, das ich mit Scham meine Landsleute nennen muß, sobaß er die Geduld verlor und eine andre Stelle suchte und fand. Er war nur ein einfacher Knecht, als er sich berufen fühlte, Geistlicher zu werden (ein Schmiedssohn aus Lolland). Er ging auf ein norwegisches Predigerseminar in Minnesota und machte dort sein Examen. Für mich wird es ein großer Verlust. Wenn ich ihn gehört hatte, ging ich immer nach Hause und begann meine tägliche Beschwerde mit erneuter Geduld."

Und diese tägliche Beschwerde ist dieselbe einförmige, langsam marternde wie immer.

Ihr Trost ist — wie in früheren Perioden — das zur Zeit jüngste kleine Kind, „Baby", jetzt der kleine Robert, der „ein reizendes Kind ist, so lieb und gut; es ist sozusagen meine einzige Freude, wenn er seine kleinen Arme um meinen Hals hat und mich küßt. — Die großen Kinder verursachen mir viel Kummer mit ihrem rohen, lärmenden Benehmen und ihrem ewigen Streit mit einander."

So vergeht Jahr auf Jahr. Ab und zu ahnt man in den Briefen die Teilnahme der nächsten, gutgestellten dänischen Nachbarin, Mrs. Hindstrup, für die ewig überanstrengte Frau, die nach sehr geringen Kräften dadurch die Freundlichkeit zu vergelten sucht, daß sie ihr aus Dänemark durch Wilhelmine Akaziensamen für ihren Garten verschafft. Sonst gibt es „keinen von den Dänen, mit dem ich sympathisiere," und als Mrs. Hindstrup in die Stadt zieht, ist das für Laura ein großer Verlust. Birch benutzt augenscheinlich selbst die schwächste ökonomische Möglichkeit, seine Traditionen aus dem alten Land dadurch geltend zu machen, daß er dänische Familien aus der Umgegend zu einer Geselligkeit einlädt, die weitere Lasten auf die Schultern seiner Frau legt.

Sie erzählt ferner von einem Weihnachtsabend, wo sie zur Freude der Kinder einen „Weihnachtsbaum" hatten, „bestehend aus der Krone einer jungen, blattlosen Pappel", weil „Tannen hier teuer und schwer zu bekommen sind," und von „einer hübschen und liebenswürdigen Lehrerin in unsrer Schule," die hin und wieder zu Besuch kommt und sie und die Kinder ein wenig aufmuntert. Einen Winter, als Laura „mit Strumpfestricken viel zu tun" hat, benutzt sie die Gelegenheit, gleichzeitig etwas zu lesen, z. B. Miß Brabbons „Vixen" [Der Zankteufel] und "The wages of Sin" [Der Lohn der Sünde, der übrigens von Lucas Malet ist]. Im Übrigen vermerkt sie jeden kleinen Fortschritt an Bequemlichkeit, den sie grade ergattern kann, zuerst und zuletzt die neuerworbene Schlafstube mit dem Ofen, der „Tag und Nacht brennt," sobaß sie sich ein paar Blumen halten kann, die „sogar den Winter über lebten; es sind ja nur einige wenige, die ich habe, aber ich bin desto dankbarer dafür." Höchst bezeichnend ist ihre Freude darüber, daß „der Knecht uns in diesen Tagen reinherausgesagt einen Abtritt baut, zu meiner großen Freude. Wie ich den vermißt habe, kann ich nicht beschreiben!" —

Von dem Leben draußen bringt nur ein äußerst schwacher Widerhall in ihre engen vier Wände. In einem Brief vom Mai 1886 nennt sie doch „den ekelhaften „Pionier" [das in Omaha herausgegebene Wochenblatt „Der dänische Pionier"], er soll niemals über meine Schwelle kommen; das ist das ekelhafteste Blatt, das ich in meinem Leben gelesen habe, gotteslästerlich und widerlich. Glücklicherweise ist Birch derselben Meinung; wir halten zwei amerikanische Blätter."

Aber doch wohl namentlich auf Grundlage damals höchst radikalen „Dänischen Pionier" [der auch im Jahre 1886 in Dänemark wegen majestätsbeleidigender Artikel verboten wurde], fragt Laura im November 1885 die Freundin: „Wie steht es eigentlich daheim? Ist der König ein solcher Esel geworden? Ich glaubte, er wäre ein rechtschaffener Mann. Ich habe davon in amerikanischen und dänisch-amerikanischen Blättern gelesen. — Ist denn nun auch in meinem kleinen herrlichen Dänemark Zank und Streit?" Und als die Freundin sie in dieser Hinsicht zu beruhigen gesucht hat, bemerkt Laura — im Mai 1886 — unter sichtlicher Einwirkung des Demokratismus in Amerika: „So, Estrup und der König sind rechtschaffene Leute — es scheint mir doch mit ihren Gesetzen\*) ohne Zustimmung des Landes nicht Recht zu sein ... schreibe bald wieder, auch von etwas Politik, hier ist alles so entstellt."

Aus naheliegenden Gründen erzählt Laura im Mai 1888 interessiert von der „großen Aufregung hier in der Gegend zur Zeit wegen zwei neuer Eisenbahnen, die angelegt werden sollen; die eine soll grade bis New Orleans gehn. Kommt sie zustande, meint man, daß unsre Stadt nächst Omaha die größte Stadt im Staate wird. Die Baustellen in der Stadt sind unermeßlich gestiegen, und viele sind dabei schon reiche Leute geworden. Da wird unser Besitz wohl auch steigen, sobald wir es verkaufen können; hier wird es doch nie etwas; es ist wieder Aussicht auf eine schlechte Ernte, „China bogs" [Mißverständnis für Chinch bugs, kleine, besonders dem Weizen und der Gerste schädliche Wanzen, blissus leucopterus], eine Art Insekten, fressen die ganze Saat, besonders Gerste, und das ist das Einzige, was wir dieses Jahr haben."

Zu dem typischen amerikanischen Gedanken, eine günstige Kon-

---

\*) Die provisorischen Finanzgesetze, s. weiterhin S. 201 u. 241. Übf.

junktur zum Verkaufen zu benutzen, um an andrer Stelle neues Land zu kaufen, kehrt sie mehrmals zurück.

„Ich wünschte, daß wir unsern Platz hier für z. B. 35 Doll. pro acre verkaufen. Wenn alle Schulden bezahlt sind, könnte da doch ein ganz hübsches Stück Geld übrig bleiben, um weiter westlich zu gehn und dort mehr, weit billigeres Land zu kaufen, es anzubauen und ein Heim für unsre Jungen zu schaffen," heißt es zum Beispiel in einem Brief vom 23. Mai 1886. Und sie führt an, wie die Schwägerin Emma „durch die glücklichen Spekulationen eines Freundes mit wenigem ihres zusammengesparten Geldes Besitzer von 5000 Rtlr. geworden ist" und später „Baustellen in Omaha" gekauft hat, darauf „4 Häuser gebaut, die sie vermietet, und selbst von den Renten lebt."

„Emma hat nun vollständig mit uns gebrochen," fügt sie übrigens hinzu, und die Ursache dazu ließ man deutlich zwischen den Zeilen, wenn es heißt: „Christian hat ebenso wenig eine Schwester, wie er einen Vater hat; wenn es auf Geldsachen ankommt, sind sie, Emma und der alte Birch, ebenso gewissenlos oder richtiger selbstsüchtig."

Die schwierige Gesindefrage beschäftigt sie sehr. Weibliche Hilfe im Hause ist außer der allerjüngsten und allerunzuverlässigsten sozusagen unmöglich zu bekommen; auch diese ist kaum aufzutreiben und ihre Knechte wechseln häufig und sind oft dürftig gewesen. Doch erwähnt sie einen „tüchtigen, deutschen Knecht," durch den die Kinder bloß „eine ekelhafte Sprache aus Deutsch, Englisch und Dänisch" reden gelernt haben, und „einen dänischen Knecht", den sie „ein ganzes Jahr und mehr" zu haben das Glück hatten und „vor dem ich mich nicht genierte"; wogegen ein andrer „ekelhafter, plattdeutscher Knecht, unzuverlässig und unwissend, widerlich immer um sich zu haben" ist. Sie rät eifrig — und von ihren eigenen Erfahrungen aus mit Recht — ihren Landsleuten aus der sogenannten besseren Klasse ab, nach Amerika zu reisen. „Hier kommen bloß Arbeitsmenschen fort, die Hilfe kostet so viel, wenn sie überhaupt zu bekommen ist."

Immer deutlicher zeigt es sich im Laufe der Zeit, daß trotz des kleinen Fortschritts nach Lauras Erbschaft und der Übertragung des Eigentums auf ihren Namen die ökonomische Lage der Familie beständig schlimmer wird, weil der Mann alles im alten Gleise gehn läßt und die Frau keine Veränderung zu erzwingen vermag. Immer wieder ist sie offenbar gezwungen worden, dennoch zur beständigen Vergrößerung der Schuld „ihren Namen auf die Noten zu setzen".

Und das Verhältnis innerhalb der Familie, in erster Linie zwischen den Ehegatten, läßt sich Jahr für Jahr immer hoffnungsloser an.

In einem langen Brief vom 1. Mai 1891 verweilt Laura zuerst bei dem nahebevorstehenden Geburtstage des Mannes, „. . da werden wir Gesellschaft haben — und er ist so süß und nett! Und wie nett doch Birch ist! bin ich sicher, sagen die Leute — ebenso wie von der Schwester, und doch ist sie eine Furie, wo sie sich nicht schämt . . ."

Mit Verzweiflung und mit Verachtung erzählt sie von Birchs Haltung den Kindern gegenüber: „Die verflucht er wegen der geringsten Versehen, mit Ausnahme von Charles, er sieht sich selbst in ihm, der kann machen, was er will, uns alle zusammen quälen. Nein, er ist grenzenlos böse und rücksichtslos gegen die andern, aber die sollen bleiben — und für ihn arbeiten, ihn ernähren! Das kann er selbst nicht, wenn er den ganzen Tag im Schaukelstuhl sitzt und Romane liest oder im Bette liegt! Ja, gibt es einen elenden, niedrigen Menschen auf Erden, so ist er es! Solange er noch Schulden machen kann, solange sitzen wir noch fest auf der Farm. 5 Jahre haben wir keine Ernte gehabt, die inbetracht kommt, wir haben vom Schuldenmachen gelebt. Wir haben 2700 Doll. Schulden fest [gegen 1300 Dollars feste Schulden im Jahre 1885] außer dem, was er Gott und fast jedem Mann schuldet!

Was für ein Ende es nehmen soll, verstehe ich nicht. Er verdiente wirklich, daß wir von ihm gingen, und er müßte allein und verlassen sterben! Seinen Hund kann er ebenso wie mein Onkel küssen und zärtlich zu ihm reden — aber nicht zu seinem kleinen, zärtlichen, guten 7 Jahre alten Robby, der an ihm hängt, wenn er ihm die geringste Freundlichkeit erweist, aber er ist böser gegen ihn als irgend einer, er darf nie spielen, nie in die Schule gehn, er soll zu Hause bleiben und die paar Kühe hüten. Charlie und Willy gehn nur zwei Monate im Winter zur Schule, sie müssen alles tun... Alles, was wir im Hause haben, ausgenommen den Stove (Herb) *[the Cookstove]* und unser Bett, habe ich angeschafft, teils dadurch daß ich meine besten Kleider verkauft habe, und teils für Geld, das ich aus Dänemark bekommen habe, außer daß er in diesen 16 Jahren, die wir verheiratet sind, durch mich über 1300 Dollars bekommen hat, und doch haben wir all die Schulden; ist das nicht Beweis genug, daß er ein Tropf ist?"

Früher waren es durchschnittlich ein oder zwei Briefe im Jahre gewesen, die Laura ihrer Freundin gesandt hatte, jetzt gehen drei ganze Jahre hin, ehe sie wieder schreibt — ben 19. April 1894. „Ich habe immer gemeint, liebste Wilhelmine," heißt es, „es war nicht wert, Dich mit meinen Sorgen zu belästigen."

Da ist die Farm verkauft worden — nach neunzehnjährigem Verbleiben auf „unserm alten Platz", und „hätten wir nicht verkauft, ja so wäre sie uns jetzt für die Schulden genommen worden und wir wären heimatlos. Wir verkauften sie für 5000 Doll. an einen unsrer Nachbarn, einen Deutschen; da das meiste Schulden war, blieb nur wenig übrig; aber übrig blieb doch was."

Nun wollen sie von Neuem anfangen mit „160 acres wieder, 23 eng. Meilen westlich von uns, mitten im Lande, aber unser Land ist ziemlich gut; es ist neues Land."

Ein wenig ermuntert berichtet sie weiter, wie sie „jetzt 132 Acres mit Winterweizen bestellt und besät und den ganzen Platz mit Weierfens *[Wirefence, Drahtumzäunung]* eingezäunt haben, sodaß von keinem das Vieh hineinkommen und die Saat fressen kann, die ganz gut steht; es kostete unsern letzten Schilling; von Bauen kann ja keine Rede sein, weshalb wir eine Farm renteten *[mieteten]*, 3½ Meilen (engl.) davon, wo wir jetzt wohnen, in einem Erdhaus, aus Rasen gebaut, eine gewöhnliche Art hier in dieser Gegend. Es sieht von außen häßlich aus, aber innen ist es nett und gemütlich, mit weißen gekalkten Wänden, großen Fenstern, die nur aus 4 großen Scheiben bestehn, die ich jetzt voller blühender Blumen habe, Heliotrop, Reseda und viele andre. Hier ist nur eine große Stube, die ist Küche, Waschhaus, Eßstube, alles, und dann eine kleine Schlafkammer für mich und Birch, die Kinder schlafen in einem alten Framhouse *[framehouse, Bretterhaus]*, das ganz dicht hierbei liegt. Hier gibt es eine Menge Bäume, Obst aller Art, wenn sie jetzt nur tragen wollen! *[eine]* Menge Erdbeeren, Weintrauben, Pfirsiche, Äpfel; es macht sich so gemütlich mit den vielen Bäumen und den vielen Singvögeln."

Den Mann hat sie vollständig aufgegeben; es ist nicht das geringste mit ihm anzustellen; aber die Reste ihrer Energie scheinen unter den neuen Verhältnissen zu Kräften gekommen zu sein — "wenn nur die Kinder einigermaßen ordentlich werden wollen!" .... „Unser eigenes Land ist ganz öde; aber wir (die Kinder) haben einen Teil bepflanzt — bekommen wir bloß ein feuchtes Frühjahr, wird es schon hochkommen!"

„Ich habe einen entsetzlichen Kampf mit mir selbst gehabt," sagt sie, „was wohl das Rechte wäre, jetzt, bevor wir das Land kauften, mich der Kinder wegen von ihm scheiden zu lassen, daß sie unter Fremde, heraus aus dem schädlichen Umgang mit ihm, kommen konnten. Hätte ich sie nur behalten können *[d. h. die Minderjährigen]*, dann hätte ich es getan; aber das Wenige, was ich bekommen konnte, obwohl alles nach dem Gesetze mein ist, war nicht genug für uns zum leben *[d. h. die Erde damit zu bebauen.]*"

Die Arbeitskraft der Kinder hätte an und für sich zur Bewirtschaftung des Bodens ausreichen können, wenn die Zeiten besser gewesen wären, und namentlich „wenn ein Trieb in Charles wäre," der jetzt „19 Jahre wird". Aber unglücklicherweise ist das nicht der Fall, und er ist alles in allem sehr zurück, „er kann kaum seinen eigenen Namen schreiben, nicht weil er dumm ist, durchaus nicht, sondern weil sein Vater die Kinder aus der Schule zu Hause hält, um zu arbeiten, damit er im Bett liegen kann, das einzige, was er tut, ausgenommen essen und schimpfen — und fluchen! . . ."

So sonderbar unsinnig und unnatürlich kommt ihr das ganze Elend, in dem sie lebt, zu Zeiten vor, daß sie „oft denkt, wenn ich eines Tages erwachte und fände, das ganze wäre ein gräßlicher Traum!"

Aber es ist ihr leider nur zu viel Wirklichkeit: „Charles ist wie sein Vater, weshalb sie sich auch zanken, solang der Tag ist — hitzig, faul, necksüchtig und brutal! Gott weiß, was das Ende werden soll, wie lange es geht, bis er fortrennt. Armer Willy! Es ist überanstrengt und darum so klein, mager und zart für all die harte Arbeit, die es auf einer Farm gibt, und, geht der Große, wie kann er dann die Arbeit tun! Mein Herz blutet für ihn. Jetzt sehe ich vollkommen, welch große Sünde ich beging, als ich mich mit einem Elenden verheiratete — nicht weil ich selbst unglücklich wurde, sondern wegen der Brut, die daraus kommen sollte. Das ist doch das Bitterste! — Es ist gräßlich schwer, sich für alle seine Opfer mit Flüchen und Verwünschungen belohnt zu sehn; aber daß die Kinder ebenso werden, das ist fast mehr, als ich ertragen kann! . . . Willy ist der beste; er ist sein ganzes Leben unterdrückt, gehaßt und verflucht worden. Robby ist noch ziemlich gut; aber ich sehe jeden Tag, wie Charlie ihn böse quält. Annie ist jetzt im Juni 14 Jahre, ebenso groß wie ich. Wenn sie will, ist sie eine gute Hilfe für mich — sie lasse ich in die Schule gehn, aber da die

Schulen elend sind, hat sie nichts Besonderes gelernt. Keins von den Kindern hat ein Talent — keinen Ton in der Kehle!.."

Laura flüchtet sich noch beständig in ihrer Qual in die Phantasien hinein, in ihr altes Vaterland zurückzukehren und nach „dem herrlichen, friedlichen Fredensborg," wo Wilhelmine, die nun Witwe geworden ist, Aufenthalt genommen hat.

Aber selbst diese kleine Flucht aus der Wirklichkeit wird ihr durch ein paar der so gewöhnlichen Klagen von Auswanderern verbittert, die wieder in der Heimat gewesen waren; die Schwägerin Emma „war ja ein ganzes Jahr zu Hause und erzählte mir alles davon. Sie mochte Dänemark nicht mehr leiden. Die Sonne schien den ganzen Winter nicht, klagte sie. Sie hatte das Gefühl, als wäre sie all die Jahre begraben gewesen und nun auferstanden. Alles war dasselbe, aber alle waren so verändert. Kleine Kinder waren groß geworden und hatten wieder Kinder. Sie fühlte sich so fremd. Mir würde es wohl ebenso gehn." —

Wieder dauert es sehr lange, bis Wilhelmine von ihrer Freundin hört, und da ist Laura von einem Unglück getroffen worden, das auf sie wie eine Art Urteil gewirkt hat.

Sie schreibt den 1. Juni 1896:

„Ich habe einfach nicht früher schreiben können, denn ich hatte nicht den Mut dazu, ich habe nämlich eine große Trauer durchgemacht, die die Zeit erst jetzt etwas gelindert hat, ich habe nämlich meinen ältesten Sohn Charles verloren und zwar auf eine so entsetzliche Weise, daß ich nie recht darüber hinwegkommen werde. Wie Du wohl weißt, war das Einzige, wozu Birch seine Kinder erzog, außer zu fluchen und brüllen, zu schießen und Karten zu spielen. Charles war noch keine 10 Jahre alt, da bekam er sehr gegen meinen Willen einen Hinterlader und wurde selbstverständlich ein eifriger und tüchtiger Jäger. Well, den 15. September vor einem Jahr ging er mit seinem Vater auf Quail-Jagd *[quail, Wachtel]*.

Birch kam nach Hause, aber Charles ging zu einem Nachbarn wegen einer Sache. Es war Sonnabend Abend, wir waren alle zu Bett, über 9 Uhr, als ich, die ich noch nicht schlief, Einen schreiend auf einem Pferd kommen hörte. Ich rief Birch, der aufstand und hinausging, und ich hörte Einen rufen: „Charles hat sich erschossen!" — „Ist er tot?" — „Ja!" — Du kannst Dir denken, was für eine entsetzliche Botschaft, und auf eine solche Weise. Wir standen auf und zogen uns an. Wir waren alle wie verstört. Wir fuhren dann dahin, es war nur eine Meile — Charles, mein armer Junge, lag dem Knecht in den Armen; der Mann war nach dem Doktor gegangen. Es war ein Loch in sein Gehirn geschossen, so groß wie ein sehr längliches Ei, das bloße Gehirn lag da, ich konnte auch sehn, daß zwei Schrotkörner durch seinen linken Augapfel gegangen waren, es war so aufgeschwollen wie ein Ei. Ich badete ihn da 4 Stungen lang mit kaltem Wasser, bis der Doktor kam, ich und der Knecht — von Birch sah ich nichts, er hielt sich draußen, eine zu große Memme hereinzukommen und das Kind sterben zu sehn, das er verflucht und dem er so viele Male den Tod gewünscht hatte! Ja, nur wenige Stunden vorher hatte er gebrüllt und geflucht und war mit ihm auf die Jagd gegangen! (verflucht sei solch ein Gemüt, das in solchem Menschen sein kann, den ich mit Scham meinen Mann und den Vater meiner Kinder nenne! Sähe er diese Zeilen, er würde wieder versuchen, mich zu morden).

Endlich kam der Doktor — die längsten 4 Stunden in meinem Leben! — „Ja, er kann nicht leben! vielleicht bis zum Morgen! vielleicht ein paar Tage." Ja, wie soll ich Dir nun all das erzählen, was ich durchmachte! Der Morgen kam, und er wurde besser. Was war da zu tun! Doktor Johnson war kein Chirurg; ein trefflicher kleiner junger Mensch, — aber er verstand nicht einmal, die Wunde zu verbinden! Wir schickten nun 18 Meilen nach einer andern Stadt, nach einem andern Doktor. Er kam gegen 10 Uhr den nächsten Abend, also 25 Stunden, nachdem das Unglück geschehen war! Er erzählte nun, daß er leben könnte. 16 Tage und Nächte saßen wir nun an seinem Lager, bei den fremden Leuten. Die Nachbarn waren außerordentlich zuvorkommend; die jungen Menschen, Charles' Freunde, kamen jede Nacht und halfen wachen. Zuletzt kam doch Entzündung in die Wunde, und den 1. Oktober Nachts, ich saß allein bei ihm, sprang die Wunde auf und blutete, überströmte alles! Ich vermag nicht mehr weiter zu erzählen. Den 2. Oktober starb er, verblutete sich unter dem heftigsten Fieber, litt sehr (jammerte so entsetzlich) — und das ist nun bald 2 Jahre her, und noch blutet mein Herz bei dem Gedanken an meinen armen Jungen."

Es ist der 28. September 1896 geworden, und noch ist der Brief vom 1. Juni nicht fortgekommen. Laura hat noch etwas mehr schreiben wollen, wurde aber gestört und hat seitdem noch keine Zeit gefunden. Nun ist es "wieder ein stiller Sonntag und ich bin allein zu Hause. Ein stiller, herrlicher, milder Septembertag — ich erinnere mich auch, in Dänemark kann der September so herrlich sein!" — Doch Lauras Gedanken sind nur bitter und schwer.

Den 1. März war die Familie in ihre eigene Farm übergesiedelt, wo ein Sodhaus (Rasenhaus) *[sodhouse, Haus mit Rasen gedeckt]* gebaut geworden ist, das 200 Dollars gekostet hat, doch "groß und geräumig ist, kühl im Sommer und warm im Winter."

Nach dem Tode des ältesten Sohnes erweist es sich indes als sehr unglücklich, daß Birch anstelle einer "impruveten *[improved, kultivierten]* Farm "neues Land" kaufte, "da wir nun nie imstande sein werden, etwas Ordentliches zu bekommen. Birch will nichts tun, Arbeit mieten ist zu teuer und unsre beiden kleinen Jungen Willy und Robby können sich nicht um mehr als um das Feld kümmern. Willy ist schon bald 20 Jahre, aber der Vater hat zu viel von ihm gefordert, sodaß der arme Kerl keine Kräfte hat; er ist überarbeitet, Robby hat denselben Weg vor sich. Das läßt mich oft an einem Gott verzweifeln, wenn ich das Unrecht sehe, das dies brutale Tier gegen seine Kinder verübt; dieser große faule Bär ist niemals mit unsrer Arbeit zufrieden, wir tun nie genug, während er, wenn er endlich einmal dazu gebracht wird, auf einem Fahrpflug zu sitzen, sich dessen rühmt und mit all der Arbeit prahlt, die er tut, während wir nichts tun. Ich muß so einen Jammerkerl bis zu meiner letzten Stunde hassen. Steh ich für die Kinder auf *[stand up for, verteidige]*, droht er mir mich zu prügeln, mich totzuschlagen und überschüttet mich *[mit]* den gemeinsten Schimpfwörtern, tobt herum und schlägt Stühle in Stücke, geberdet sich wie ein Rasender! Und das in diesem Lande, wo das Recht so ganz auf meiner Seite ist! Hier braucht keine Frau Beleidigungen von irgend jemand einzustecken, auch nicht von ihrem Mann; ich kann so leicht geschieden werden, aber jetzt bin ich so abgestumpft worden und habe darüber so geweint und getrauert, daß ich Törin mich diesem good for nothing *[Taugenichts]* hingeworfen habe, daß ich einfach nicht mehr gegen die Welt kämpfen kann und dort beginnen wo ich vor 22 Jahren aufgab."

Die Zeiten sind gegenwärtig schlecht und die Preise für den Landmann niedrig, während sonst alles ebenso teuer ist. Die Verhältnisse in Amerika, wo „das Geld den Unterschied ausmacht, zu Hause ist es der Stand," scheinen Laura im Ganzen so unheimlich, daß sie die Zukunft des ganzen Landes in der düstersten Beleuchtung sieht:

„Massen von Menschen verhungern in den großen Städten; ich glaube, das Ende wird eine Revolution, eine noch schlimmere als unter Robbert Pierre *[Robespierre]*; so wie es geht, kann es nicht viel länger gehn. Jeder Amerikaner ist ein Lump, der sich zu allem kaufen läßt; das ist traurig, aber es ist wahr! Die meisten Amerikaner stammen ja von Europas Gesindel ab — und Gesindel sind sie noch; für Geld tun sie alles. Sie verachten durchaus nicht irgend einen Bankier, der den Leuten mit ihrem Geld durchbrennt; nein, er ist ‚smart'!"

„Ach", schließt sie, „könnte ich Dich noch einmal in diesem Leben sehn! ob wir uns wohl in dem nächsten treffen! Du bist natürlich so gut, Du kommst in den Himmel. Es ist nicht schwer gut zu sein, wenn man in Frieden lebt; aber Gott helfe mir, die nur Trauer und Schande sieht, wohin ich mich auch wende!" —

Endlich schlägt doch die Stunde der Erlösung für Laura. Ihr Mann stirbt.

Sie erzählt davon in einem Brief vom 23. Januar 1898, der deutlich das Gepräge trägt, von einem Menschen geschrieben zu sein, der nun endlich auf eigenen Füßen steht, wenn auch die Füße noch tüchtig unter ihm zittern.

Laura beginnt durchaus nicht damit von ihrem Mann zu erzählen, sondern mit ganz praktischen Erklärungen über ihre Arbeit, die sie schwer bewältigt, und die Hilfe, die sie an ihrer nun achtzehnjährigen Tochter hat, über die „Lehrerin des Distrikts, die bei uns wohnt, eine nette, junge Dame, die Gesang und Musik mit sich bringt (Gitarre); das bringt viel Leben, aber auch viel Arbeit und 10 Doll. die Woche, was alles ganz schön sein kann, doch glaube ich nicht, daß ich die Lehrerin nächstes Jahr nehme ...

Ja, wo soll ich aufhören und wo soll ich anfangen. Ich habe Dir diesmal so viel zu erzählen, wenn ich nur nichts zweimal erzähle. Habe ich Dir von Emma Birchs Tod erzählt?"

Und sie berichtet, wie Birchs Schwester, die „von einem Landsmann" um alles betrogen wurde, was sie besaß, „plötzlich, gesund auf einem Stuhl sitzend, umfiel und starb, ohne Warnung, ohne Glauben ... Birch war drin, sich ihr Eigentum anzusehn, 4 Häuser in South Omaha, auf denen mehr Schulden sind, als sie in diesen schlechten Zeiten wert sind ..."

Erst danach geht sie dazu über zu erzählen, daß Birch seit dem Sommer an Blutgeschwüren gelitten hätte, die sich zuletzt in dem Grade zum Schlimmeren entwickelt hätten, daß der eine Arm abgenommen werden mußte — „doch zu spät, er starb an Blutvergiftung — still und ruhig ohne große Schmerzen. Ich versuchte und habe den ganzen Sommer versucht, seine Gedanken auf etwas Höheres und Besseres als dieses Leben hinzulenken; aber an Jesus zu glauben, schien so schwer für ihn. Mein armer Junge starb, ohne daß ich mit ihm von Jesus sprechen durfte, und ich dachte, diesmal sollte es nicht so kommen; aber leider glaube ich nicht, daß es von Nutzen gewesen ist."

Das ist alles, was sie von ihrem Manne schreibt, der nun tot und fort ist.

Desto mehr erzählt sie von der Wirksamkeit, die sie nun endlich selbst bestimmen kann.

„Ja, so bin ich nun allein," bricht sie aus. „Zum erstenmal in 23 Jahren habe ich etwas zu sagen, und es wird Rücksicht auf mich genommen; solange bin ich nur ein elender Hund gewesen. Es ist hart genug für die Kinder, es zu fassen, aber ich hoffe, daß ich den Tag erleben werde, an dem sie mich respektieren werden. Zur Zeit sind sie wie wilde Tiere, aus dem Bauer entschlüpft, frei und froh, wild!

Birch hatte sein Leben assekuriert, daher bekam ich 2000 Doll. Wären die nicht gewesen, hätte ich jetzt als ein Bettler davon gehen können; dank dem Gelde habe ich jetzt meine Farm bezahlt, 160 acres, 200 Doll. Doktorrechnung und habe sogar noch etwas zu notwendigen Verbesserungen übrig, daß ich hoffe, für meine alten Tage versorgt zu sein, wenn mir nur nicht die Kinder jetzt zu viel Sorge machen wollten! Der Apfel fällt nicht weit vom Stamme. Wenn die Jungen jetzt nur arbeiten und sich um die Sachen kümmern, können wir, wenn wir Windmühle, Stall und mehrere Sachen bekommen haben, gut von der Einnahme aus einer Farm von 160 Acres leben. Ich habe sehr über Annie geworriet [mich bekümmert], sie hat sich jetzt mit einem jungen Nachbarssohn verlobt, John Percy, einem schönen, netten, arbeitsamen Burschen, aber arm, und sie ist so eingebildet! ... Ach! könnte ich doch nur die Kinder regieren, daß sie mir keine Schande machen, sie haben alle eine so fürchterliche Veranlagung, zu viel für meine Nerven.

Aber ich bete jetzt zu Jesus, und ich glaube, er wird mich erhören, wenn die Zeit kommt."

Es ist ein Geistlicher in die Gegend gekommen, der „die Leute zu veranlassen versucht zu ‚join church' *[sich der Kirche anzuschließen]*; ich weiß nicht, wie ich das übersetzen soll? Er ist hier gewesen, um mich zu join zu veranlassen."

Augenscheinlich dürfte der Einfluß dieses Baptisten-Missionars, der der Geistliche ist, überhaupt in der religiösen Haltung des ganzen Briefes zu verspüren sein, und er hat Worte gesprochen, die tiefen Eindruck auf die nun selbständig gestellte Frau gemacht haben.

„Er sagt," fährt sie fort, „ich bin nicht getauft, ich muß mit meinem ganzen Körper unter Wasser, um Jesus' Befehl zu befolgen; ich kann das nicht richtig fassen, obgleich ich schon in der Bibel sehn kann, daß etwas Ähnliches gemeint ist."

Für die dreiundfünfzigjährige Witwe, die nun mit ihren Kindern ein neues Leben begonnen hat, liegt offenbar etwas durchgreifend Symbolisches hinter dieser Taufe.

„Könnte ich es richtig glauben — ich würde mich wieder taufen lassen," sagt sie nachdenklich.

Es dauert nicht lange, bis Laura zu diesem Glauben gelangt ist. Hiervon erzählt sie ihrer Freundin ausführlich in dem Briefe, den sie Wilhelmine den 4. Juni 1899 anläßlich ihres Geburtstags sendet. Er lautet:

„Meine innig geliebte Wilhelmine!

Gott segne Dich in dem kommenden Jahr und gebe Dir die Freude, die über allen Verstand geht. Ich habe sie erst auf meine alten Tage kennen lernen, Du haſt ſie vielleicht längſt gekannt. Nach Deinen Briefen zu urteilen, biſt Du ja ſchon viele Jahre Chriſt geweſen; aber jetzt weiß ich aus eigener Erfahrung, daß Chriſt und Chriſt zwei verſchiedene Dinge ſind. Viele nennen ſich Chriſten, ohne Chriſti Liebe im Herzen zu haben; das habe ich getan. Jetzt iſt es anders, Gott ſei gelobt. Es iſt ſo lange her, daß ich an Dich geſchrieben habe, ſodaß ich Dir vielleicht noch nicht erzählt habe, wie ich Chriſt geworden bin.

Den Winter, als Birch im Dezember ſtarb, wir hatten eine junge Dame hier als Lehrerin des Diſtrikts; ſie wohnte bei uns. Die jungen Leute, meine beiden Jungen, Annie und ſie trieben immer Scherz; ſie ſang ſehr ſchön und erheiterte uns damit ſehr. Nun, wie ich ſo mit der muntern Jugend um mich daſaß, ich fühlte mich ſo grenzenlos dankbar gegen unſern Herrgott, der mich endlich von meinen Banden erlöſt hatte, die mir faſt unerträglich geworden waren, nicht nur mir allein, ſondern auch den Kindern. Seine Unvernunft war nahe daran, uns alle zu demoraliſieren, aber alles vergeben und vergeſſen, ich vermag noch nicht daran zu denken! Nun, wie ich daſaß, während die Jugend tollte, kam ſo ein wunderliches Gefühl über mich, mir war, ich ſollte hinauf= gehn und auf die Knie fallen und beten. Ich widerſtand zuerſt, ich verſtand es nicht — 2—3 Male. Zuletzt ging es mir auf, und ich folgte dem Drange; ich ging hinauf hier in meine eigene Kammer und fiel auf die Knie und betete — jetzt verſtand ich erſt zu beten, mit heißen Tränen und aus meinem ganzen Herzen; ich hatte für ſo viel zu danken. Ich habe mein ganzes Leben gebetet, doch das war nur mit dem Munde; jetzt betete ich mit dem Herzen und im Glauben, daß ich erhört werden würde.

Nun kam eine herrliche Zeit für mich. Ich habe andre mir da= von erzählen hören, konnte es aber nicht verſtehn. Ich war ſo froh, ſo glücklich wie nie zuvor in meinem Leben; mein Herz konnte meine Freude nicht faſſen. Ich liebte alle Menſchen und wünſchte nur, könnte ich sie nur ebenso glücklich machen, sie lehren, ihnen erzählen von meinem herrlichen Jesus!

Jetzt kam es über mich, daß ich nicht getauft war, daß ich nicht einmal soviel für Jesus getan hatte, daß ich sein erstes Gebot erfüllt hatte. Ich sprach mit mehreren Geistlichen darüber, sie waren alle einig, daß die Kindertaufe keine Taufe wäre, da man keinen Glauben haben könnte, besonders wenn ich mich selbst damit unzufrieden fühlte. Und so war mir, ich fühlte mich ganz niedergeschlagen in meinem Gemüt; mein höchster Wunsch war, doch etwas von der unermeßlichen Schuld zurückzahlen zu können, in der ich zu Jesus stand ...

Es sind nicht die Mormonen allein, die getauft werden, es sind viele andre lebende Christen, die wieder getauft werden (unter das Wasser getaucht, wir nennen es hier „immersion"). Hier ist die Baptisten-Kirche, die Christliche Kirche und Gott weiß wie viele andre, die nur an die erwachsene Taufe glauben und die immersion.

So ging ich denn zugleich mit 4 andern Frauen, jung und alt, eines schönen Sommertages letztes Jahr zu einem rinnenden Bach (15 eng. Meilen von hier), und 3 Geistliche waren mit uns. Wir hatten eine herrliche Zeit *[have a good time, es gut, angenehm, behaglich haben]* mit Psalmengesang und Freude. Ich war so froh, so zufrieden in der Erfüllung meiner Pflicht.

Ich gehe hier bisweilen auch zur lutherischen Predigt, aber die ist mir zu kalt und abgemessen; nein, ich vereinte mich mit den „Vereinigten Brüdern" *[einem Zweig der Baptistenkirche]*, da haben wir Gebetsversammlung und stehn auf und sagen, was Christus für uns getan hat. Ich habe da alte Männer aufstehn und mit heißen Tränen Gott dafür preisen sehn, was Jesus für sie getan hat, wie sie zur Umkehr gekommen sind. Es gehört etwas dazu, vor einer Gemeinde aufzustehn, besonders in einer fremden Sprache, und zu beichten, wie ich das wohl am besten nennen möchte; aber es ist eine große Befriedigung darin für die Seele.

Ich habe hier den besten dänischen Prediger getroffen, dem ich jemals begegnet bin, einen kleinen, unbedeutenden Baptisten-Prediger; aber ich muß sagen, er hat in Wahrheit die Gabe des heiligen Geistes, und er wird gradezu groß in seiner Beredsamkeit. Er hat eine Menge Seelen zu Jesus bekehrt; seine Kirche ist 12 engl. M. von hier, aber er ist den ganzen Winter herum gekommen und hat Erweckungsversammlungen abgehalten, und ich muß sagen, er hat Leben in die Sache gebracht. Hier herum sind nicht so wenige dänische Familien, wir haben verschiedene gesegnete Versammlungen in meinem Haus gehabt. Gott sei gelobt!" —

Lauras Bekehrung hat sie mit einem brennenden Eifer erfüllt. Schon im Brief vom 4. Juni heißt es, daß sie den Tag darauf „wieder zu einer dänischen Versammlung mit dem kleinen Baptisten-Prediger will, Gott segne ihn! Wir werden uns diesmal bei einer armen geschiedenen, dänischen Frau versammeln, 32 Jahre mit zwei Söhnen (12 und 9 Jahre), arm und so unglücklich! Es ist ein langes Leben für die Ärmste. Könnte sie nur herüber auf Jesus' Seite kommen! Ich habe viel für sie gebetet — ja, denn ich glaube an die Macht des Gebets. Geschwätz können sie widerstehn, aber nicht unsern Gebeten."

Die nächstliegende religiöse Mission hat Laura ihren Kindern gegenüber. Das Mädchen, das nun 19 Jahre ist, wird als etwas großartig, mißvergnügt, und reizbar geschildert, aber sie und ihr Verlobter sind doch „beide auf Jesus' Seite." Dagegen betet Laura innig darum, daß „ich jetzt nur meine ruchlosen Jungen mitbekommen könnte! doch dazu ist nur wenig Aussicht. Sie scheinen mit jedem Tage schlimmer und schlimmer zu werden. Hier herum gibt es eine Menge schrecklicher Jungen [englisch boys bedeutet sowohl Jungen wie junge Menschen], sodaß sie in schlechter Gesellschaft sind. Gott helfe ihnen! Dazu sind sie faul, sodaß ich jeden Tag deswegen Ärger habe, ob auch die Farm besorgt wird.

Die Leute raten mir, die Jungen fortzujagen, aber wie kann ich das? Ich habe die Hoffnung, so lange sie bei mir sind, sind sie nicht vollkommen verloren, aber wie wir ohne Arbeit tägliches Brot bekommen und unsre Schulden bezahlen wollen, verstehe ich nicht ... Ich mache viel durch mit den Kindern, die alle den hitzigen, unzufriedenen Sinn des Vaters haben, und in ihrem Zorn sind sie grenzenlos brutal. Gott sei Dank für meinen Erlöser! Bei ihm habe ich manche gute Stunde und ich glaube, er hat irgend eine Absicht mit meiner Umkehr, und ich werde auch so tun, wie er will, wenn er mir nur den Weg zeigt.

Soweit es irgend in ihrer Macht steht, sucht sie religiös auf die Kinder einzuwirken, und im Übrigen hat sie sich die Aufgabe gestellt, die Farm so gut wie möglich zu treiben und die Schulden ihres verstorbenen Mannes bis auf den letzten Cent zurückzuzahlen.

Eine Reihe nun rasch nach einander niedergeschriebener Briefe — vom 25. Februar, 22. März, 27. Mai 1900 und der darauf folgende vom 4.—20. August 1901 — zeigt Lauras anhaltenden Eifer und zugleich ihren Versuch, grade ihre Form des Christentums der Freundin gegenüber geltend zu machen, die offenbar von dessen settiererischem Charakter Abstand genommen hat; Laura gibt keinen Augenblick verloren, sondern geht angriffsweise zu Werke.

„Hierzulande", beginnt Laura ihren kleinen Vorstoß gegen die Freundin, „wird es für eine große Schande angesehn, am Sonntag irgend etwas andres zu tun, als in die Kirche zu gehn und religiöse Bücher zu lesen, weshalb auf alle Menschen des alten Landes herabgesehn wird, notabene wenn sie sich nicht nach der Sitte des Landes richten. Ich habe immer gesagt „Andre Länder, andre Sitten" — und habe von Anfang an versucht, ein Amerikaner zu werden *[offenbar ein kleiner Erinnerungsfehler]*. Ich glaube, unser Herrgott hat so viel für uns getan, daß wir ihm schon diesen einen Tag heiligen können. Wenn ich an unsre Jugend denke, wo wir am Sonntag umherlärmten, ja tanzten, und das sogar im Haus des Pastors! Ob die alten Lutherischen Pastoren wohl noch am Zehnten-Tag mit den Bauern Karten spielen und Punsch dazu trinken? Ich habe in der letzten Zeit Gelegenheit gehabt, etwas in die deutsche Lutherische Kirche zu gehn; ich hatte ganz die alten, halb katholischen Gebräuche vergessen: Jedesmal aufstehn, wenn er die Bibel liest, die Liturgie abhält und die Gemeinde Amen singt. Ich wünschte, daß Du mit mir zu einer von den „revival meetings" *[Erweckungsversammlungen]* gehen könntest, gleichviel zu welcher Congregation *[Kirchengemeinschaft]* sie gehören, nur wir alle unsern Herrn Jesus in Geist und Wahrheit anbeten, dann würdest Du vielleicht verstehn, warum ich den alten Lutherischen Gottesdienst, wie er war, als ich zu Hause war, kalt und wenig erbauend nenne. Bei einem revival meeting predigt der Prediger die Umkehr der Sünde und die Erlösung durch Jesus — in allem Jesus, und nur Jesus, kein andrer Erlöser. Nach beendetem Gottesdienst wird dann einer oder der andre zum Gebet aufgefordert, oder mehrere, dann fordert sie der Prediger auf, Zeugnis abzulegen für Jesus, und manches Menschen Zeugnis dafür, was Jesus für sie getan hat, hat andre veranlaßt, über ihr sündiges Leben nachzudenken und damit zu ihrer Umkehr geführt. Es fällt mir schwer, eine solche Versammlung zu beschreiben; aber kannst Du einmal Gelegenheit bekommen, zu einer solchen zu gehn, Du wirst es nicht bereuen, da es in Wahrheit seelenerhebend ist!"

Mit einem milden Vorwurf sagt Laura der Freundin: „Es scheint nach Deinem Brief, als ob Du Dich selbst besser als „die Baptisten" fühlst. Ich habe verschiedene von ihnen getroffen, Dänen sowohl wie Amerikaner, und bin zu ihrem Gottesdienst gewesen und habe mich erhoben gefühlt, getröstet und Gott nahe. In Dänemark beharrt Ihr wohl nicht mehr bei der alten Idee, daß nur die Staatskirche etwas taugt, daß nur Luther eine Seele erlösen kann? Hier haben wir freie Religion, jeder verehrt Gott, wie er nur mag; ein Christ oder Kirchenmitglied zu sein, ist eine Ehre und eine Empfehlung, wohin man kommt, gleichviel welche Sekte, nur nicht die Mormonen. Glaubst Du nicht, daß ein Katholik erlöst werden kann, wenn er an die Vergebung seiner Sünden durch Jesu Blut glaubt, selbst wenn er seine eigene Niedrigkeit so sehr fühlt, daß er einen Vermittler braucht, daß er nicht direkt zu dem allmächtigen Gott zu gehen wagt. Das ist ja nur eine Formsache. Das wäre ja grabezu greulich, da die meisten Christen Katholiken und nur der kleinste Teil von den Bewohnern der Erde Christen sind. Bist Du nicht selbst etwas von einem Katholiken, da Du für die betest, die tot sind! Das tun doch die Katholiken. Aber wo findest Du etwas in der Bibel, daß man für die Toten beten kann? Jeder, der nicht hier auf Erden an Jesus glaubt, ist schon gerichtet, sah ich neulich in der Bibel. Ich glaube keineswegs, daß Luther lau ist, nein, er war ein prächtiger Mann, zu dem ich in jeder Beziehung aufblicke; aber seine Gottesverehrung oder richtiger die Staatskirche in Dänemark ist für mich lau und selbstsüchtig. In den dänischen Blättern, die ich bisweilen in die Hände kriege, machen sie sich viel über die innere Mission lustig; aber was ich mir davon habe sagen lassen, so hat sie doch grade viel Gutes getan und etwas all die Lauheit und Weltlichkeit aufgerührt, die herrschte, als ich daheim war..."

„Ich mag nicht, daß Du mich „einen Wiedertäufer" nennst," fährt sie fort, „ich ließ mich wieder taufen, weil ich keine Ruhe in meiner Seele fühlte, bis ich das getan hatte. Da kam nun so ein Friede und eine Freude über mich, ich glaubte, daß nichts in der Welt mich mehr anfechten könnte; ich hatte Jesus und *[hatte]* getan, was Jesus von mir verlangt hatte. Meine Kindertaufe war nicht genug für mich, wenn das überhaupt eine Taufe genannt werden kann. Jesus sagt: Gehet aus und lehret die Menschen — und dann taufet sie! Ich hatte keinen Glauben, als ich 3 Wochen alt war. Daß der Brauch vom Standpunkt der Eltern aus ja hübsch ist, ist ja wahr. Meine Kinder wurden alle getauft, als sie klein waren. *[Aber]* ich glaube nicht, die Taufe bewahre eine Seele, da sie vorgenommen wurde, als das Kind sich selbst unbewußt war. Doch glaube ich sicher, daß, so lange Du fühlst, daß Deine Kindertaufe ausreichend für Dich ist, sie es auch ist; aber", fügt sie schlagend hinzu, "anders ist es mit mir, die mit Menschen umgeht, die das Entgegengesetzte glauben."

Laura hatte englische religiöse Bücher mit Nutzen gelesen und erwähnt der Freundin gegenüber Spurgeons Predigten, "er nennt sie ‚Hope and Faith' *[Hoffnung und Glauben]*, ich wünschte, Du könntest sie in der Originalsprache lesen, er ist in der ganzen englischsprechenden Welt bekannt, er war ein Baptist. Er ist leider jetzt tot. Da ist auch der berühmte amerikanische Evangelist Moody; es war ein schrecklicher Verlust für die Christenheit, so viele Menschen, wie er bekehrt hat. Spurgeon war ein Predigersohn, und seine Mutter hatte immer darum gebetet, daß ihr Sohn ein Christ werden möchte; sie sagte an dem Tage, als ihr Sohn bekehrt wurde: „I have often prayed, that you might be saved, but never, that you should become a Baptist!" Antwort: „God has answered your prayer, mother, with His usual bounty and given you more than asked." *[Ich habe oft darum gebetet, daß Du erlöst werden möchtest, aber niemals, daß Du ein Wiedertäufer werden möchtest. — Gott hat Dich erhört, Mutter, mit seiner gewohnten Freigebigkeit und Dir mehr geschenkt, als Du gewünscht hattest.]*

Wilhelmine hat Laura ein Buch über die Kindertaufe gesandt, sicherlich, wie die andre schreibt, in der Absicht, "daß ich sehn sollte, daß ich auf einem Irrwege bin, aber", sagt Laura, "das lehrte mich nur noch mehr, den Irrweg der Kindertaufe zu sehn — an keiner einzigen Stelle in der ganzen Bibel hat Jesus gefagt, kleine Kinder follen getauft werden... Dein Buch hat mich gelehrt, daß der Geiftliche, der es gefchrieben hat, ein ebenfo fanatifcher Lutheraner ift, wie die Katholiken, die fagen, nur ein Katholik kann erlöft werden. Ich las, er haßt die Baptiften und erzählte, foweit ich die Baptiften kenne, eine ganze Menge Lügen über fie... Hier weftlich von mir ift eine dänifche Baptiften-Gemeinde, fie befteht aus ungefähr 400 Seelen. Ihr Geiftlicher kommt in mein Haus und hält Predigten und Gebete ab, und ich lade dänifche Nachbarn ein zu kommen. Ich bin froh darüber, das zu können, ich bin mein eigener Herr, fo zu tun. Er hat niemals etwas andres geprebigt als das reine Wort Gottes, daß wir alle Sünder find und nur erlöft werden im Glauben an Jefu Blut, am Kreuze vergoffen für unfre Sünden. Die Taufe ift eine Nebenfache. Die Baptiften werden alle getauft, das ift ein Brauch bei ihnen, aber es ift keineswegs eine Erlöfung für fie; wenn das das einzige Gebot wäre, das fie hielten, fähe es fchlimm für fie aus; fie follen auch ihre Nächften lieben wie fich felbft! Daran kannft Du einen wahren Chriften erkennen — welcher Religion er auch angehört. Wir find alle felbftfüchtig, wir *[wollen]* alle gern alles für die Unferen tun — doch was wollen wir für unfern Nachbarn tun, für den Kranken, den Notleidenden — gleichgültig, ob er Not an feiner Seele oder an feinem Leibe leidet? Ich will mich deffen nicht rühmen, was ich für meinen Nächften getan habe, es ift fehr wenig gewefen — aber hilf mir, mein Gott, daß ich in Zukunft mehr tun kann! Ich lebe hier in einem Land, wo die Religion angefehen ift. Der Infidelle *[the infidel, der Ungläubige]* hier ift fo viel Gentleman, daß er wenigftens die religiöfen Gefühle einer Frau refpektiert und fich nie über fie luftig macht."

Lauras Beftrebungen, ihren Mitmenfchen an Leib und Seele zu helfen, find zahlreich und unermüdlich.

Sie schreibt zum Beispiel im Mai 1900:

„Am Dienstag, will Gott, kommt Mrs. Johanne Hindstrup aus unsrer alten Stadt hier heraus und bleibt eine Woche. Am Donnerstag soll hier Baptisten-Versammlung sein (Predigt) und am Sonntag den 10. will er kommen und in unserm Schulhaus predigen. Nun ist es mein Plan, sie weiß nichts davon, daß sie grade allein hier heraus kommen soll, vielleicht kann unser Herrgott ihr so gnädig sein und sie bekehren; der Prediger ist ganz ungewöhnlich begabt (Däne) und hat so viele bekehrt. Sie ist reich, hat keine Kinder, ist energisch und warmherzig; könnten wir sie auf Jesu Seite hinüber bekommen, wäre das Einer, der viel für ihn tun könnte. Denn daran glaube ich auch, ich kann es nicht helfen *[I can not help it, ich kann nicht anders]*, seitdem ich froh in Jesus geworden bin, will ich so gern andre mit mir auf seiner Seite haben. Ihr Mann, ja keiner von den Hindstrups, 18 mit Jungen und Alten, glaubt daran, daß es einen Gott gibt; sie sind alle nette, wohlerzogene, moralische Menschen ohne Spur von Glauben! Sie hat den nettesten und besten Mann in ihrem Haus, den ich je getroffen habe, doch wenn er tot ist, ist er nur ein Aas. — Die Zeit verging. Johanne kam nicht, ihr Mann war krank; aber wir hatten doch hier eine Versammlung in meinem Haus, eine gesegnete Versammlung. Es kamen ziemlich viele und wären noch mehr gekommen, wenn es nicht so ungeheuer heiß gewesen wäre. Sie sind alle Dänen. Hier gibt es viele Hunderte von ihnen rings herum, aber sie wohnen verstreut. Ich war herum und bat sie zu kommen, soweit ich gelangen konnte. Am Abend war ich mit einer herrlichen christlichen Nachbarsfrau zur Gebetsversammlung drinnen in der Stadt; ich konnte meine Geniertheit nicht überwinden und laut in der fremden Sprache beten, aber ich stand auf und confessede (bekannte) meinen herrlichen Erlöser. Hier sind Gebetsversammlungen über die ganzen United States jeden Donnerstagabend; ich finde, das ist so fein — so viele Gebete werden grade diesen Abend aus dem ganzen Lande hinaufgesandt."

Und auch die Freundin daheim in Dänemark sucht die energische Laura zu veranlassen, mit für die Sache des Herrn zu wirken.

„Es kam mir neulich bei," heißt es im Augustbrief 1901, „ob Du nicht auch etwas für unsern Herrgott arbeiten könntest! Ich weiß, man tat das nicht in Dänemark, als ich dort war. Gott gebe, man tut es jetzt unter Christen! Hier glauben wir daran, wenn wir bekehrt sind, daß es geradezu eine Pflicht ist, unsre Freude über Jesus andern mitzuteilen, und ich glaube, es ist meine größte Freude, wenn ich durch meine Rede und Gebet ein geringes Werkzeug in Gottes Hand sein kann, einen andern Bruder oder eine andre Schwester zu Jesus zu bringen, sodaß ich nicht mit leeren Händen zu unserm Herrgott kommen werde." Sie hat jetzt herausgefunden, daß Frau Wilhelmine, die gut englisch kann und seinerzeit Romane für die Zeitung ihres Mannes übersetzte, „als etwas Zeitvertreib während der langen Wintertage, die bevorstehn" eine Reihe Artikel aus dem religiösen Blatt „Sabbath Reading" *[Sonntags-Lektüre]* übersetzen könnte, das „zu keiner Sekte gehört, rein unparteiisch christlich und mir ein solcher Segen gewesen ist. Vielleicht, wenn es dir glücken würde, das herauszubringen, könnte es mancher armen Seele in unserm geliebten Dänemark zum Segen gereichen, daß doch unser Leben nicht ganz vergebens sein soll, daß auch wir Arbeiter im Weinberge des Herrn gewesen sind. Nichts, von dem was ich noch versucht habe, ist so (ja wie soll ich es nennen) entzückend, wie dieses Arbeiten für die Umkehr und Erlösung andrer Seelen!"

Und für den Fall, daß Wilhelmine keinen Verleger für ihre Übersetzung finden sollte, schlägt die unverdrossene Laura vor, daß „Du, die noch eine so schöne und deutliche Hand schreibst, kannst Du denn nicht an die Damen im Kloster *[ein Stift, in dem Frau Wilhelmine jetzt lebt]* schreiben? Nichts ist zu hart für den, der Jesus liebt, und das Gebet an ihn wird Kraft und Stärke geben."

Lauras Bekehrung hat ihr Ruhe des Gemüts gebracht und eine glückliche Hoffnung allen Schwierigkeiten und Bedrängnissen zum Trotz. Wenn sie von ihrem Kirchgang oder ihren religiösen Versammlungen kommt, „schwillt mein Herz mir vor Freude bei dem Bewußtsein, daß ich meinen Erlöser habe, daß die Zeit mit Zweifel und Unruhe vorüber ist, habe ich auch noch meine Sorgen."

Ihre größte Sorge, über die „mir Jesus noch hinweghelfen wird," ist „der Kummer über meinen mißratenen Sohn Robby" [der damals gegen 17 Jahre ist]. Er ist „erzfaul, will nichts, als auf die Jagd gehn" und hilft nur kümmerlich der Mutter und dem anständigeren Willy, der „nicht mehr als die Feldarbeit bewältigen kann." „Bete für den Jungen," ruft Laura ihrer „lieben Wilhelmine" zu. „Ich glaube an die Fürbitten der Christen. Es ist an der Zeit, daß er aufhört und umkehrt, er ist in der letzten Zeit in schlechter Gesellschaft gewesen, mit ein paar bösen Jungen, daß Gott weiß, wie es enden wird. Ich erwarte, daß er eines Tages, vielleicht von andern angestiftet, etwas tut, daß ihn in die Reformschule bringen wird. Unser Herrgott und einzig unser Herrgott kann helfen, und ich vertraue auf ihn, daß alles denen zum Guten dient, die ihn lieben. Bete für ihn, meinetwegen! Er ist wie sein Vater, gleicht ihm an Herz und Haut. „Ach, Quark", das ist sein Wahlspruch."

Mit diesem Wahlspruch hat Laura nach dem Tode des Mannes nach Kräften zu brechen gesucht.

Durch die Plagen der vielen Jahre hat sie das Pflichtgefühl gegen die Kinder bewahrt und nicht am wenigsten Wirkungslust und Ordnungssinn. Allerdings klagt sie über das recht Selbstverständliche, daß „es mir vorkommt, je älter ich werde, desto weniger kann ich zurechtkommen," und sie wird allmählich „des Lebens auf dem Lande innig müde," aber sie läßt sich nicht von ihrer Müdigkeit übermannen und arbeitet hartnäckig, wenn auch so langsam und unökonomisch, wie die Verhältnisse sie nun einmal dazu zwingen, und mit der Hilfe ihrer Kinder, die sie bekommen kann. Sie fühlt sich dennoch in jedem Falle als ihr eigener Herr und ihres Erlösers Dienerin.

„Ich möchte gern, liebe Wilhelmine," schreibt sie im Februar 1900, „Du könntest meine gemütliche Wohnstube, Küche, Eßstube, Waschstube, alles zusammen, sehn. Ja, das kannst Du wohl nicht verstehn, daß es hier hübsch sein kann — und das mit braungestrichenen Holzstühlen! Hier sind 4 Fenster voller Blumen, rote Gardinen, helle Tapete, ein Tisch mitten in der Stube mit einer schönen Hängelampe darüber. Die Sonne scheint hell und warm herein, der Herd auf 4 Beinen steht frei da wie ein Ofen, das Feuer brennt und bullert so gemütlich; ich habe das immer gemocht. Ich bin allein, die Kinder sind alle fort. Annie ist mit ihrem Bräutigam in der Sonntagsschule, er ist assistent superintendent *[Gehilfe des Lehrers]* und soll heute leiten. Die Jungen sind auf der Jagd, das Einzige, wozu sie ihr Vater erzogen hat... Du fragst nach meinem großen Haushalt. Ich habe 160 acres of Land, wovon 132 mit Weizen, Hafer und Mais bestellt sind, der Rest Gras für 4 Pferde, 1 Füllen, 3 Maultiere und 5 Kühe. Meine Jungen besorgen das alles selbst, ausgenommen in der Ernte, da miete ich eine Erntemaschine und miete mir Hilfe zum Schobern, später kommt eine Dampfdreschmaschine und die Nachbarn kommen dann, und wir helfen einander. Wir sind ja nur 4 im Haushalt, wir besorgen unsre eigene Wäsche; jede Woche waschen wir, es dauert $^1/_2$ Tag, plätten einen andern Tag; wenn wir backen, wir haben nie andres als Weizenbrot. Wir schlachten jetzt nur 3 Schweine, die dies Jahr hoch im Preise stehn, ich habe dies Jahr nur einige zwanzig zu verkaufen... Würden die Jungen es ordentlich besorgen, könnte ich auch etwas zusammensparen; wie es jetzt geht, können wir gerade das Essen und einfache Kleider bekommen; aber ich bezahle noch Schulden von Birchs. Diese Ernte soll mit Gottes Hilfe 110 Doll. bezahlen, dann können sie nichts mehr anrühren, alles ist dann meins; aber dann hat Birch andre alte Schulden, die ich bezahlen muß, 350 Doll., daß ich nie mehr als von der Hand in den Mund haben werde. Die Kühe, die Butter geben mir alle meine Kolonialwaren; es macht mir viel Spaß, zu buttern und meine Butter in die Stadt zu bringen und selbst zu kaufen, was ich brauche. Im Ganzen, das Leben hat sich für mich verändert, ich lebe jetzt! Unser Herrgott ist meine größte Freude, und hätte ich nicht so viel Kummer mit den Jungen, würde er immer mein Gedanke sein. Doch glaube ich sicher, daß meine Gebete erhört werden und sie einmal zu Jesus kommen werden."

"Wäre das nicht so teuer," fährt Laura in einem Brief vom März d. J. fort "würde es sich für mich bezahlen, einen Knecht zu halten, der den Jungen hilft oder richtiger der das meiste tut, denn sie tun so wenig, weshalb ich so wenig aus meiner Farm herausbekomme. Bis heute habe ich allerdings noch nichts entbehrt, aber meine Ansprüche sind nur gering, besonders an Staat, meine Kleider halten ewig. Ich sitze heute hier in einem halbwollenen Kleid, das ich in Dänemark bekommen habe. Ich habe es den ganzen vorigen Winter und diesen ganzen getragen, und es ist noch gut für nächsten Winter ... Hätte ich diese Farm in Dänemark, würde noch viel mehr zu besorgen sein; hier betreiben wir es ganz anders, bequemer; aber man baut hier nicht annähernd so viel, wie zu Hause. Man kann hier nicht die Arbeitskraft bekommen. Das Klima und der Erdboden sind auch verschieden ..."

"Was, wenn ich etwas von Amerika in diesen Brief täte, etwas von meinem Boden!" schließt sie mit einem plötzlichen Einfall.

Lauras religiöse Wirksamkeit und ihre Arbeit auf der Farm haben sie nicht daran gehindert, einige kleine Ausflüge zu unternehmen, die sie augenscheinlich als unerfüllte Wünsche in all den vielen Jahren, bis sie ihr eigener Herr wurde, gequält haben.

Der eine geht nur nach ihrer alten Distriktsstadt und zu der früheren Nachbahrsfrau, Frau Johanne Hindstrup, deren Teilnahme und Freundlichkeit aus der Zeit der schlimmen Tage auf der Prärie Laura dankbar gedenkt. Bei ihr verbringt sie gleich ihren ersten Geburtstag nach dem Tode des Mannes.

Der andre geht etwas weiter, ganz bis Omaha, das im Jahre 1899 eine „internationale Ausstellung" hatte und wo sie ihre alte Herrschaft, Senators, besucht, von der aus sie sich verheiratete. „Sie nahmen mich so nett und natürlich auf, als wäre ich ihresgleichen. Sie sind jetzt Millionäre und wohnen in einem kleinen Schloß. Es interessierte mich sehr, Omaha nach 24jähriger Abwesenheit zu sehn — da hatte es 33000 Einwohner, jetzt 160000; da waren geradezu großartige Gebäude, und die elektrischen Straßenbahnen, die am Morgen 5 Uhr anfingen und 1 Uhr Nachts aufhörten, und die Menschenmenge, das war geradezu großartig! Alles wollte zur Ausstellung . . ."

Mehr und mehr wird Lauras Interesse von den Verhältnissen in Amerika gefangen genommen, von denen sie auch ja jetzt erst einen einigermaßen vollen Eindruck erlangt, da sie selbständig und mit innerer Ruhe sich auch außerhalb der vier Wände bewegen kann.

Ihre Betrachtungen über amerikanische Zustände werden weit zahlreicher als früher.

Besonders ist es die Stellung der Frau in Amerika und der Unterschied zwischen der Auffassung von der Frau dort und in Dänemark, die sie beschäftigen.

„Ja, hier in Amerika," schreibt sie in ihrem Brief vom 22. März 1900, „sind die Frauen tüchtig, sie machen selbst alle ihre Arbeit, auch wenn die Familie groß ist. Hilfe ist fast kaum zu haben und sehr kostspielig. Aber die Frau hier hat sehr große Rechte. Beleidigt sie ein Mann, kann sie ihn wie einen tollen Hund niederschießen, und nicht Einer hebt die Hand, um sie festzuhalten. Sie kann dem Mann verbieten, ins Wirtshaus zu gehn; gibt man ihm dort zu trinken, kann sie den Wirt wegen mindestens 500 Doll. belangen. Niemand kann einem verheirateten Manne Haus und Heim nehmen, ehe nicht 500 Doll. für Frau und Kinder hinterlegt sind. Niemand kann für die Schulden des Mannes 1 Kuh, 2 Pferde, 6 Schweine der Familie auf einer Farm nehmen. Und so kann ich noch viel mehr Sachen aufzählen. Eine Frau hat einen Beschützer, wo sie geht, in einem Amerikaner und ist nie einer Beleidigung ausgesetzt. Gott helfe dem, der es wagt, eine Dame zu beleidigen, wo sie sich auch bewege."

"Aber," fügt sie hinzu, "hier muß man sich doch in viele Dinge finden," namentlich ruht die ewige Klage, daß "die Arbeitskraft so teuer ist," als eine quälende Last auf der Hausfrau in Amerika. "Die amerikanische Hausfrau muß, aber kann auch für gewöhnlich mehr tun, als ich — die Bauersfrau! Ich mache selbst in meinem Hühnerhaus rein, miste unter ein paar kleinen Ferkeln aus, die Reinlichkeit nötig haben, kurz gesagt arbeite wie eine Häuslerfrau. Eine Hofbesitzersfrau in Dänemark würde nie daran denken, das zu tun, was ich tue."

Aber es gibt amerikanische Frauen auf dem Lande, so wie Laura sie kennt, die können "melken, Korn husken [husk corn, *Mais pflücken, die Maiskolben aus der Hülse nehmen*], ihre eigenen Sachen nähen und doch eine Lady sein! Es gibt natürlich unter den allerreichsten verwöhnte Frauen; aber für gewöhnlich muß die Frau all ihre eigene Arbeit machen, wenn sie auch einen Haufen Kinder hat. Da lernen sie denn tüchtig werden; als sie klein waren, hatten sie ihrer Mutter zu helfen; ist keine Tochter da, dann muß der Sohn waschen, ausfegen, aufwischen, die Kleinen besorgen; mein ältester Sohn Charles konnte Wäsche ebenso rein waschen wie ich, konnte Essen machen, Brot backen etc., weil ich so sehr krank war, und Einer die Arbeit tun mußte."

Die Männer haben in Amerika eine ganz andre Achtung vor den Frauen als zu Hause in Dänemark:

„Der Amerikaner im Allgemeinen, selbst wenn er weniger gebildet ist, respektiert die Frau. Du kannst gehn, wo Du willst, selbst unter rohen Arbeitern, ja selbst wenn sie etwas betrunken sind, sie werden Dich nie mit einem Wort oder einer Miene beleidigen. Kannst du das in Dänemark? Ich fragte einmal einen Knecht von uns danach. Er sagte: „Ich respektiere jede Frau, denn meine Mutter war eine Frau." Meine Jungen respektieren mich nun keineswegs, aber sie sahen ihren Vater und da lernten sie es! So geht es hier: Ein Amerikaner respektiert für gewöhnlich seine Frau und erzieht seine Söhne dazu, ihre größte Hilfe und Stütze zu werden. In Dänemark wird der Sohn dazu erzogen —: sind sie nicht reich genug, sich ein Dienstmädchen zu halten, muß die Mutter den Sohn bedienen. Hier, selbst wenn sie ein Dienstmädchen haben, versteht es sich von selbst, daß die Männer Wasser, Feuerung bringen, ihre eigene Kleidung und Schuhe bürsten. Amerika ist das Land des Fortschritts!"

Die Sehnsucht nach Dänemark wird allmählich bei Laura stark geschwächt, und das alte Land beginnt für sie mehr und mehr in den Hintergrund zu treten.

„Gott weiß, ob ich mich hineinfinden könnte, in Dänemark zu leben, wenn ich heimkäme?", heißt es schon im Märzbriefe von 1900. „Emma Birch konnte es nicht aushalten, das Klima war so rauh und die Verhältnisse so kleinlich — „was werden bloß die Leute sagen"?" Zu Wilhelmines Geburtstag im Jahre 1902 am 2. Juni schreibt Laura wohl mit all der alten Liebe zu der Freundin und in der Erinnerung, daß „jetzt so eine herrliche Zeit in Dänemark" ist und wie manchen herrlichen 2. Juni „wir in der glücklichen Jugend verbracht haben"; aber sie fügt hinzu: „Doch wünsche ich nicht die Zeit zurück; ich bin froh, daß ich jetzt dem Ziel viel näher bin, als damals." Und zuerst und zuletzt ist es doch Amerika, das sie „das Ziel" erkennen lehrte.

„Ja, wie froh ich doch bin," bricht sie aus, „daß all die Sorge und Widerwärtigkeit überstanden ist! Wohl ist meine Gesundheit nur schlecht, aber doch besser, als sie es vor 15 Jahren war. Ich danke meinem Gott und meinem gesegneten Erlöser, der so gut gegen mich gewesen ist. Ich habe ein Dach über meinem Kopfe, daß mein ist, habe die Vergebung meiner Sünden und meine Überzeugung von einer besseren Heimat droben. Was kann ich mehr verlangen? Alles andre sind ja Kleinigkeiten, die sich mit der Zeit geben."

Lauras Tochter Annie entwickelt sich zu einem tüchtigen Mädchen von, wie es scheint, recht amerikanischem Typus.

„Sie ist," heißt es in einem Briefe vom 27. Mai 1900, „eine Lady, stolz und reserviert, hoch und schlank und kann nie fein genug werden. Ich glaube, der Bräutigam wird ihr nie ein Heim bieten können, wie sie es verlangt. Unter Fremde will sie nicht; ich wollte gern, sie sollte hinaus, um etwas von der Lebensart Andrer zu lernen. Aber sie ist tüchtig im Hause. Handarbeit mag sie nicht. Als sie kleiner war, stellte ihr Vater sie auf dem Felde an, sie kann pflügen, anspannen, fahren, reiten, so gut wie nur ein Junge, aber sticken kann sie nicht; sie spielen lernen zu lassen waren wir zu arm, sie hat auch keine Begabung, und es wäre nie etwas daraus geworden."

Das Verhältnis zwischen Annie und ihrem Bräutigam befriedigt die wachsame Mutter nicht. Er ist „hübsch und gut" und fleißig, kann aber das Geld nicht zusammenhalten; sie ist, nach dem was die Mutter bemerken kann, nicht genug in ihn verliebt; die Verlobung hat sich nun in das fünfte Jahr hingezogen; mit dem Beispiel ihres eigenen Lebens vor Augen wünscht Laura die Tochter fortzuschicken, „daß sie sich etwas umsehn könnte" und vielleicht auf neue und bessere Gedanken kommen.

Infolge der häufigen Wanderungen der Amerikaner mit Haus

und Heim von Ort zu Ort innerhalb des Landes glückt es Laura die Tochter fortzusenden, sogar ganz hinüber nach Californien, auf Besuch zu alten Freunden der Familie aus Nebraska, die in „eine kleinere Stadt, die dicht am Meere liegt," gezogen sind.

Sie reist den 20. März, „mit ein paar Freunden, sobaß sie gute Gesellschaft hatte. Ohne die hätte sie sich nicht auf die 2200 Meilen lange Reise gewagt, aber sie hat nun so viel gesehn, was man nicht in Nebraska sieht, Berge, und nicht zu vergessen, das Meer... Sie ist viel umhergefahren und ist entzückt über das Wasser, sie hat ja nie etwas andres gesehn als den Plattefluß *[Platte- oder Nebraska-Fluß]*, der ihr als ein mächtiger Strom erschien..."

Selbst ganz benommen erzählt die Mutter, wie ihre Tochter „in Booten mit Glasboden" gefahren ist, „sobaß sie in das Meer 60 Fuß tief hinabsehn können und dort Pflanzen sehn mit den reichsten Farben, und Gold- und Silberfische umherschwimmen; einige von den Pflanzen reichen ganz bis an die Oberfläche. Oben auf den Bergen liegt Schnee, und unten im Tale wachsen Rosen und Apfelsinen; sie ißt davon; man kann sie das ganze Jahr hindurch bekommen. Die Feigen scheinen sie besonders zu verwundern, da sie frisch eine ganz andre Frucht sind, als wir sie getrocknet bekommen — und die wilden Blumen! Die Kalalilie wächst dort wild, Tausende davon, und Pelargonien in allen Farben. Hier sind wir froh, wenn wir sie im Fenster haben!..."

Es ist viel für Laura zu tun, jetzt, sie „muß alles allein machen," aber sie ist „so froh, Annie ist fort, um etwas vom Leben zu sehn! Hier zu Hause bei mir hat sie nichts gesehn; fort und dienen will sie nicht. — Ich möchte gern, daß sie ein ganzes Jahr dableibt. Sie war einige Zeit in Los Angeles, sie kennt eine Menge alter Freunde aus unsrer alten Gegend, die jetzt dort wohnen. Sie will von dort nach San Francisco gehn, wenn es ihr im Süden zu warm wird."

Auf der Farm sieht es ganz gut aus, die Söhne sind daheim

und arbeiten; „geht alles gut, geht einer von ihnen wohl das nächste Jahr, um sich die Welt etwas anzusehen; hier leben wir meistens unter deutschen Bauern. Hier gibt es auch eine Menge Dänen, nur wenige Amerikaner. Das Frühjahr ist sehr trocken gewesen, sobaß wir anfingen zu denken, es würde wie im Jahre 1894 werden, daß wir nichts ernten, aber jetzt haben wir eine Menge Regen gehabt, fast zu viel auf einmal, und alles steht prachtvoll. Wenn wir nur Regen bekommen können, dann können wir viel ernten; aber das ist eben der Haken; der Regen ist so spärlich."

Lauras treue Liebe, ihre Blumen, „stehen herrlich, ich habe alle Arten und alle Farben davon"; und augenscheinlich in zufriedener Stimmung steckt sie schließlich ein neues Bild der Tochter für Wilhelmine ins Kuvert und fügt hinzu: „— doch sieht es ihr nicht ähnlich, sie wird immer schlecht getroffen; sie ist viel schöner, sagen alle."

Drüben in Californien geschieht denn auch das, was Laura in ihrem stillem Sinn erhofft hatte.

„Jetzt zu Weihnachten," schreibt sie den 25. November 1903, „ist es ein Jahr her, daß Annie drüben bei seiner Mutter sich mit Anthony Watts verheiratet hat, einem Electricien, was außerordentlich gut in diesem Lande bezahlt wird, wo alles mit Elektrizität gehen soll, besonders in Californien, wo neue Städte wie Pilze in die Höhe schießen. Ich bekam ein reizend großes Bild von ihnen geschickt, Annie im Brautkleide. Er ist nett, aber nach meinem Geschmack nicht so hübsch wie John *[Annies früherer Verlobter]*, schwarzes Haar und Augen, kleine Hände und Füße und ein feiner Gentleman, gut erzogen und ziemlich gelehrt. Annie scheint stolz auf ihn zu sein und sehr glücklich, und er stolz auf sie wegen ihrer Schönheit und Häuslichkeit; sie ist ganz außerordentlich haushälterisch."

Die junge Frau Annie hat „immer wieder geschrieben" an ihren jüngsten Bruder Robby, der der Mutter bauernd große Qualen verurſacht, „nach Californien zu kommen und ſein Glück zu verſuchen, ſodaß er den 28. April fortging und noch da iſt, hat ſeine 52 Doll. im Monat, 20 Jahre alt! Er lernt gleichzeitig Elektrizität beim Schwager und iſt außerordentlich zufrieden mit ſeiner Arbeit."

Robby iſt bennoch bei ſeinem leicht zu beeinfluſſenden Gemüt „ein ſo heimwehkranker armer Burſche, daß er jedesmal weint, wenn er einen Brief von Hauſe bekommt. Doch hoffe ich, er wird bleiben, da es am beſten für ſeine Zukunft ſein wird, in der Stellung zu bleiben, die er jetzt angefangen hat. Er iſt groß wie ſein Vater, 6 Fuß 2½ Zoll hoch *[engliſches Maß]*, blond mit großen hellblauen Augen, kleinen Händen und Füßen und einnehmendem Weſen. Alle mochten ihn hier, Junge und Alte. Er war hier in hohem Grade faul und leichtſinnig und war in ſchlechte Geſellſchaft gekommen, was vielleicht mit Trinken und Kartenſpielen geendet hätte. Nun iſt er mit Annies Mann (28 Jahre) zuſammen, er raucht und priemt nicht, trinkt nicht, ſpielt nicht, iſt in jeder Beziehung ein Gentleman, nur iſt er nicht bekehrt — meine größte Sorge!"

Selbſtverſtändlich iſt es „nun einſam für Willy und für mich. Willy iſt nicht ſo groß wie Robby, klein und ſchwächlich anzuſehn, doch iſt er nicht krank; aber es ſcheint, als habe er nicht Energie genug und Kräfte genug. Es iſt auch viel für 1 Mann, 160 acres zu verſehn, 132 ſind angebaut; wir ſchaffen auch ſehr wenig daraus heraus — es gibt ſo viele koſtſpielige Geräte, die jedes Jahr angeſchafft werden müſſen, ſodaß die Farm ſozuſagen ſich ſelber auffrißt. Dies Jahr hatten wir dazu ein ſo fürchterliches Unwetter, der Hagel ſtrömte über 2 Stunden lang herab, ſo groß wie Hühnereier, und den 24. Mai, nie zu vergeſſen, kam ein Zyklon 6 engl. Meilen ſüdlich von uns — das Fürchterlichſte wovon ich je geträumt habe! Alles wurde zerſtört, Häuſer, Menſchen und Tiere; von den Häuſern (alle aus Brettern) war nicht ein Span übrig, die Menſchen fand man tot oder verwundet draußen ringsum auf dem Felde, nackend, zwei getötete Frauen mit nichts bekleidet, außer ihrem Korsett, Männer splitternackt, ohne Schuhe und Strümpfe! Ein junges Mädchen (18 Jahr) fand man weit draußen im Felde mit dem Blitzableiter ihres Hauses um sie geschnürt wie eine Schnur, sobaß man 3 starke Männer dazu brauchte, sie loszumachen, baß das arme nackte Mädchen hinauskommen konnte, mit seinem Bein, gebrochen an 2 Stellen und einem tiefen, langen Schnitt im Kopfe. Ihre Schwester fand man tot, nackt, mit gebrochenem Hals. So sonderbar: 2 andre Schwestern waren vollständig unverletzt; nicht einmal einen Riß in ihrem dünnen Kleide! Ich war auch da und sah sie; nicht die Toten, ich hatte keinen Mut dazu, es hatte ja keinen Zweck. Ich blieb bei den Verwundeten und pflegte sie 3 Tage und 2 Nächte, es war schrecklich. 2 Doktoren waren 1½ Tage da, um ihre Wunden zu verbinden! Es waren 7 Verwundete, 4 Tote; die Verwundeten so voller Splitter von den Gebäuden, schwarz über den ganzen Körper von der Elektrizität, die Augen herausgesogen wie kleine Tassen, schwarz, geschwollen, fürchterlich! Ich ging dem Doktor zur Hand, baß mir salziges Wasser in den Mund kam; ich werde das nie vergessen, so lange ich lebe. Und dann die Tiere! Denke dir die Hühner, mehrere ohne eine Feder an sich. Ein armes Maultier, eine große Bohle durch sich durch und lebendig, ein Pferd mit einem großen Splitter, [der] in seinem Auge steckte, Schweine, Ferkel tot, Bäume entwurzelt; die fürchterlichste Verwüstung, die man sich denken kann... Er ging über viele Meilen und richtete eine fürchterliche Verwüstung an, wohin er kam. Wie ich meinem Gott dankte, daß ich nicht in ihn hineinkam!"

Es war einen Sonntag Nachmittag 4 Uhr, daß der fürchterliche Zyklon sich erhob, und Frau Laura sieht darin eine „Warnung" Gottes „für uns alle wegen des Sonntagshallos, anstatt an dem Tage den Herren zu loben und preisen! Aber die Gottlosen sehn es nicht in dem Lichte, und es scheint auf sie nicht einen religiösen Eindruck gemacht zu haben. Ebenso wie sie bei der

Sintflut bis zuletzt bei ihrer Gottlosigkeit blieben und keine Warnung hören wollten."

Ein ganzes Jahr vergeht, ohne daß Laura schreibt, und der Grund „war, daß eine ausgezeichnete Ernte bevorzustehn schien, und da kam Regen und vernichtete so viel, daß ich nicht die Schulden bezahlen konnte, bie die Jungen für Maschinen und Material zum Ackerbau gemacht hatten — und da hatte ich mir eingebildet, daß ich jetzt darüber weg wäre, Birchs Schulden bezahlt seien und ich anfangen könnte, etwas fortzugeben! Statt dessen mußte ich Schulden bis zu diesem Jahre stehn lassen, und da dachte ich, ich würde sie bezahlen können. Und nun dieses Jahr, ja, da ist es noch geringer mit der Ernte. Der Hagel vom Zyklon verwüstete so viel Weizen, daß, wenn die Unkosten bezahlt sind, sehr wenig übrig bleibt, und 447 Doll. Schulden sollen und müssen bezahlt werden; ich habe natürlich Werte für das Geld, es ist nicht aufgegessen und vertrunken worden. Wir leben äußerst einfach. Ich bin nicht dafür, meinen Leib mit guten Sachen zu überfüllen und dann den Leuten Geld zu schulden."

„Noch", schließt sie mit großer Bestimmtheit, „sind Schulden von Birchs übrig, aber ich muß sie bezahlen, selbst wenn Willy und ich hungern sollten; bezahlt werden sie dieses Jahr."

Wie sie die Kinder hat photographieren lassen, so läßt sie nun auch Bilder von ihrem Heim aufnehmen.

Ihre detaillierte Erklärung zu den Bildern verdient in ihrer Gesamtheit, trotz ihrer ermüdenden Aufzählung von Einzelheiten, wiedergegeben zu werden.

Sie gibt in Wirklichkeit ein lebendiges Bild sowohl von den, für den besonderen Geschmack der Zeit, des Ortes und Lauras selbst eigentümlichen Stuben als auch von dieser Frau, die trotz aller Schwierigkeiten, nachdem sie ihre Selbständigkeit wiedergewonnen hat, sich hartnäckig grade in ihren alten Gleisen gemütlich einrichten will.

„Das eine der Bilder," schreibt Laura, ist „das östliche Ende meines Zimmers, das andre ist die südöstliche Ecke meiner Küche, Eßstube, meines Waschhauses und Saals, alles zusammen in eins! Hinter mir ist mein Bücherschrank und Schreibpult. Nach Süden ist ein Doppelfenster, voller Blumen. Auf dem Tische, an dem Du mich sitzen siehst, liegt eine Decke, die mir Madam Brobersen in Hillerupp zu Weihnachten geschenkt hat, dem letzten in Dänemark. Mein Nähkorb steht auf einer Kiste, die ich auf die Kante gestellt und mit grünem Kattun mit roten Rosen bezogen habe, das ist mein Nähtisch; da drinnen habe ich ein Regal, wo meine Nähsachen, Kästchen etc. stehn. Ich sitze in einem Schaukelstuhl, und der andre alte Schaukelstuhl hat seinen einen Arm verloren. Emma Birch war so dick, daß sie ihn bei einem Besuch abbrach. Das große Bild im Bücherschrank ist Annie im Brautkleid. Die Gardinen sind klar gestreift, meine goldene Uhr hängt da. Ich sitze in einem, wie wir hier sagen Housjacket von rotem Kattun mit Blonden, das Skirt *[skirt = Kleiderrock]* schwarz wollen. Die Decke ist eine Lappendecke mit roten, blauen, schwarzen und gelben Streifen, aus unsern alten Lumpen gemacht, etwas was die Amerikaner sehr häufig haben; wenn man sie färbt, sehn sie ganz hübsch aus und sind sehr haltbar, meine ist jetzt im vierten Jahr und noch ganz und hübsch. Vor meinen Füßen ist eine kleine Decke mit einer Katze darauf, die mir Mrs. Hindstrup gemacht hat, da Katzen noch meine Lieblingstiere sind. Oben in meinem Raum ist eine Decke vor dem Fenster; ich möchte gern, daß Du sie richtig sehn könntest, sie ist aus den abgetragenen Sachen der Jungen gemacht und herum mit farbigem Saxoni Garn gehäkelt *[eine Art Kammgarn]*, in der Mitte karmesinroter Flanell, mit Blumen aus schwarzem Tuch mit Knopflochstich aus gelber Seide genäht, die ist sehr schön und hat mich nur 60 Cent gekostet. Die filierte Decke auf dem Tisch ist etwas mitgenommen; sie ist voll mit Porträts und Nipps. Der Toilettentisch, den ich so nenne, ist aus einer

Kiste, mit einem alten weißen Unterrock darum, gleichfalls voll mit altem Kram. Die Gardinen sind neu, im Fenster steht eine Fuchsia in voller Blüte. Auf dem Boden wieder eine Lappendecke. Die Gardine führt in die Küche nach Süden. Nach Norden sind 2 Türen, die nach Annies Kammer führen, jetzt meine Gastkammer, und nach der Kammer der Jungen. An dem westlichen Ende steht mein Bett. Du kannst die Ecke von einem Puff bei der Gardine vor der Tür sehn, voll von einer Menge schöner Sofakissen. Die Tapete ist gelb mit roten Rosen, in der Küche ist sie grün. — Die Tochter eines Nachbars hat einen Cobax *[einen Kodak-Photographieapparat]*, sobaß ich die Bilder von meinem Haus für die Kinder in Californien aufnehmen lassen konnte."

Die Bilder und die Schilderung werden das Jahr darauf — unter dem 19. Mai 1904 — mit einer Wiedergabe und Beschreibung von „der Südost Ecke" mit meinem Büffet und meiner Lounge *[Chaiselongue]* ergänzt. „Über der Lounge hängt ein großes Ölgemälde, Berge vor einem See mit Bäumen, an dem ein Hirsch Wasser trinkt. Darunter ist das Porträt meines Vaters; das Weiße ist ein Gipsabguß, den ich einmal machte und mit einer kleinen Landschaft bemalte ... Der Spiegel im Büffet reflektiert die Lampe und mehrere Sachen auf der andern Seite der Stube. Die Sachen sind Gläser mit vergoldeten Rändern, ein Kuchenteller steht hinter einem Satz Wassergläser, einem, den mir Annie aus Californien geschickt hat; er ist sehr schön. Da stehn 2 Paar Tassen, das eine hat meiner Mutter gehört, das andre ist ein Geschenk von meiner Schwester gewesen vor mehr als 40 Jahren; da steht eine Glaszuckerschale mit Silber-Henkel, die meine Mutter als Hochzeitsgeschenk bekommen hat. Die Blonde darum ist Battenberger *[?]*, die hat man hier sehr häufig, und es macht mir Spaß, sie zu arbeiten. Da steht eine Menge Blumen, aber der Schaukelstuhl, es ist Annies, verdeckt die Aussicht. Ich habe so viele Blumen; die Leute sagen, es ist, als käme man in einen Garten."

— Kurz vor Weihnachten desselben Jahres, als die stille Zeit auf Lauras Farm in Nebraska eingetreten ist, geht sie an die Ausführung eines lange genährten, nach ihren Verhältnissen groß angelegten Planes. Nach einer, wie es scheint, günstigen Ernte und einem guten Verkauf von Eiern und Hühnern, da „schönes Geld eingekommen" ist, läßt sie Willy zu Hause bleiben und den Betrieb beaufsichtigen, während sie selbst auf Besuch bei ihrer Tochter und ihrem ältesten Sohne in Californien geht.

Die viertägige Reise von Omaha mitten in Amerika nach der kleinen Stadt „an einer Bucht des Stillen Ozeans" interessiert sie außerordentlich; „ich hatte gute Reisegesellschaft, die Zeit verging ganz gut, ich häkelte und strickte und las meine Bibel, als ob ich zu Hause in meiner Stube saß," während die ganze wechselnde Szenerie an ihr vorüberfliegt.

Die Kinder hatten sie nicht so rasch erwartet, sodaß „ich sie mit meinem Kommen überraschte. Ich hatte Annie seit drei Jahren nicht gesehn und Robby nicht seit anderthalb, sodaß wir lachten und weinten und es ein glücklicher Augenblick war!"

Californiens Klima und Naturschönheit bezaubern sie ganz, und mit ihrer großen Liebe zu Blumen schwelgt sie in dem Blumenreichtum, der sie umgibt: „Hier gibt es Blumen, von denen ich nie geträumt habe, Blumen, die nur in Californien wachsen, so schön, daß ich stillstehn und laut ausrufen muß! Der Heliotrop und die Fuchsia wachsen hier wie kleine Bäume, die Kalalilie wächst wild, die Leute benutzen sie als eine Art Hecke zwischen den verschiedenen Gärten vor den Häusern".

Laura gefällt ihr Schwiegersohn gut; „er ist nicht reich, aber er ist tüchtig und sehr energisch und mag Annie so sehr. Er ist dunkel, schwarzes Haar, braune Augen, ein echter Californier, aber polite *[polite, höflich]* bis zum Letzten... Robby ist und bleibt seinem Vater ähnlich! Ich hatte gehofft, daß diese Veränderung der Umgebung und Gewohnheiten ihn verändern würde, und dabei ist er derselbe gleichgültige, gutmütige Bursche, dem man nicht böse sein kann, der aber nie sein eigenes living machen wird *[make his own living, sich selbst ernähren]* können. Er spricht davon, mit mir nach Hause zu gehn, das ist dasselbe, wie wieder zu Hause herumzugehn und zu faulenzen und dumme Streiche zu machen und mich halb tot zu ängstigen! Aber ich lege das in Gottes Hand; wie er es haben will, so geht es auch und nicht anders."

Sie hofft, unser Herrgott wird den Sohn zu Hause auf der Farm bewahren „und die Tiere, die seiner Obhut anvertraut sind. Wahrscheinlich wird er ab und zu Besuch von seinen Freunden haben; da ist nicht viel zu tun, da die Kühe fast rein sind und es darum die einzige Zeit ist, wo ich die Farm verlassen kann. Ich muß im März wieder nach Hause, sobaß ich hier einen Besuch von 9 bis 10 Wochen machen kann".

Doch während des Aufenthaltes in Californien befestigt sich mehr und mehr bei Laura der Wunsch, daß sie „die Farm gegen gute Bezahlung (6000 Doll.) verkaufen und hier ein nettes kleines Heim haben möchte — das ist grade was für mich — die vielen Blumen, Obst aller Art und keine Kälte!"

Und im Juni desselben Jahres kann sie von ihrer Farm aus der Freundin mitteilen, daß nun die Entscheidung getroffen ist und sie in Nebraska verkaufen will „und für den Rest meiner Tage nach Californien gehn. Annie und Robby sind da, und Willy wird mitgehn . . ." Sie hat außerdem einen Arzt konsultiert, der „gesagt hat, ich hätte zu hart gearbeitet, es wäre Überanstrengung und ich müßte ein Mädchen halten, und da ein solches *[in Nebraska]* nicht zu bekommen ist, habe ich mich entschieden, von hier fortzugehn. Ich habe hier in Nebraska über 32 Jahre gelebt, länger als ich in Dänemark gelebt habe, aber ich glaube nicht, ich würde das Landleben und alle seine Beschwerlichkeiten entbehren, wenn ich nach Cal. komme".

Was auch dazu beiträgt, Lauras Lust zu vermehren, von Nebraska nach Californien zu kommen, ist die Ausbeute, die sie sich davon in religiöser Hinsicht verspricht.

Nach ihrer Heimkehr nach Nebraska hat sie es unternommen, jeden Sonntag 10 Uhr nach einer Sonntagsschule 2½ Meile von der Farm zu fahren, um „erwachsene junge Männer und Frauen in Gottes Wort nach der Bibel" zu unterrichten; aber sie ruft aus: „Wenn ich nur meine Schüler interessieren könnte! Sie kommen, aber es scheint, als wären es andre Dinge, die sie anziehn, und nicht die Liebe zu Jesus. Hilf mir und bete für sie!" Wogegen sie in Los Angeles, wohin ihr Schwiegersohn gezogen war, u. a. „die letzte Woche der revivels *[the revival meetings, Erbauungsversammlungen]*" erlebt hat. „Tausende von Menschen strömten in die Kirchen, 8 Prediger predigten in 8 großen Kirchen jeden Nachmittag um 3 Uhr und jeden Abend um 8½ Uhr. Wir mußten eine Stunde vorher dahin gehn, um Platz zu bekommen. Einen Nachmittag standen wir draußen vor dem großen Tempel-Auditorium über eine Stunde lang, Hunderte von Menschen, herrliche Psalmen singend, in strömendem Regen, darauf wartend, daß geöffnet werden sollte! Es war Platz für 4000, und doch gab es viele, die aus Mangel an Platz wieder fortgehn mußten. Eines Abends, als Annie und ich zu spät kamen und Hunderte von Menschen nach Haus gehn sahen, gingen wir in den Sonntagsschulenraum zum overflowmeeting *[„Überschußversammlung" für die, welche vergebens gekommen waren]*, wo ein Prediger der Stadt zu uns sprach und mit uns betete. Annie besonders hatte einen großen Segen von dieser Versammlung. Der Saal war voll, es gab Gebete von allen Möglichen und Bekenntnisse von allen Möglichen, sodaß wir eine gute Zeit hatten, obwohl wir keinen großen revivalist *[Erweckungs-Prediger]* hörten. Es heißt, daß über 4000 Menschen bekehrt wurden; eins ist sicher, daß alle Kirchenmitglieder erweckter und lebendiger in ihrem Dienst für ihren Erlöser wurden. Ich vergesse es nie, solange ich lebe! Wären sie nur etwas länger geblieben, grade als alle interessiert und begeistert waren, schien es mir, da hörte es auf. Aber sie wissen es wohl besser, die Diener des Herrn. Ich bin nur eine alte unwissende Frau. Sie hattest versprochen, in andre Städte zu gehn, wo es ebenso wie in Los Angeles mit Gebet und Fasten viele Jahre vorbereitet war (es heißt 5 in Los Angeles) — 5 Jahre lang haben einige von Gottes Heiligen für diese revival gebetet, und Gott erhörte ihr Gebet, wenn es auch 5 Jahre gedauert hat! Jetzt sind sie alle beschäftigt, besonders die Prediger, die Bekehrten aufzusuchen und Bibelschulen an mehreren Abenden der Woche abzuhalten, daß alle kommen können. *[Man hält]* Gebetsversammlungen jeden Mittwoch und Donnerstag über die ganzen United States von 8 bis 9 des Abends ab. Denke nur, wie viel Tausende von Gebeten an den beiden Abenden zwischen 8 und 9 zum Herrn aufsteigen, und zwar nur für die Bekehrung von Seelen und manchmal für the second coming of Christi *[Christi Wiederkehr]*! Unser Vater ist gezwungen, so viele Gebete zu hören!" —

Laura erwartet nur die erste glückliche Gelegenheit, ihre Farm loszuwerden. Während sie tagsüber ständig damit beschäftigt ist, das Haus "von einem Ende zum andern" proper und rein zu halten, das Klein- und Federvieh zu warten, Butter herzustellen, Essen zu machen usw., hat sie bereits in ihrem unermüdlichen Tätigkeitsdrang abends "sehr damit zu tun, eine Battenberger Tischdecke für meine Stube in Californien zu nähen."

Im Herbst 1905 ist Laura so glücklich, ihre Farm gut verkaufen zu können.

Sie hat das sofort Wilhelmine mitgeteilt; aber der Brief ist verloren gegangen, und erst aus ihrem neuen Heim in Los Angeles in Californien findet sie am 8. Mai 1906 Gelegenheit, es ihr als Tatsache mitzuteilen.

Den 1. März 1906 "ist die Farm an den neuen Besitzer übergegangen", und am 15. verließ Laura mit ihrem Sohne Willy Nebraska. Sie hat nun den Sprung von einer kleinen „Bauersfrau", die sich auf ihrem Hof mit ihren Kindern durchschlagen konnte, zu einer von Amerikas mannigfachen „retired farmers" gemacht, — älteren Männern und Frauen, die vom Lande in die Städte getrieben werden aus Unsicherheit mit der Hilfe, die sie an ihren erwachsenen Kindern haben können, und der Unmöglichkeit, eine andre brauchbare feste Arbeitskraft zu bekommen.

Als Laura nach einem Zeitraum von fast 33 Jahren als eine sechzigjährige, zerstörte Frau Nebraska verläßt, hat sie sämtliche Schulden ihres verstorbenen Mannes bezahlen können und besitzt, außer einer Priorität von 3000 Dollars (zu 6 Prozent) auf die verkaufte Farm, 3600 Dollars.

Typisch amerikanisch ist es, daß 1100 von diesen 3600 Dollars zu einer kleinen Grundstücksspekulation in der Stadt verwandt werden, wo sie sich niederlassen will; schon während des Besuchs in Californien kaufte sie „zwei Baustellen" an der Peripherie von Los Angeles und hofft hier mit Rücksicht auf die fortgesetzt reißende Entwicklung der Stadt, die von allen als selbstverständlich betrachtet wird, in dem richtigen Stil auf schnelles und starkes Steigen des Werts dieser Grundstücke; für das eine Grundstück bezahlte sie nur 600 Dollars; aber ihr Schwiegersohn, der genau das Gleiche neben ihr gekauft hat, mußte 750 geben, „denn er kam ein paar Wochen später".

In einem Briefe vom 8. Mai 1906 erzählt sie außerdem, daß sie sich ein kleines Haus von 6 Zimmern in einer friedlichen, stillen Straße weit draußen gekauft hat. „Der Lärm drin in der großen Stadt war mehr, als meine Nerven ertragen könnten. Ich habe eine nette kleine Wohnstube nach Süden; alle Häuser liegen hier etwas auf dem Grundstück zurück, sodaß wir eine grüne Rasenfläche mit zwei niedlichen Date-Palmenbäumen *(Dattelbäumen)* haben, eine auf jeder Seite des Eingangs. Das Haus ist mit schönen Blumen bewachsen, einen Altan, wir nennen es einen „porch", ich weiß nicht, wie es auf Dänisch heißt, aber alle Häuser haben das hier, wo wir am Nachmittag sitzen und nähen oder lesen oder einander besuchen. Ich bin den ganzen Vormittag und Morgen draußen gewesen und habe in meinem Garten gearbeitet... Fuchsien und Geraniums wachsen hier wie Bäume. Die Rosen (ich habe 12) blühen das ganze Jahr hindurch. Ich habe 2 Pfirsichbäume mit großen Pfirsichen schon daran; es gibt Feigenbäume, aber keine Apfelsinen- oder Zitronenbäume, aber ich werde mir nächsten Herbst welche pflanzen. Ich habe einen Hühnerhof, und ich habe mir 12 Hühner für den Anfang gekauft; Hühner und Eier sind hier sehr teuer, deshalb am besten, selbst welche zu haben!"

Sie erzählt weiter von ihrer „gemütlichen kleinen Wohnstube, ich habe mir ein paar nette Möbel gekauft, neue für das ganze Haus." Es gibt eine „Eßstube, Küche, Speisekammer, ein Badezimmer mit allen möglichen neuen Bequemlichkeiten, elektrischem Licht, Gas zum Kochen und die Räume (Stuben) zu heizen, und Wasserrohr im Hause, daß Du Wasser hast, wenn Du willst, und wir haben einen Wasserschlauch, daß wir unsern Garten morgens und abends sprengen. 3 große Schlafzimmer, meins liegt nach Süden, nach der Straße mit einem großen Fenster (5 Fuß im Quadrat) und einem gewöhnlichen Fenster nach Osten — sodaß es hell und gemütlich ist. Mein Bett ist ein vergoldetes Eisenbett, ich habe mein ganzes Bettzeug und die hübschesten Sachen und Bilder mit mir aus Nebraska genommen.. Annie und ihr Mann wohnen bei mir; ich mochte nicht allein wohnen. Willy hat seine Wohnung auch bei uns; er arbeitet, was er bekommen kann. Robby ist hier zu Besuch gewesen, aber zurück auf seinen Platz gegangen, den er jetzt über 2 Jahre in einer kleinen Stadt, 105 Meilen nördlich von Los Angeles, gehabt hat. Es war mir eine Freude, ihn wiederzusehn. Annie hat keine Kinder, und es ist keine Aussicht auf welche, was eine große Enttäuschung für mich ist, die sich immer gewünscht hat, Großmutter zu werden."

Nach dem wie Laura sich in ihrem Kopfe die Zukunft zurechtgelegt hat, sollte sie in ihrem Hause — worauf ein Darlehn von 1250 Dollars steht — ihre Tochter und den Schwiegersohn wohnen haben und dafür ihren Unterhalt bekommen; den einen Sohn wollte sie auch unter ihren Fittichen behalten, und zwar so, daß er ihr in jedem Falle nichts kostete; „die Grundstücke", meint sie werden „mein Geld mehr als verdoppeln," sodaß sie also bei Verkauf sowohl die Schulden auf dem Hause bezahlen und das angelegte Kapital zurückgeben würden; Laura könnte dann mit den Zinsen davon Steuern und Abgaben bezahlen und doch einen Überschuß haben, den sie zu den 180 Dollars legen könnte, worin ihre Zinsen beständen; mit ihnen würden ihre bescheidenen persönlichen Bedürfnisse gedeckt werden.

Aber wie so mancher andre alte Landbewohner, der in die Stadt zieht, macht sie die Entdeckung, daß die Verwandlung in den Stadtmenschen nicht so leicht und ökonomisch glänzend vor sich geht, wie es im ersten Augenblick aussehn kann.

Gegenüber dem größeren und verhältnismäßig billigen Komfort stehen hohe Preise für alle täglichen Bedürfnisse und eine Menge Ausgaben, die das Land garnicht kennt. Schon im Mai des folgenden Jahres schreibt sie: „Es ist so beschwerlich, in einer großen Stadt zu leben, indem wir zu nehmen haben den electric Car, es ist fast 5 Meilen von meinem Hause nach dem Geschäftspart [Geschäftsviertel]; gehen so weit können wir nicht, weil, es kostet nur 5 c., aber das läuft sehr ins Geld, ehe wir daran denken. Und Geld haben wir nicht viel! Ich habe wenig, aber es kostet viel mehr, hier zu leben, als ich mir träumte; draußen auf dem Lande hat man soviel sozusagen umsonst, sodaß wir nicht recht wissen, was es kostet, in der Stadt zu leben. Vielleicht kommt der Tag, da ich nach Nebraska wieder zurückzugehen habe, weil es dort billiger

zu leben ist... Solange meine Tochter hier bei mir lebt, es geht; aber sie sind arm und müssen vielleicht fortziehn. Doch ich kann nur sagen, unser Herrgott hat gelobt, für alle seine Kinder auf Erden hier zu sorgen, und ich vertraue darauf, daß er mich nicht vergessen wird. Gott sei gelobt, ich habe die Überzeugung!"...
Im Übrigen verweilt sie wieder mit Freude bei ihrem Hause, das „klein, grüngestrichen, mit einer Veranda, bewachsen mit Jvery geranium *[Ivy geranium, epheublätteriges Geranium]* ist; er blüht jetzt, hell lilla. Alle drehen sich um, um ihn zu bewundern, die vorbeigehn, Du kannst nur Blüten sehn, nur wenige Blätter. Auf der andern Seite der Tür habe ich Rosen, „La France"! ganz hellrot mit dem feinsten Duft, und 3 andre schöne hohe Rosenbäume (3 Fuß), und unten habe ich eine Reihe von Stiefmütterchen, von der feinsten Art, große, in allen Farben. An dem Stamm meiner Banana-Palme entlang wachsen blühende Erbsen; ich erinnere mich, sie in Dänemark gesehn zu haben, sie gibt es in allen Farben und sie riechen gut. Am Rande der Veranda *[ist]* eine niedrige Wand gebaut wie das Haus, mit schönen Topfpflanzen besetzt; ich habe einen Schaukelstuhl dabraußen und gehe da hinaus und freue mich! Wir wohnen in einer breiten, schönen, stillen Straße, in welcher the mockingbird (Spottvogel, mimus polyglottus) sein Nest baut und so herrlich für uns singt. Es ist eine Strafe von 50 Dollars für den, der einen Singvogel tötet oder molestiert, was bewirkt, daß der Singvogel so zahm ist und solche Masse von ihnen."

Laura ist zufrieden mit ihren „netten Nachbarn. Die Amerikaner setzen eine Ehre darein, ein guter Nachbar zu sein. Wir kennen einander alle auf diesem Block (von einer Ecke zur andern) und sind alle ordentliche Bürger und setzen eine Ehre darein, ein ordentliches Leben zu führen. Bei Krankheit kommen sie und offerieren Hilfe; zu Weihnachten bekam ich Geschenke von 3 Nachbarn, zu meinem Geburtstag bekam ich wieder welche."

Californiens Erdbeben lernt Laura bald kennen, indem schon am Tage nach dem fürchterlichen Erdbeben in San Francisco, den 18. April 1906, ihr Haus in Los Angeles „unter uns zitterte, und Teller und Tassen etc. zitterten; aber es dauerte nur 40 Sekunden; doch haben wir mehrere kleine Erschütterungen gehabt. Die Leute lachen über mich und sagen, es ist nichts; sie haben es in ihrem ganzen Leben gefühlt, aber es hat noch nie Schaden getan. Ich fühlte nachher, daß ich wünschte, ich wäre in Nebraska geblieben... aber die Leute hier fragen mich, ob ich lieber von einem Zyklon hochgehoben werden möchte... Und wenn es darauf ankommt, bin ich vielleicht ebenso gut hier. Eines ist sicher, daß Gott Vater im Himmel mir hier ebenso nah ist und able to take care of me *[imstande für mich zu sorgen]*." Und sonst ist es „ein herrliches Land, in dem ich lebe — eine schöne, großartige Natur... Die Blumen, besonders die Rosen, sind wunderbar, und es blüht hier das ganze Jahr hindurch. Hier gibt es so viele wunderbare schöne Arten von Blumen; hier ist niemals Winter, nur eine Regenzeit..."

— Die starke Weltlichkeit in dem Leben, das sie umgibt, betont Laura oft. Los Angeles liegt „16 Meilen vom Meere, alle zwanzig Minuten geht ein elektrischer car, der 130 Personen fassen kann, zu den vielen Bädern und Vergnügungsplätzen längs der Küste, wo der eine den andern an Vergnügen zu überbieten sucht, um die größte Volksmasse anzuziehn."

„Aber", fügt sie hinzu, „Unser Herrgott ist auch nicht vergessen in diesem Wunderland."

Und Lauras darauf folgende Schilderungen von den religiösen Verhältnissen in Los Angeles muß mit ihrer eigenen Rechtschreibung und Zeichensetzung wiedergegeben werden, weil man auch hierdurch zu sehn bekommt, wie sie sich mehr und mehr amerikanisiert.

„Ich bin zu 2 Versammlungen gewesen, wo ein Mann seine Hand auf einen Kranken legt und Öl auf Ihre Stirn streicht und sie in Jesus Namen curiert. Ich sah, wie der elendeste Trunkenbold aufstand! und gehealet *[geheilt]* wurde in Jesus Name *[Namen]*! — er nimmt sie mit sich in sein Haus, macht sie rein (gibt ihnen ein Bad) reine neue Kleider! und behält sie bei ihm bis sie über den Trinkteufel gekommen *[come over, überwinden]* sind, er sorgt Da, davor sie Arbeit bekommen. Er ist ein reicher Mann und spendet alles, was er hat, dafür gefallene humanity *[Menschheit]* zu retten. Dann gibt es hier eine andre Art Versammlungen, wo sie clamen *[claime, behaupten]*, sie können in fremden Zungen reden, die der Geist ihnen auszusprechen gibt, das hat vor etwas über einem Jahr angefangen, jeden Tag manchmal bis Mitternacht, haben sie Versammlung! Die Leute strömen dahin und davon! — aber die Versammlungen haben nicht aufgehört, und es heißt, sie werden nicht eher aufhören, als Jesus kommt, sie kommen zusammen um zu warten und sich auf sein Kommen vorzubereiten. — Es ist ganz wunderbar! wenn man bedenkt! daß diese Stadt existiert — weil ganz United States hierher kommt, um eine gute Zeit zu haben, die Natur, das Meer, die Blumen zu sehn! und alle möglichen Vergnügungen und Sünden gehn hier vor sich, um die gekommenen Fremden zu unterhalten, die there money frily spenden *[spend their money freely, ihr Geld freigebig ausgeben]* — und keinen Ort gibt es da, sie mir erzählen, wo so viele Kirchen, so viel verschiedene Secten sind, wie es hier gibt. Ich bin noch nicht zu diesen Versammlungen gewesen, sie nennen sie pentacostel meetings *[Pentecost meetings, Pfingstversammlungen]*, weil ich nicht allein dahin finden kann, sondern mit einem gehn muß, der den Weg in diesem großen Babylon finden kann. Ich gehe mit der Tante meines Schwiegersohns, so eine gute christliche Frau! wir haben eine so gute Zeit zusammen *[we have such a good time together, wir befinden uns so gut mit einander]*! — Da wir beide davon überzeugt sind, daß wir in den letzten Tagen leben."

Die im allgemeinen etwas rosenfarbigen Erwartungen, mit benen Laura seinerzeit nach Californien kam, werben balb zuschanden gemacht.

Der Besuch bei der Tochter in den ersten Zeiten ihrer Ehe hatte sie unter bem ganzen Eindruck von der Schönheit und bem natürlichen Reichtum des Landes ins Leben gerufen; Laura konnte sich auch damals nicht dem Einfluß der kühnen Erwartungen von seiten der Amerikaner entziehen, wie er überall in der Luft liegt, mit Recht und mit Unrecht.

Nun zeigt es sich, daß die Zeiten in Wirklichkeit schlechte sind. Ihre eigene kleine Grundspekulation wird äußerst unsicher; im Frühjahr 1907 meint sie, ihre beiden Grundstücke nur für dasselbe verkaufen zu können, was sie gegeben hat, und sie hatte geglaubt, „sie schon längst mit großem Vorteil verkaufen zu können." Der Schwiegersohn und die Söhne haben große Schwierigkeiten, Arbeit zu finden, ausgedehnte Streike mit viel Unglück im Gefolge rücken ihr auf den Leib, die Verhältnisse im großen Ganzen verbreiten Unbehagen um sie.

„Hier ist Arbeitslosigkeit und Teuerung," schreibt sie z. B. in einem Brief vom 9. Dezember 1910, „es gährt in allen Verhältnissen; der Reiche wird unermeßlich reich, und der Arme hungert; wie es ist, kann es nicht lange anbauern! es wird Revolution geben. Das wird so lange gehn, wie keiner weiß. Der Arbeiter wird sich gegen den Arbeitsherrn erheben, der Millionen verdient, während der Arbeiter und seine Familie hungern! Die Lebensmittel sind gestiegen und maßlos teuer, und der Arbeitsherr kürzt den Lohn *[falsch für: cuts the wages down, setzt den Lohn herab]*, weil er die Macht hat und so handeln kann. Hier ist viel Erbitterung gegen Roosevelt. Der Reiche erhebt ihn in die Wolken, der Arme verdammt ihn. Die Arbeiter haben, wie sie es nennen, eine Union gegen die reichen Fabrikbesitzer gebildet, um sie zu zwingen, höheren Lohn zu geben. The Union hat Los Angeles zu ihrem Hauptsitz

gewählt, sodaß die Schlacht hier beginnen wird, ich vermute, der Reiche haßt „the Unionmen" *[die Vereinsleute]* und tut ihnen so viel Schaden, wie sie können. Das Schlimmste ist, daß die Leiter von the Union ihr eigenes Schäflein scheren! Weißt Du, ich glaube nicht, daß es einen ehrlichen Mann in ganz Amerika gibt, es fehlt ihnen nur die Versuchung und sie sind alle zu kaufen."
*[Im Oktober 1910 war in Los Angeles das kapitalistische Blatt „Times" Gegenstand eines Dynamitattentats gewesen, das, wie erklärt wurde, unter Mitwirkung hervorragender „unionmen" unternommen wurde. Ein paar Monate später wurde ein ähnliches Attentat gegen das Eisenwerk Llewellyn verübt.]*

An andrer Stelle heißt es: „Es gibt keinen Gegenstand in dem verfeinertsten Leben, den sie hier nicht in Gebrauch haben, das ist das Unglück! Der Arbeiter, der seine 3 bis 4 Dollars am Tage hat, lebt ebenso fein, das Beste vom Besten jeden Tag auf dem Tisch, wie der reiche Mann; wenn dann Arbeitslosigkeit kommt, ist nichts beiseite gelegt, und dann klagen sie und sind mißvergnügt. Der Luxus nimmt überhand, es gibt teure Pianos in jedem Haus, die sie auf monatliche Abzahlung bekommen können. Alle kaufen teure fertiggenähte Kleider. Man bekommt keinen besonderen Hut für 10 Dollars, 100 Dollars ist ein gewöhnlicher Preis, wenn Straußenfedern darauf sind — und der Strauß lebt doch hier im Lande! .. Wir haben einen großen politischen Kampf grade hier in der Stadt gehabt. Die Frauen haben das Vote-Recht *[vote, stimmen]* bekommen; die Sozialisten versuchten Municipal office *[die Stadtverwaltung]* zu bekommen, wurden aber defiedet *[defeated, geschlagen]*, sie rissen einander in den Blättern herunter, daß es eine Schande war . . ."

— Die Frage nach der Gleichstellung der Frau mit dem Manne beschäftigt sie beständig, und sie spricht u. a. in einem Brief vom 13. Mai 1907 aus, „daß in diesem Land die Frau für Christi *[Sache]* arbeiten kann, weil es ihnen in der Kirche erlaubt ist, bei den Gebetsversammlungen zu beten und Zeugnis abzulegen, was ihr Erlöser für sie getan hat, und mit jedem von der Erlösung ihrer Seele zu sprechen. Das ist eine unvergleichliche Freiheit! Das gibt manch begabte Frau in Gottes Hand, diesen oder jenen zu erlösen. Ich bin dankbar, daß Gott mein Schicksal so gelenkt hat, daß ich in ein Land kam, wo die Frau in allen Dingen mit dem Manne gleichgestellt ist."

Aber sie hat doch auch Seiten der Gleichstellung der Frau mit dem Manne kennen gelernt, die sie durchaus nicht ansprechen.

Als Wilhelmine im Jahre 1910 erzählt, daß sie jetzt „Wahlrecht" daheim in Dänemark bekommt hat, bemerkt Laura, daß es soweit noch nicht überall im „Lande des Fortschritts" ist, aber „die Mädchen gehn in die Schule und lernen dasselbe wie die Jungen, weshalb sie auch alle möglichen Berufe ergreifen können, und es ist gewöhnlich, daß Mann wie Frau außerhalb arbeiten, besonders wenn sich irgend ein Familienmitglied um das Haus bekümmern kann." Und Lauras Instinkt noch mehr als ihre Religiosität nimmt bestimmt Abstand von einer schicksalsschweren Konsequenz aus dem Bedürfnis der amerikanischen Frau, dem Manne gleichgestellt zu werden: „Hier ist es so gewöhnlich," sagt sie, „daß Leute keine Kinder haben. Es gibt sogar Doktoren, die gemein genug sind, einer Frau zu einem Abortus zu verhelfen. Viele Frauen finden ein frühes Grab, weil sie keine Kinder haben wollen."

In Folge von Lauras religiöser Auffassung müssen ihr alle diese Dinge ein Beweis dafür werden, „daß Satan in diesen Tagen triumphiert, ein andres Zeichen, daß Jesus bald kommen muß, das ist der Beginn der Tribulation *[die Angst der letzten Tage]*. Sollen Du und ich da hindurch gehen? Oder wird unser Lord *[Our Lord, der Herrgott]* uns fort von hier nehmen — wie er gelobt hat? Sind wir gut genug, daß er uns auf zu sich in die Luft nehmen wird!"

Zu Satans Werk gehört auch nach Lauras Auffassung die in dem letzten Menschenalter über ganz Amerika stark vorbringende „Christian Science". Wilhelmine hat ihre Freundin gefragt, was das eigentlich ist, und Laura antwortete:

„Mrs. Eddy, die Stifterin dieser neuen Religion, die Tausende an sich zieht, ist grade in diesen Tagen begraben worden, 90 Jahre alt. Ich verstehe Christian Science nicht und wünsche auch nicht, Bekanntschaft mit ihr zu machen. Es ist ein Sammelsurium von Bibel und Gewäsch! Sie sagen, es gibt keine Sorge, Krankheit oder Sünde; das besteht alles in unserer eigenen Einbildung; Jesus Christus ist ein guter Mann, er starb nicht für unsre Sünden, denn es gibt keinen Tod oder Sünde! Daß das vom Teufel stammt, ist meine Überzeugung. Das würde nicht die Macht haben, die es hat, wenn es von Menschen wäre! Tausende glauben daran; es paßt dem Sünder, dessen Gewissen ihn vielleicht verdammt. Ich weiß, Massen von alten Libertinern gehören zu dieser Religion. Sie kurieren die Leute von allen möglichen Krankheiten, indem sie ihnen einbilden, sie sind nicht krank — nur in ihrer Einbildung. Und es gibt viele, besonders unter den Frauen, die sich selbst viele Dinge einbilden, sie fühlen aller Art Schmerzen, welche halb in ihren Nerven und halb Einbildung sind .. Christian science zieht eine Masse an, sie tun Wunder durch ihr Heilen von so vielen Kranken. Neulich war hier eine Dame, die erzählte, ihr kleiner Sohn litt sehr an Erkältung, hatte starkes Fieber und war so unruhig. Da phonete [telephonierte] sie an eine Christian science, zu kommen und den Jungen zu heilen. Sie konnte nicht kommen, aber 8 Uhr Abends wollte sie dem Jungen ein „absent treatment" [Behandlung auf die Entfernung] geben — und um 8 Uhr wurde das Kind ruhig und schlief ruhig ein und war am nächsten Morgen vollständig gesund! Der Teufel hat eine wunderbare Macht in unsern Tagen!"

„Wäre es möglich," fährt sie fort, „würde er „the very elected" [*die wirklich Auserwählten*] betrügen, und nirgendwo gibt es so viel Teufelswerk, wie hier in dieser Stadt; alle möglichen denkbaren Religionen florieren hier. Es ist mir erzählt worden, daß es einen Platz oder Tempel gibt, wo sie den Teufel anbeten! Hier leben so viel Chinesen und Japaner, die, wie wir wissen, böse Geister anbeten. Kein Wunder, daß sie hier florieren. Sie haben herausgefunden, daß der „Weiße Sklaven[*handel*]" hier in diesem großen Babylon in vollem Schwunge ist."

Auch nicht die Verhältnisse in Lauras engerem Kreis entwickeln sich so, wie sie eine Zeit lang zu hoffen gewagt hatte.

Lauras jüngster Sohn Robby setzt sich ein paar Jahre leidlich durch, die größte Zeit fern von Los Angeles, unter anderm mit Apfelsinenpflücken und ähnlicher leichter, ländlicher Arbeit beschäftigt; zu Weihnacht 1908 „war er zu Hause und war so begeistert von der herrlichen Natur oben in den Bergen." Doch zur Weihnachtszeit das Jahr darauf kommt er krank und elend zur Mutter nach Haus. Sie läßt ihn von einem ausgezeichneten Ärzte „examinieren", der „sagte, er hätte Consumption (Brustkrankheit), wir schicken ihn in ein Sanatorium für Consumption; er war 4 Monate dort, aber jetzt ist er wieder zu Hause; er bekam Heimweh und hielt es dadraußen zwischen den vielen brustkranken Menschen nicht aus."

Die Mutter läßt denn „ein Zelt in unserm Garten machen, 12 × 12 mit Boden und einer Plattform, sodaß er davor in einem Stuhl für Invalids sitzen kann; oder wenn die Sonne gegen 10 Uhr zu warm wird, stellen wir seinen Stuhl unter einen sehr blattreichen Aprikosenbaum; sodaß die Sonne nicht hindurchbringen kann ... Er schläft im Zelt; es ist recht gemütlich eingerichtet mit Kommode, einem kleinen Tisch mit Decke darauf, einem Schaukelstuhl, einem kleinen Teppich vor dem Bett, einer Garderobe, um seine Kleider hineinzuhängen. Wir tun alles, was wir tun können, um ihm das

Leben angenehm zu machen. Der Doktor meint, daß er ein paar Jahre leben kann, wenn wir ihn gut pflegen. Aber das Schmerzliche für sie ist, „daß ich nicht genug Geld habe, sobaß ich vom Kapital nehmen muß, denn alles ist so teuer. Wenn ich nur auf der Farm geblieben wäre! Nun muß ich sehn, mein Haus zu verkaufen und vielleicht Geld verlieren, denn die Zeiten sind so hart; es scheint, als ob kein Geld unter den Leuten ist. Wenn ich nur meine Baustellen verkaufen könnte, das ist beständig ein Sorge!"

An einem Sonntag Morgen gegen Ende August hört die Schwester den kranken jungen Mann draußen aus seinem kleinen Zelt im Garten heftig klingeln, sie springt aus dem Bett und läuft „barfuß in ihrem Nachthemd zu ihm hinaus. Er saß auf dem Rande des Betts und hatte einen Blutsturz gehabt! — Er rief „komm! komm!" Annie lief und nahm ihn in ihre Arme, und als ich eine Minute später dazu kam, war er schon tot. Mein armer Junge, und er war nicht erlöst! Wir hatten alles getan, was wir konnten, um seine Seele zu erlösen, aber es schien, als ob etwas war, was zwischen ihn und seinen Erlöser kam. Ich fragte mehrere Male, ob er nicht seine Sünden bereute, aber nein, es schien da keine Sündenreue zu sein. Er glaubte an Jesus als Gottes Sohn, aber schien ihn nicht nötig zu haben. Den 24ten wurde er auf Evergreen Kirchhof begraben, einem herrlichen Garten, wo hochstämmige Rosen das ganze Jahr hindurch blühen. Wir kauften ein hübsches Mornement mit seinem Namen, das ist alles, was von meinem jüngsten Sohn übrig geblieben ist! Du erinnerst Dich, mein ältester Sohn fand auch ein zu frühes Grab. — Wie mich das Leben geprüft hat!" —

Lauras Prüfungen sind nicht vorüber. Ihr Schwiegersohn erweist sich als etwas unbeständig mit der Arbeit und im Ganzen schwach und wenig energisch von Charakter, sobaß es Laura oft scheint, als ob sich ihr eignes eheliches Schicksal in dem — übrigens kinderlosen — Leben der Tochter wiederholt. Einen Punkt muß sie doch anerkennen, daß „er ein Gentleman ist und nicht sich selbst vergißt, wie es mein Mann tat."

Willy, der ständig bei der Mutter wohnt, arbeitet bald hier, bald dort, am häufigsten scheint er beschäftigt als Arbeiter auf „einem Holzplatz" für 2 Dollars am Tage, manchmal als Maler, „er mag diese Profession." Die Mutter klagt, daß er das Geld nicht zusammenhalten kann und ein groß Teil von der Selbstsucht des Vaters hat. Außerdem findet sie es in ihrem streng amerikanischen Gedankengang tadelnswert, daß er „Tabak raucht und ein Glas Bier trinkt ... In ein Wirtshaus (wir nennen es Saloon) zu gehn, wird als eine große Schande in diesem Lande consideret *[angesehn]*. Ein junger Mann, der das tut oder in einem Saloon Karten spielt, gilt nicht für voll. Viele tun es ja, aber ich muß sagen, es sind meistens Leute aus Europa. Der Vater meiner Kinder nahm sie mit sich in diese Hölle, einen Saloon, wo man eine profane Sprache *[profane speaking, gottlose Rede]* anwendet, Fluchen — und schlecht von der Frau spricht. Alle Saloonkiper *[saloonkeeper, Wirtshausbesitzer]* sind reiche Leute, schwelgen im Überfluß, dem Geld, das den Kindern des vertrunkenen Mannes gestohlen wird! Es ist all over *[über das ganze)* das Land ein großer Kampf für Temperens *[temperance]* gewesen, ich mich selbst *[I myself]* trage das weiße Band, aber mein Sohn und Schwiegersohn trinken, und ich fühle mich selbst machtlos und gehe nur selten zu den Temperensversammlungen ... Willy sagt, er trinke nur hin und wieder ein Glas; es ist kein Saloon dicht in der Nähe, praise God *[Gott sei gelobt]*! aber er ist oft nah genug ..."

Kurz nach dem Tode des jüngsten Sohnes glückt es endlich Laura „mitten in meiner Verlegenheit oder Trauer eine von meinen Baustellen für 750" zu verkaufen; „ich hatte 600 bezahlt, sodaß es nicht viel Verdienst war, aber es kam so sehr zupaß und erlöste mich geradezu aus meiner großen Verlegenheit, die zur Folge hätte haben können, daß ich mein Heim verlor."

Noch das Jahr danach sind die Schwierigkeiten nicht überwunden, und sie fürchtet, daß sie „dieses Haus" verkaufen muß „und mir ein billigeres kaufen, daß Willy und ich zusammenleben können," allein ohne die Tochter und ihren Mann.

„Es will keine Freude für mich in diesem Leben werden," schließt sie ihren Weihnachtsbrief von 1910 an die alte Freundin, „ich werde mein Kreuz bis an meinen Tod zu tragen haben. Doch ich trage es nicht allein; mein Erlöser hilft mir."

Trotz aller Schwierigkeiten glückt es Laura doch, den Hausstand zusammenzuhalten. Der Schwiegersohn wird in die Gemeinschaft der Baptisten angenommen, der nun sowohl Mutter wie Tochter angehören, und Laura kann im Mai 1911 mitteilen, daß „wir alle wohlauf sind, Gott sei Dank, und unser täglich Brot in aller Sparsamkeit haben." Das Dezemberschreiben vom selben Jahre erzählt, daß „wir in demselben Hause wohnen, das ich kaufte, als ich kam, und wir es gemütlich und ordentlich haben — und uns gut vertragen; das ist das beste Teil."

Im Briefe vom 24. Mai 1912 — der bei Gelegenheit des Geburtstages der Freundin, den 2. Juni, geschrieben ist — verweilt Laura noch einmal dankbar bei dem „herrlichen Wetter, das wir das ganze Jahr hindurch haben;" sie besorgt ihr Haus, beschäftigt sich in ihrem Garten und sucht für ihre Kinder zu tun, was sie kann; geht nur selten aus. Doch sie fügt hinzu: „Ich hoffe, ich werde nicht so alt werden, ich bin müde und sehne mich nach Ruhe. Mein Leben ist ein so strenges gewesen; ich habe so hart gearbeitet und mir selbst jede Bequemlichkeit versagt, um etwas auf meine alten Tagen zu haben. Das hat alle meine Kräfte verbraucht, sodaß ich müde und erschöpft fühle... Empfange meine und Annies herzlichste Wünsche für Dich in Deinem kommenden Lebensjahr! Mögest Du gesund sein und voller Liebe zu unserem gesegneten Erlöser Jesus Christus! Alles andere gilt dagegen nichts."

In einem allerletzten Briefe — vom 31. August 1912 — beantwortet Laura eine Reihe von Fragen, die Wilhelmine an sie inbezug auf ihre Familie in Dänemark gestellt hat.

Und indem die alte, 67jährige Frau die Erinnerungen aus alten Tagen wieder auffrischt, erwähnt sie zum erstenmal in allen ihren Briefen die Liebesgeschichte ihrer Jugend mit dem jungen Mann, der sie enttäuschte: "Ich habe nie mehr Liebe empfunden, als das eine Mal in meinem ganzen Leben! und ich hoffe, ich werde ihm im Himmel begegnen. Das Leben hat für mich nichts mehr; ich bin bereit, auf der Stelle zu gehn." —

Hiermit schließt Laura Birchs Geschichte. Die Erinnerung an ihren Mann, dem sie nach Amerika folgte, ist tot; an ihr altes Land ist sie nur noch durch den Briefwechsel mit der einzigen treuen Freundin daheim geknüpft; Amerika hat ihr und ihren Kindern ganz seine Form aufgeprägt.

Christian Birch ging ökonomisch und menschlich zu Grunde an seinen mangelnden Fähigkeiten, sich in den fremden Boden verpflanzen zu lassen. Der Eigentümersohn und Verwalter von großen Höfen mit der Herrenmoral der alten Welt konnte nicht amerikanischer Bauer und Ehemann werden. Seine Witwe, deren größere Geschmeidigkeit und Lebenskraft sie vor der Vernichtung drüben bewahrte, gewann für sich selbst und ihre Kinder nur eine geringe soziale Stellung.

Aber ihr neues Vaterland führte sie auf seinen eigentümlichen Wegen zu Dem hin, das ihr das einzige, das Not tut, wurde. —

# Ein Kopenhagener auf Tramp

Zu der Zeit, als der Kampf zwischen dem Ministerium Estrup und dem dänischen Folketing am heftigsten raste und das provisorische Finanzgesetz vom 1. April 1885\*) grade das Licht erblickt hatte, war ein junger, eifriger Sozialdemokrat, der Malergeselle Valdemar Lyngby, eben nach Nordamerika ausgewandert.

Er war unverheiratet, 25 Jahre alt, Sohn eines Tischler-Freimeisters, in Kopenhagen geboren, wo seine ganze Familie lebte, Brüder und Schwäger als Handwerker und Arbeiter.

Valdemar war in eine Gemeindeschule der alten Stadt gegangen und nach der Konfirmation in die Malerlehre gekommen, wo er besonders in der Rollgardinenmalerei ausgebildet wurde, die damals Mode war.

Der älteste der aufbewahrten Briefe in die Heimat ist aus Omaha in Nebraska geschrieben und wirkt etwas gewaltsam.

Er ist vom 18. April 1885 datiert und unmittelbar danach geschrieben, als er in dem dortigen dänischen Blatt „Der dänische Pionier" Nachricht von den neusten politischen Ereignissen zu Hause erhalten hatte.

Obenan trägt der Brief als Motto die bekannten Anfangszeilen des dänischen Sozialistenmarschs:

> Bald tagt, es Brüder, es dämmert im Ost,
> Zur Arbeit Leben oder Tod.

Darauf folgen einige höchst majestätsbeleidigende Seiten und eine überraschende Übersicht über Dänemarks Geschichte vom Mittelalter bis auf die Neuzeit (wovon der erste kleine Abschnitt — ebenso

---

\*) Die provisorischen Finanz-Gesetze des Ministeriums Estrup galten der Mehrzahl der dänischen Volksvertretung als Verfassungsbruch und riefen eine langjährige Obstruktion hervor. Sie gipfelten in militärischen Aufwendungen besonders für die (noch heute umstrittene) Kopenhagener Befestigung und veranlaßten die Regierung eine besondere ländliche Gendarmerietruppe zu errichten. S. 187 und weiterhin S. 241 Abf.

wie die zitierten Verslinien — als Beispiel mit der Rechtschreibung und Zeichensetzung des Originals wiedergegeben werden):

„Nach der Geschichte kennen wir Fälle, wo der gemeine Mann vor dem König stehn und ihm seine und seiner Gesinnungsgenossen Meinung sagen konnte; aber das waren Zeiten, wo der Bauer oder der Arbeiter, oder wie wir ihn nun nennen wollen, sich nicht auf den Nacken treten lassen, und nicht dumme und raubgierige Könige dulden wollte, Beisp. wie die Geschichte besonders im 12. Jahrhundert zeigt.

Das Jahr 1448 erringte ein neues Zeitalter für Dänemark, da erhielt „die Stimme des Volkes" Gehör, oder richtiger gesagt, ein Teil des Volkes übernahm diese Mühe Chr.\*) 1te zu krönen, doch erst nachdem sein Schwur darauf gegeben „nichts dem Adel zu tun, weder für noch wider" ohne ihre Zustimmung. In diesen Zeiten war bereits „der Bürger" in seine entwürdigende Stellung herabgesunken. Er (der Bauer, der Arbeiter und der Bürger) Dänemarks wirklicher Ratgeber und dessen Retter in der Stunde der Not, er hatte nichts zu sagen, er sollte bloßt das Werkzeug sein ihre Pläne zu fördern und zuletzt das Opfer für ihre Taten; aber als Chr. d. 2te gewählt wurde, regte sich eine andre Richtung im Volke. Er war selbst freiheitsliebend und wollte nur Nutzen stiften. Aber seine Politik behagte nicht dem Adel, und sie bekamen ihn bald weg, wenn auch nach vielem Blutvergießen (Schiffer Clement) und man sah dabei zuletzt Friedr. des 1ten teure und heilige „Schwüre", die die Zierde eines Königs sein sollten. Und wenn wir zuletzt zu Christian d. 7ten kommen, der die schlimmsten Ausschweifungen beging, und die Folgen waren, daß er zuletzt Idiot wurde, er war König von

---

\*) Christian I. 1426—81, Christian II., „der Tyrann" 1481—1523 (entthront) — 1559, Friedrich I. 1471—1533, Christian VII. 1749—1808. — „Schiffer" Clement, jütischer Bauernführer und Anhänger Christians II., vom Adel geschlagen und 1536 hingerichtet. — Peter Andreas Heiberg, 1758—1841, wurde seiner scharfen sozialen und politischen Satire halber 1800 verbannt. Übs.

solchen Leuten wie Heiberg und andren, die von Freiheit schrieben und sprachen; wohl hatte er Ratgeber, aber seine Unterschrift gehörte dazu, und wenn mit andern Worten der Name Christian der 7te unter dem Urteil stand, war es auch gültig. — Die Geschichte enthält mehrere solche dunklen Blätter, die man am liebsten lassen sollte; aber die Geschichte gibt uns zugleich einen Begriff davon, wie wir uns zu verhalten haben, wenn einmal Zustände kommen, wo es nötig ist, mit das Ruder zu ergreifen."

In welcher Richtung Valdemar wünschen konnte, „mit das Ruder zu ergreifen," versteht man schon aus seiner Bemerkung, daß er „in Omaha, der Heimat des Freiheitsblattes ‚Der dänische Pionier' setzt *[sitzt]*". Durch den „Pionier" hat er „die heimatlichen Erschütterungen gesehn, und welche, hoffe ich, sich nicht legen werden, bevor der Arbeiter sein Ziel erreicht hat, und das wird wohl auch geschehn, wenn nur Einigkeit ist".

Als erfahrener Mann aus Amerika kann er schon darüber belehren, daß „Demokrat *[und Demokrat]* zwei verschiedene Dinge sind; denn man kann Demokrat an sich sein und nur leben, um mehr Lohn zu bekommen, und andrerseits Demokrat, wie es hier drüben ist: Du bist in allem und jedem frei, und Du kannst tun, was du selbst willst. Was Du glaubst, daß das beste ist, darüber kannst Du frei schreiben und reden. Hier gibt es keine ‚Injurien', denn es würde lächerlich sein, wenn zwei Gegner den Tag nach dem Kampfe vor Gericht gehn wollten. Aber natürlich gibt es hier eine Grenze, zu sagen und zu schreiben, was Unwahrheit *[ist]*; aber hat ein Kandidat irgendeine Vergangenheit, verflucht, was der auf der Rednerbühne verhämmert wird, ja, mit solchen Worten: Er ist der schlimmste Räuber des Landes! Er hat die Gelder des Landes gestohlen! u. s. w."

— Mit einem dekorativen Strich schließt Valdemar den allgemeineren politischen Teil seines Schreibens ab und geht dazu über zu erzählen, wie er und sein Jugendfreund aus der Abelgade in

Kopenhagen, gleichfalls Malergeselle, Julius Hansen, „um nach Omaha zu kommen den Mississipi River und Missouri bitto passiert haben. Omaha liegt an letztgenanntem. Ihr könnt mir glauben, daß hier etwas zu sehen ist, und ich kann Euch Geschichten erzählen, die sowohl ‚lachhaft' als auch ‚ernsthaft' sind, was ich Euch bei Gelegenheit einmal mündlich erzählen werde. Ich hoffe nun, daß Ihr mir diese Zeilen sobald als möglich beantworten und schreiben werdet, daß Dänemark jetzt Republik geworden ist?????" — Doch „wenn Ihr das nächste Mal von uns hört, ist es ganz sicher aus Californien".

Valdemars „große Lust, mich umzusehn," wie er es anderswo nennt, hat es ihm in Omaha zu eng gemacht trotz des „Freiheitsblattes" und seiner demokratischen Erlebnisse; gemeinsam mit dem Landsmann und Kameraden setzt er sich das Ziel, soweit wie möglich durch Amerika zu kommen, bis an die Küste des Stillen Ozeans.

Er zieht denn los, wenn auch etwas später als geplant und ohne seinen Freund Julius, der sich schon früher auf den Weg hat machen können.

Eine kleine Sammlung von 17 Briefen — vom 20. September 1885 bis zum 8. September 1888 — an die Mutter und die Geschwister in Kopenhagen und eine zusammenhängende „Reiseschilderung", die in kleineren Abteilungen zustande gekommen ist und in diesen nach und nach in die Heimat gesandt wurde, zeigt den Verlauf der ganzen Reise. Englische Namen und Sätze, die in den Aufzeichnungen vorkommen, sind stets zur Erläuterung für die Familie sorgfältig in beigefügten Parenthesen übersetzt. —

Alle politischen Betrachtungen und jede Hinsicht auf die Vergangenheit und die Gegenwart des Vaterlandes sind in dem Augenblicke, da die Reise beginnt, wie weggeblasen; Valdemar hat offenbar genug damit zu tun, sich selbst durchzusetzen, als daß er der Gesellschaft Zeit und Gedanken opfern könnte.

Der Beginn der Tour ist der, daß den 28. Juli 1885 „3 Schweden, 2 Dänen und ich" sich von Omaha aus in Bewegung setzen.

Sie melden sich auf dem Kontor der Burlington-Eisenbahnlinie, wo sie „versuchten, mit raus auf den Eisenbahnbau zu kommen", für den sie auch angenommen wurden.

Auf dem Kontor bekommen sie „einen Zettel, der uns das Recht gab, mit dem Train (Eisenbahnzug) zu gehn. „Lebwohl, Omaha, auf immer," sagte ich in dem Glauben, daß das „Dampfroß" mich hinaus in The great Western (Den großen Westen) bringen würde; aber nein, es geht nicht immer so, wie der Prediger predigt, die Fahrt ging nicht weiter als bis Lincoln, 75 mile from Omaha.

Wir sollten nach einer Town (Stadt) mit Namen Dorchester; aber in Lincoln kamen wir in einen falschen Train, und *[als]* wir ein Stück gefahren waren, kam der Konbukteur und sagte Tickets! (die Billets). Der, der den Zettel hatte, nahm ihn vor und zeigte ihn dem Konbukteur; er sah ihn an und sagte: „Ihr seid auf einem falschen Train!" Er ließ den Train halten, und wir sprangen ab. Wir hatten 2 mile (Englisch) zurück bis Lincoln, wohin wir gingen."

Infolge der Benutzung des falschen Zuges wird die Arbeit an der Eisenbahnanlage sofort aufgegeben. Im übrigen war die Gesellschaft unterwegs schon reduziert worden, denn „als wir nach Platta-Mount (Mündung des La Platta in den Missouri) *[Platte-Mouth, Mündung des Platte- oder Nebraska-Flusses, nur 25 km von Omaha]* kamen, gingen zwei von den Schweden von uns und nahmen den Weg nach Osten, statt nach Westen. Wir andern, als wir rausgewimmelt waren, begaben uns auf den Rückzug, was eine sehr schwere Tour war, besonders für den einen Dänen. Er wurde von der Hitze krank und mußte schließlich in eine kleine Hütte oder richtiger einen Schuppen gehn, und da schlugen wir unsre Bagage auf, und unsre Leidensgefährten hatten eine Flasche mit Alkohol, und Wasser war genug in der Nähe, da machten wir uns einen „Grog", aber — der war kalt. Unser Patient wurde da sehr krant, und ich fungierte als „Wunderdoktor". Meine ganze Kur bestand in Wasser und nur Wasser; aber das half auch bei ihm, nachdem ich ihm die eine Kelle Wasser nach der andern übergegossen hatte, so daß er schließlich wie eine ertrinkende Maus aussah. Er gab mir gleich mein Honorar (25 cts.), das war ja nicht grade viel, aber da doch „Ebbe" in der Tasche war, so konnte ich auf die Weise, als ich nach Lincoln kam, Dinner (Mittagessen) essen. — Wir kamen endlich nach Lincoln, nachdem wir unser Teil geschwitzt hatten, denn es war ungewöhnlich heiß in den Tagen, und schlugen unsre Residenz auf der Eisenbahnstation auf, und von da wurde der übriggebliebene Schwede und ich auf Rekonozierung nach einem billigen und guten Logis ausgeschickt. Wir fanden eins, aber bloßt für zwei, und als wir zurückkamen und das sagten, sagten die andern beiden: „Es ist am besten, Ihr geht wieder und sucht eins, wo wir alle 4 sein können!" Wieder rückten wir beide aus und kamen nach Verlauf einer ½ Stunde zurück, aber da waren die andern beiden „verduftet", wohin mögen die Götter wissen."

Nach einer kleinen Beratschlagung nehmen die beiden zurückgebliebenen Kameraden ihre „Ranzen und stolperten rüber ins National-Hotel, wo wir uns nach den Ereignissen des Tages zur Ruhe begaben". Später am Tage machen sie „einen Gang durch die Stadt. Lincoln ist die Hauptstadt von Nebraska und hat 20 Tausend Einwohner. Von Merkwürdigkeiten will ich erwähnen: Ein sehr schönes Posthaus aus großen Feldsteinen. Es lag auf einem kleinen grünen eingehegten Platz, und ein Springbrunnen mit „Gesundheitswasser" war da, das zwischen 11,000 und 12,000 Fuß aus der Erde kam. Ich weiß nicht, ob das eine „Ente" ist, aber so wurde es gesagt."

Nach dem „supper" (Abendbrot) gehn sie wieder nach demselben Posthaus spazieren und sehn sich zur Abwechslung einen Mann an, der Sonnenstich bekommen hatte und „den sie wieder munter zu bekommen versuchten", ohne glückliches Resultat. So wurde es

„Schlafenszeit, und wir gingen wieder ins Hotel, wo uns unser Bedroom (Schlafstube) angewiesen wurde, und wir stolperten darauf. Das Bett war rein und sauber anzusehn; aber da wir nicht seinen Inhalt kannten, beschlossen wir zu Bett zu gehn in derselben Garderobe wie Adam vor dem Sündenfall. Wir waren grade dabei einzuschlafen, als ein Mann reinkam, und als er uns im Bett fand, fing er mit dem Gebet der Amerikaner an, das sie immer bei jedem Wort auf den Lippen *[haben]*: God-dam (Gott strafs) und lief runter zur Madam und sagte: „Da sind welche in meinem Zimmer!" und kam gleich wieder rauf mit der Madam und dem Hausknecht, aber selbst bildete er den Schwanz. Die Madam bat uns aufzustehn, da es ein Mißverständnis von dem Hausknecht war; er hatte uns nämlich ein falsches Zimmer gegeben."

Es fällt Valdemar und seinem Reisegefährten nicht ein, der guten Frau diese kleine Störung übelzunehmen. Sie „räumen" nur das Zimmer und kommen „nun in den richtigen „Room" und nachdem wir unsre Nachttoilette gemacht und unser Unterzeug zum Trocknen am Fenster aufgehängt hatten *[so warm war es also am Tage gewesen!]*, schliefen wir ein."

Den Tag darauf wollen die beiden Reisenden sich aufmachen, Arbeit zu suchen. Der Schwede bekommt etwas zu tun beim „Boden umgraben. Und ich war in allen Paint-Store und Paint-Shop (Malerladen und Malerwerkstatt) der Stadt, aber Nein und wieder Nein war die Antwort. Ich ging zu dem Schweden und erzählte ihm, wie es war, und er sagte zu mir: „Du mußt den Pinsel weglegen und den Spaten in die Hand nehmen!" was sich nicht machen ließ, wie ich wußte, da ich genug von der Hitze am Tage hatte, und wie hart würde nicht eine Arbeit, wie die, mir fallen, der gar keine Hitze aushalten kann! (Später habe ich das gelernt und gefühlt, und Hitze halte ich nun ganz gut aus). Nachdem ich ein paar Stunden nach Job (Arbeit) herumgefragt hatte und nichts fand, beschloß ich westlich zu traveln (gehn), und mit einer Map (Landkarte) in der Tasche, das war alles, und dann die Kleider, die ich anhatte, lenkte ich meine Schritte aus der Stadt."

Auf seiner einsamen Wanderung trifft Valdemar ein paar Meilen von der Stadt „einen German (Deutschen), er wollte ein Stück weit, und er zeigte mir den Weg, wo ich gehen mußte. Mein Entschluß war, nach Columbus zu gehn, 75 mile Nordwest von Lincoln, und nach der Seite wandte ich mich. Jetzt begann erst die Reise. Und jetzt lernte ich erst, was es heißt, westlich zu gehn." —

Zuerst marschiert er 8 englische Meilen und erreicht einen kleinen Ort, Woodbawn, der nur aus „2 Häusern und einer Mehlmühle" besteht, denselben Abend einen von ähnlicher Größe, Malmcolm, wo „ich in das billigste Hotel des Ortes zog, einen Heuschober, der gleich am Wege lag. Als der Hahn zu krähen begann, stand ich auf und war bald reisefertig, da ich mit der Garderobe an schlief".

Weiterhin am Tage verdient Valdemar seine ersten „Paar Bissen Essen" auf der Tour, „an einem Haus, an dem ich vorbeikam, um Holz zu hauen"; aber da sind sonst „keine Aussichten auf Arbeit", weder da noch in dem Orte Servard, „einem Orte so groß wie Lyngby"\*), wo er die nächste Nacht bleibt.

Die Orte, die er darauf passiert, Staplehurst, Ulysses und Garrison, „will ich bei Namen nennen, weil ich von ihnen aus dem Grunde nichts erzählen kann, weil nichts zu erzählen ist". Auf dem Marsch des dritten Tages kommt er zu „a farmhouse (Bauernhaus), wo eine tüchtige Frau war, die mir Milch und Brot gab, was mir sehr zupaß kam, da ich mit dem Mal nur 3 Mal gegessen hatte, seit ich Lincoln verlassen hatte". Und als Valdemar weiter wandert, begegnet ihm ein neuer glücklicher Zufall, indem „zwei Männer gefahren kamen, und die fragten mich, ob ich mitfahren wollte? Yes, Sir! (Ja, Herr), und auf die Weise hielt ich meinen Einzug in Davis City, einem „sehr netten kleinen Platz", den er doch nach

---

\*) In Nordseeland an der Nordbahn. Übs.

Aufenthalt von ein paar Stunden wieder verläßt, um „nach Norden zu steuern".

Nach einem Spaziergang von 18 miles „traf ich a Partner *[Partner, Kompagnon, Kamerad]* (Partner ist ein Wort, das die Amerikaner für jeden gebrauchen). Ja, wir konnten uns gern so nennen, denn er war auf der Fußreise nach New York und kam von Arkansas und war in derselben Stellung wie ich: „How do you do?" (Wie geht es Ihnen oder Dir), das waren die ersten Worte, die wir mit einander wechselten, und wo kommst Du her? und wo gehst Du hin? — Als unsre Fragen an einander gegenseitig beantwortet waren, gingen wir zusammen nach Bellwood, und in der Nähe davon machten wir eine Stunde Rest (Ruhe), wuschen uns in einem kleinen Fluß, der da vorbei lief, und starteten wieder unsern unterbrochenen Marsch, gingen durch den Ort und kamen 2 mile davon an einen Platz, wo Weizen gedroschen wurde. Wir bekamen da Job (Arbeit) und sollten 1 Dollars und Essen für den Nachmittag haben. Wir begannen jeder mit einer „Fork" (Heugabel) den Haufen zu stapeln. Wir hatten ungefähr vier große Fuder gedroschen und gestapelt, da übermannte mich die Hitze in dem Grade, daß es mir vor den Augen schwarz wurde und ich von dem Haufen runterspringen und mich einen Augenblick setzen mußte. Wieder griff ich an und wieder wurde mir schlecht und saß ziemlich lange und schnappte nach Luft; ich wurde dann kassiert und bekam nichts für das, was ich gemacht hatte."

Es bleibt nichts andres übrig als, „so schlimm und hungrig, wie mir war", die Wanderung fortzusetzen. Nach einem Marsch von 3 miles stößt Valdemar auf ein Haus, wo offenbar keiner zu Hause ist, in das er aber „hineinging und etwas Wasser trank und mich wusch, denn ich war so schwarz as a nigger (wie ein Neger)".

Es ist später Nachmittag geworden, ehe er „Platta-River" *[den Platte-Fluß]* vor sich sieht und ihn auf zwei Brücken überschreitet, die von und zu einer kleinen Insel in der Mitte des Flusses führen.

Valdemars hungriger Magen hindert ihn nicht daran, mit lebhaftem Interesse den großen Fluß zu beobachten, den er überschreitet.

„Der Platte Fluß", schreibt er, ist nicht „wie wir zu Hause unsre Flüsse oder richtiger Bäche sehn. Er ist an manchen Stellen in der Breite und Tiefe wie der Bach vom Arbeitshaus*), aber an andern Stellen so wild, sandig und voller kleiner Inseln. Da, wo die Brücke ging, konnte man ihn einen Bach nennen, einen Rinnstein, ein Meeresufer und eine Anpflanzung, denn das war es alles miteinander. Hier sah man einen kleinen Bachlauf, der etwas weiterhin in einen größeren auslief; an einer andern Stelle sah man im Sande, daß das Wasser sich reingedrängt hatte und *[sich]* den Weg durch *[einen]* 1 Elle hohen Graben bahnte und sich wieder mit dem größeren Wasser vereinigte. An einer dritten Stelle sah man den Sand mit kleinen Steinen, wie ein Meeresufer; wo sonst das Wasser drüber war, da war jetzt 1 bis 2 Fuß von der Wasserfläche ab. An einer vierten Stelle sah man kleine Büsche und Bäume und das hohe Flußgras in dem hübscheften grünen Kleide stehn. Das war schön! Und alles sah ich unter meinen Füßen. Die Brücke ist folgendermaßen gemacht: die eine Schwelle liegt einen Schritt von der andern. — Der Fluß war von der Sonne ausgetrocknet. Doch jedes Frühjahr, wenn der Schnee schmilzt, dann ist das, was im Sommer Bach, Rinnstein, Meeresufer und Anpflanzung ist, überschwemmt und das ganze ist ein mächtig brausender Fluß, der eine Kraft hat, die alles mit sich reißt. — Die andre Seite war so sandig und hart zum durchgehen. An Merkwürdigkeiten sah ich da, da waren im Sande kleine Frösche, die weiß waren, sodaß es aussah als ob der Sand manchmal hüpfte, und an verschiedenen andern Stellen stand das hohe starre Flußgras, von der Sonne verwelkt. Es war so öde; im Sande sah man Risse von dem Wasser, wo es gewesen war, und ein paar

---

*) In Kopenhagen am Aaboulevard, an der Aagade; dän. Aa = Bach. Übf.

einzelne Wasserlöcher. Es war eine lange Strecke, wo man nur das sah."

Außer diesen Natureindrücken bot der Tag dem fahrenden Gesellen nicht viel. Er mußte wandern „ein 7 bis 8 miles, bevor ich an ein Haus kam, wo ich etwas Wasser zu trinken bekam und dann weiterzog. Endlich kam ich zwischen 8 und 9 Uhr abends nach Columbia *[Columbus]* und stand *[stay, bleiben]* da 2 Tage".

Arbeit ist in Columbus nicht zu haben; die einzige Ausbeute, die Valdemar von dem Aufenthalt notieren kann, ist die höchst bescheidene, daß er „eines Tages 5 cents dafür bekam auf ein Paar Pferde aufzupassen, während der Kutscher in einem Hause war".

Darum entschließt er sich, vernünftigerweise, am Abend des zweiten Tages weiter zu ziehen; aber jetzt will er es mit dem Eisenbahnzug versuchen — als Freipassagier.

Wie er sagt, gibt es in Amerika „auf dem ersten Wagen hinter der Lokomotive die bekannte Plattform," wo die Freipassagiere sich bei Nacht und Nebel kurz vor Abgang des Zuges einzuschleichen versuchen, oder jedenfalls bevor er allzu große Geschwindigkeit hat, um sich da zu verstecken, bis sie Gelegenheit finden, so nahe wie möglich an ihrem Ziel wieder zu entschlüpfen."

„Das ist kalt, auf der Plattform zu stehn," erzählt er, „der Wind saust einem um die Ohren, und die Füße muß man ständig in Bewegung halten, um die Wärme zu bewahren"; man muß auch so gut wie möglich die Sachen vor den Funken in acht nehmen, die von der Lokomotive kommen; aber die Vorteile rasch vorwärts zu kommen sind andrerseits groß, und in Columbus macht er sich nun zum erstenmal daran.

Spät abends „oder richtiger nachts boardede ich und ein paar andre Kerle den Passagier-Train (Eisenbahnzug) und flog hinaus in das dunkle Dasein, doch in der Richtung, wo die Sonne untergeht. Als der Zug in die Nähe der Station kam, machten wir uns alle rebbig *[ready, fertig]* abzuspringen, bevor der Zug hielt, denn das sind die Vorsichtsmaßregeln, wenn wir nicht von der Polizei verhaftet werden wollten. Ich war so glücklich früher als ein paar andre abzukommen, und wie ich in die Nähe einer Laterne kam, sah ich, was für eine lebhafte Treibjagd die Diener des Gesetzes auf meine glücklichen oder unglücklichen Reisekameraden machten; aber ich glaube nicht, daß sie welche von ihnen fingen, dafür daß *[darum weil]* jeder Respekt vor dem Chain-gang (Kettengang) hat; Vagabunden, die gefangen werden, bekommen eine Kette mit einer großen Kugel am Ende um das eine Bein und werden ausgeschickt, die Straßen fegen, oder auch kommen sie auf eine bestimmte Zeit ins Gefängnis, auf die sie verurteilt sind".

Doch Valdemar ist also wohl und glücklich hinabgekommen und in einen neuen Ort, Grand Island, hinein. Dort gönnt er sich den wohlverdienten Genuß, „ein Glas Beer (Bier) für die 5 Cent" aus Columbus zu trinken, und freut sich noch den Tag danach, als er „mit der Fortsetzung meines landstreichenden Lebens anfing" bei „dem Gedanken an die 50 oder 60 mile, die ich auf der Plattform des Zuges eingebracht hatte".

Der Tag ist schön und warm. Er kommt durch verschiedene Orte, „wenn man sie Orte nennen kann, denn sie bestanden meist aus ein oder zwei Häusern, und das ist alles," und kommt am Abend nach Gibbon und trifft „da „einen pard", der auch ins Abenteuerland hinaus wollte, und wir beschlossen zu „take rest" (uns auszuruhn) und wir verfielen in einen tüchtigen Schlummer und träumten uns in ein Land, wo es nur Freude und Vergnügen und keine Entbehrung und Mühe gibt. — Der Traum währte nicht lange! An kam der Zug, brausend und stöhnend, machte so viel Lärm wie möglich, um seine Anwesenheit zu zeigen; auf sprang ich, rieb mir die Augen, lief was ich konnte, kam rauf *[auf die Plattform]* und war froh."

Unterwegs bekommt er indes „eine wohltätige Abwaschung durch eine Wasserhose, die über uns kam, die uns alles Böse zufügte, das sie nur konnte. Blitz folgte auf Blitz, daß es ein Vergnügen war," und mitten in dem Unwetter zeigt es sich obendrein, daß er die vielen Meilen mit einem falschen Zuge gefahren ist.

„So ein Pech! Wieder zurück, und naß, ja das könnt Ihr sicher sein, bis auf die Haut und die konnte ich obendrein vor Hunger und Durst auswringen. Der Streich, den mir das Glück da spielte, war böse, aber ich verlor doch nicht den Kopf. Ich ging in ein Maschinenhaus und ließ die Sachen trocknen, während sie auf mir saßen. Wieder drauf! den nächsten Tag. Ich gelobte mir, nicht mehr mit dem Zug zu fahren. Aber im Lauf des Tages fand ich einen so schönen Anlaß, und es ging rauf, doch nur ein kurzes Stück, denn dann kam ein Eisenbahnbeamter und „schmiß mich raus"."

Weiter muß Valdemar auf seinen Beinen stapfen, und das geht nicht sehr gut. Als er „nach einiger Zeit zu einem Farmer (Bauersmann) kommt" und seine Dienste gegen etwas Essen anbietet, bekam er die Antwort: „O my poor boy! [Ja, armer Kerl!] ich habe für Dich nichts zu tun. Aber ich hielt fest, und die Frau vom Hause gab mir Brot und Kaffe".

Nach der Mahlzeit gibt es doch noch Arbeit draußen im Felde mit Heu aufladen und einfahren und am Abend ein Bett auf der Erde „und [ich] schlief die Nacht süß. Morgens um 6 weckten sie mich auf, und [ich] bekam Frühstück und wieder aufs Feld. Zu Mittag waren wir fertig, und nachdem ich gegessen und ein kleines Pack Essen mitbekommen hatte, ging ich. Ich hatte da eine Menge Löcher an meinen Füßen, die mich sehr schmerzten und mir die Reise etwas beschwerlich und lang machten. Die Frau gab mir etwas Lammtalg, womit ich meine Füße einschmierte. Meine Schuh, die neu waren, als ich Omaha verließ, waren fast hin, und wie froh wurde ich, als ich in den nächsten Ort kam und einen Mann traf, der nicht bloß meine wunden nackten Füße bekleidete, sondern gleichzeitig meinen leeren Magen füllte! Der Mann sprach so freundlich mit mir und fragte, ob ich „Gelt" hätte, was ich damals nicht verstand; er glaubte nämlich, daß ich ein Deutscher wäre. Kearny Junction hieß der Ort, und dort blieb ich bis zum Abend und wollte wieder eine Fahrt machen; aber da wurde abgewinkt. Meine neuen Stiefel drückten mich etwas, doch frisch vorwärts! Und wurde es zu schlimm, ab die Stiefel, um den Hals mit ihnen! Die Lappen an den Füßen waren meine Strümpfe. Hin und wieder war ein Stein im Wege und bisweilen, was schlimmer war, ein Dorn, und das gab ein Gepolte, bis ich ihn rausbekommen hatte. —

Eines Tages gegen Abend ging ich ganz vergnügt auf den Eisenbahnschienen, eins von unsern alten Liedern singend. Da sehe ich eine Lämmerherde, ein Pferd und einen jungen Mann.

Er fängt ein Gespräch mit mir auf Englisch an. Ich sagte ihm, ich könnte ihm nicht viel erzählen, weil ich nicht viel Englisch könnte. „Dann sprechen wir Dänisch," sagt er!

„Was, bist Du Däne!"

„Ja, warum nicht," sagt er, und erzählte mir dann aus seinem eigenen Leben.

Da saßen wir und sprachen. Der Tag wurde kürzer und kürzer, die Sonne lag auf dem Felde. Und es war Zeit, daß er mit seiner Herde nach Hause sollte. Ich ging mit ihm nach Hause, bekam etwas altes Brot und gesalzenen Speck, sprach eine Weile und ging wieder." —

Tag für Tag vergeht nun unter ständigem „Spazieren"; nur ein einziges Mal kommt er dazu, mit „ein paar Emigranten, die nach Whoming wollten," zu fahren — also auf den leinwandbespannten Wagen, „den Prärieschonern", die man damals noch längs der niedrigen Hügel auf dem südlichen Ufer des Platteflusses sah, wo „der alte Auswandererweg" ging.

Eines Abends kommt er „an die Eisenbahnstation und traf dort 2 dänische Burschen, die auf derselben Tour wie ich waren und „a change" *[chance]* suchten, auf den Zug zu kommen.

„He, Du!" sagt der eine, „willst Du mit dem Zuge mit?" „Ja, natürlich, wenn sie mich nicht „ausfegen"! „Du willst doch nicht den Passagierzug nehmen!" „Ja, wenn ich ihn bekomme." „Siehst Du nicht den Frachtzug, der jetzt abgeht?" „Ja". — „Sieh mit dem mitzukommen."

Ich ging hin und sah ihn an. Mit einmal fing er an zu fahren. Rauf auf ihn und aus dem Ort!

Als ich eine kleine Weile gesessen hatte, kam einer vom Zugpersonal.

„You got any stof?" (Hast Du etwas zu geben?)

„Nein," antwortete ich!

„So get off again." (Sieh, daß Du wieder runter kommst!)

Der Zug fuhr grade schnell, und ich wollte, solange wie möglich, darauf bleiben.

Er kam noch einmal und suchte meine Taschen durch und fand ein Paar alte Handschuhe.

„Them I take!" (Die nehme ich.)

„You can keep them, when I can get a ride." (Du kannst sie behalten, wenn ich fahren kann.)

Wir kamen an eine Stelle, wo wir an einer Weiche halten sollten, um den Passagierzug vorbei zu lassen, und da schmissen sie mich runter.

Der Passagierzug kam langsam rein, und da keiner mich sah, sprang ich rauf auf ihn."

Als der Zug in den nächsten Ort kam und Valdemars „Herrlichkeit vorbei war," fand er „nach einigem Suchen einen Schuppen mit Heu, und da schlug ich meine Residenz für die nächsten 3 Wochen auf." —

Denver Junction ist es, das Valdemars Hauptquartier für so lange Zeit wird.

Zu Anfang kommt er in ein Haus und erhält sein Mittagessen dafür, daß er den Boden aufscheuert.

Aber als der Boden gescheuert ist, hört er Mann und Frau davon reden, daß sie das Haus streichen lassen wollen, und er bekommt diese Arbeit, „nachdem ich so gut gesprochen hatte, wie es mir möglich war," was also nicht ganz schlecht gewesen sein kann. „Am Abend sagte die Frau, aber wir haben kein Bett für Dich! Und der Mann sagte zu ihr auf Englisch. „Ach, er ist so lange ohne Bett gewesen, da kann er auch weiter in einem Heuschober schlafen." Es lief mir über den Rücken, als ich das hörte, aber [ich] war froh, daß ich stehn und mein Essen bekommen konnte; das Bett würde schon kommen, wenn es käme."

Das Haus wird innen und außen gestrichen, und darauf bekommt Valdemar „etwas andre Arbeit in demselben Ort."

Eines Tages, als er „eine Tür strich", kommt ein Mann zu ihm, betrachtet seine Arbeit und sagt ohne jede Einleitung:

„You ought to go to San Francisco." (Du solltest nach San Francisco gehn.)

„I dont unterstand you!" (Ich verstehe Sie nicht.)

„Bist Du Däne?" sagt er. „Ja," sage ich. Und auf diese Weise lernte ich meinen Reisekamerad und Freund Chr. P. Neumann kennen."

Chr. P. Neumann ist Tischler, und die beiden neuen Freunde beschließen eines schönen Tages, mit der Tour nach Californien Ernst zu machen. Den 1. September packen sie ihre „sieben Sachen, was wir alles in einem Taschentuche tragen konnten," und in der Nacht „nach 1 Uhr" bekommen sie „Chance auf einen Zug zu kommen", der sie auch glücklich den nächsten Morgen nach dem Orte Sydney bringt, wo Valdemars Freund von Hause und von Omaha Julius Hansen — nach einem Briefe Valdemars vom

20. September an die Mutter — „etwas verwundert wurde, als er mich in die Tür treten sah. Er sah wirklich gut aus, gesund und frisch, die Tour hatte ihm also nicht viel Farbe fortgenommen. Er hat eine Werkstatt mit einem Amerikaner zusammen und verdient ein schönes Geld und wird mit der Zeit am Orte vorwärts kommen *[was, in Parenthese bemerkt, eingetroffen ist, da Valdemars alter Freund noch heutigen Tages als wohlbestallter Malermeister in Sidney lebt.]* Der Tischler und ich haben in den beiden letzten Tagen für sie gearbeitet. Ich denke, daß wir nach einer Weile weiter fort gehen werden; ob ich bis San Francisco komme, weiß ich nicht, aber ich tue alles, daß es gemacht wird."

„Liebe Mutter," fügte er hinzu, „nun mußt Du Dir keine Gedanken machen oder betrübt sein, weil ich das tue, denn ich will und muß das tun, weil ich immer an den Platz *[= Ort, San Francisco]* denke, und glaube nicht, daß es allen gleich schlecht geht! Gewiß ist meine letzte Tour nicht „auf Rosen gebettet" gewesen, doch deshalb ist der Humor und das Interesse nicht geringer geworden."

Die Reisebeschreibung enthält auch noch die zusammengefaßte lakonische Schilderung von dem Zusammentreffen und Zusammensein der beiden alten Freunde Julius und Valdemar, ihren Beratungen und ihrem Abschied:

„Als wir zu ihm hineinkamen und er mich sah, sagte er: „Was, bist Du's Valdemar?"

„Ja, warum nicht?"

Wir standen da 3 Tage und arbeiteten für ihn und seinen Partner. Und da kam ich zum erstenmal ins Bett, seit ich Lincoln verlassen hatte.

Julius sagte: „Du hast einen Vogel, Valdemar; wenn Du bis Utah bist, wünschst Du, daß Du wieder zurück bist!"

„Nein," sagte ich, „jetzt bin ich auf dem Wege, und jetzt muß es auch weiter gehn."

Er stand und sah uns lange nach, bis wir nichts mehr von einander sehn konnten." —

Doch Chr. P. Neumann und Valdemar wandern weiter, beide „etwas bei Kies". „Alles war hellgrün für mich," sagt Valdemar, um so mehr als seine „Füße geheilt sind".

In dem kleinen Orte Deer Lodge machen die beiden Freunde sich sogar nobel, indem sie „mit einem Frachtzug gegen Bezahlung fahren", doch nehmen sie im Übrigen dauernd eine löbliche Sparsamkeit wahr; als sie so in Cheyenne City, nachdem sie zu Abend gegessen haben, ein Nachtlogis suchen, finden sie „einen Kasten, wo wir beide unterkrochen und uns ‚Morfäus' Armen' übergaben. Wir hatten nicht lange geschlafen, oder wir konnten nicht, denn der Kasten war so klein, daß es ein wahres ‚Krummschließen' darin war, und gaben das Bett auf und kamen an einen kleinen Platz, wo wir alte Lappen und Stroh fanden, und da schliefen wir bis zum nächsten Morgen."

Nachdem Cheyenne verlassen ist, und sie auf „die Rocky Mts. (Rocky Berge) zu steigen beginnen", wird es sehr kalt, namentlich „sind die Nächte außergewöhnlich kalt".

Die Tour geht in gewöhnlicher Weise vor sich, teils mit „Spazieren", teils oben auf der Plattform, von der sie häufig hinabgeworfen werden, teils auch bisweilen auf einem Zuge gegen Bezahlung. Daß ihre Beförderung auch im letzteren Falle etwas außerordentliches und nicht mit besonderem Komfort verbunden ist, zeigt Valdemars Bericht, wonach sie eines Nachmittags auf einen andern Zug gegen Bezahlung kamen, „und unten in den Keller kamen wir (der Keller ist ein Kasten unter dem letzten Wagen), und da unter all dem Kram, den sie aufbewahren, schliefen wir süß, den Kopf auf einem Haufen Eisen liegend." —

In einer der Nächte, als sie entdeckt und aus dem Zuge bei Nacht und Nebel und Kälte geworfen wurden, gelingt es ihnen „ein Feuer anzumachen und versuchten zu schlafen, so gut es ging".

Doch oft müssen sie die Nächte ebenso wie am Tage wandern, "weil es zu kalt war, dabei zu schlafen".

Verkommen vor Kälte versuchen sie eines Nachmittags auf einem Eisenbahnstationsbureau sich etwas "am Ofen" zu wärmen, "der so schön rot von einem tüchtigen Feuer war", wurden aber hinausgejagt; da "fanden wir einen Kohlenschuppen, in den wir beide gingen; Neumann schlief gleich ein, aber ich mußte raus und lief, was ich konnte, um mich warmzuhalten. Es war ein knallender Frost. Die Zähne klapperten im Munde wie ein Trommelstock. Endlich kam ein Frachtzug an, und auf den gingen wir und kamen nächsten Morgen nach Green River".

Während aller dieser Kämpfe gegen Frost und Kälte kommt eines Tages, auf der andern Seite des Ortes Granger, "ein junger Bursche zu uns und sagte, wir täten besser daran, wieder zurückzugehn, denn in Sct. Francisco wären schlechte Zeiten".

Aber "wir ließen uns nicht verblüffen, sondern eilten vorwärts an unser Ziel ... wir trabten und trabten die Tage, daß es eine Lust war, nicht für uns selbst, sondern für unser Schuhwerk, denn das fing an sich in Wohlgefallen aufzulösen".

Erst nach sehr anstrengenden Märschen wird Evanston auf der Grenze von Utah eines Sonntags Nachmittags erreicht.

Beide Wandersleute fühlen im höchsten Grade das Bedürfnis nach einer ordentlichen Mahlzeit und gehn denn auch in ein Restaurant, doch allerdings "erst nachdem abgemacht war durchzubrennen."

"Daß wir für zwei aßen, brauche ich ja nicht zu schreiben. Ich ging durch die Hintertür raus und kam gut davon. Aber Neumann fand keine Gelegenheit zu "verduften"."

Trotz dieser Enttäuschung geht es "wieder "vorwärts" und in der Nacht überschritten wir die Grenze und gegen Tagesanbruch kamen wir durch einen Tunnel und hatten "das liebliche Paradies der Mormonen" vor unsern Augen."

Augenscheinlich haben beide schon daheim in Dänemark viel von den Mormonen reden hören und erwarten alles mögliche von ihrem Lande; doch „die Gastfreiheit der Mormonen" imponiert Valdemar nicht, er und sein Kamerad werden an dem ersten Hause, wo sie um etwas bitten, einfach abgewiesen und müssen in dem kleinen Bergort Veber sich selbst mit „Crackers, einer Art viereckige, mürbe, aus Mehl gebackene Dinger, und für 10 Cent Käse" verproviantieren, wozu sie „3 bis 4 Glas Bier tranken, bis wir fertig waren".

Dagegen erhält er einen starken Eindruck von der Natur im Mormonenlande.

Vilhelm Topsöe*) reiste — per Bahn — durch dieselben Gegenden wie die beiden dänischen Handwerksburschen, und es ist ganz interessant, seine Schilderung mit der Valdemars zu vergleichen.

Topsöe schreibt („Aus Amerika", 2. Ausg. S. 383—384):

„An der „Kanzel", einem der vielen wunderlichen roten Felsen, geht die Bahn in einem rechten Winkel vorbei, in dessen Ecke der Echo-Ort liegt, den Weber-Fluß entlang und in das Weber-Canyon hinein. Schäumend und tosend fließt der Fluß hier auf einer Strecke von etwa 40 Meilen in der tiefen Schlucht zwischen den steilen und zerklüfteten Klippen. Hier sieht man an einer Stelle eine einsame, schöne, hohe Kiefer, den einzigen ordentlichen Baum auf viele, viele Meilen, das ist der „Tausend-Meilen-Baum", ein Meilenzeiger dafür, wie weit wir nun von Omaha vorgedrungen sind ... Nahe dem „Tausend-Meilen-Baum" ist die „Rutschbahn des Teufels", zwei wunderliche Bergkämme, 50 bis 200 Fuß hoch, die mit einem Zwischenraum von ca. 100 Fuß sich hinab über die Wände der Schlucht ziehen. Hier zwischen allen diesen wilden Felsformationen war der Bau der Bahn mit großen Schwierigkeiten verbunden, oft drückt sie sich an ihnen entlang, den Strom auf der einen Seite, oft war nicht ein fußbreiter Streifen übrig,

---
*) Vgl. S. 85. Abs.

und die Bahn mußte in die Felsen eingehauen oder durch sie hindurch geführt werden. Ein längerer Tunnel ist daher hier gebaut worden, den man passiert, ehe man nach Weber Station kommt... Von Weber geht es zum „Teufelstor" über eine Brücke, ein halb Hundert Fuß über dem kochenden Strom, dahin zwischen dunkleren, wilderen und drohenderen Klippen als je vorher, bis der Zug hinausgleitet in helles, offenes Land..."

Valdemar erzählt:

„An einem Ort mit Namen Patterson *[Peterson]* kamen wir in der Nacht vorbei, an noch einem Tunnel, und dann kamen wir über eine Brücke, und grade vor uns hatten wir „the devels Gate" (Teufels Pforte) *[the devils gate]*, einen Paß zwischen den Bergen, und einen Fluß oder richtiger einen Bach dazwischen. Einer der Berge war wie die Rutschbahn in Tivoli\*) von der Natur gebildet, welches man „des Teufels Slide" *[slide, Rutschbahn]* nennt. An einzelnen Stellen ging der Fahrweg hinab ans Wasser und ging durch niedriges Gesträuch. An andern Stellen war der Weg oben auf den Spitzen der Berge oder längs ihrer Ränder. Hier und da schneidet die Eisenbahn den Fahrweg. Hübsch, lieblich und großartig! — Wir bekamen in der Nacht, als wir durch diesen „Paß" kamen, einen gewaltigen Sturm, der die ganze Nacht raste. Woher der Ort den Namen hatte, weiß ich nicht; aber es fiel uns ein, daß ein „romantischerer" Name nicht besser dafür passen könnte, als der, den er hatte. Der Sturm heulte, das Wasser rollte so gewaltsam gegen die großen Steine, die im Flusse lagen. Steine lagen an manchen Stellen so hoch und waren so breit, daß das Wasser zwischen den Felswänden und den Steinen hindurch konnte. Und an solchen Stellen kam es vor, daß die Wellen sangen. Der Schaum wurde hoch gepeitscht, wo wir gingen. Wo die Eisenbahn fuhr, war es an den Stellen so eng, daß grade Platz für sie war. Nach *[einem]* Weg von 30 bis 40 mile auf dem Wege

---

\*) Die bekannte Vergnügungsstätte in Kopenhagen. Übs.

kamen wir zum „Echo". Ein Hund bellte, und sofort kam das Echo von den Bergen zurück. Selbst wenn wir sprachen, kam unser Gespräch wieder zurück."

Echo-City erweist sich als „ein netter kleiner Platz mit Bäumen auf beiden Seiten der einzigen Straße von Bedeutung, die es da gab. Da wollten wir auch freies Frühstück haben — wir kamen beide aus dem Hotel, aber der Mann fing uns ½ Stunde später auf der Straße, und wir machten „die Rechnung ohne den Wirt"."

Es hält recht schwer, das spärliche Geld zusammenzuhalten, Neumann muß eines Tages Aprikosen aus einem Garten in Sicherheit bringen, Ställe und Heuschober halten stets für die Nächte her, bis die beiden Freunde in der Stadt Ogden nicht nur in einem billigen Logishaus essen, sondern sogar — da es übermäßig stark regnet — „ein Bett bezahlten und die Nacht süß nach unsern langen bettenlosen Nächten schliefen". Das Schuhwerk erhält „das billigste und das notwendigste Repair"; es wird „Proviant" gekauft, „wie Brot, Kaffe, Käse und Sirup"; und „wir setzten die Apostelpferde wieder in Gang zur Vollendung der Reise" durch „das Great American Desert" [desert, Wüste], was Valdemar merkwürdigerweise mit „das große amerikanische Desert" übersetzt.

Auf der Tour durch die große amerikanische Wüste stößt ihnen das Unglück zu, daß Valdemar und sein Reisegefährte getrennt werden.

Es ist auf der historisch bekannten Promontory Station, wo die beiden großen Stücke der Stilleozean-Bahn von Westen und Osten zusammentrafen und im Jahre 1869 die Einweihung der gesamten Linie vor sich ging. Neumann ist es gelungen „gegen Arbeit im Kohlenwagen und Zerkleinern von Kohlen mitzufahren", während Valdemar „zurückgeblieben war und blieb. Ich sagte: „Neumann, vielleicht kann ich den andern Zug kriegen und Dich wiedertreffen!" — Der Zug mit Neumann ging ab, und ich wartete 2 Stunden auf den nächsten Zug. Kein kam er."

Aber nun soll der dänische Landstreicher erfahren, was es heißen will, zum Gegenstand eines amerikanischen Scherzes gemacht zu werden — eines „joke", könnte man mit Valdemars eignem Ausdruck hinzufügen.

Er erzählt davon: „Ich lief zu dem Heizer hin und fragte ihn, ob ich für ihn Kohle zerkleinern könnte. „Nein!" sagte er. Ich bat so sehr, aber es half nichts. Der Maschinenmeister gab mir darauf ein Stück Papier und sagte: „Geh zum Zugführer und gib ihm das und er wird Dich mitfahren lassen." Ich bedankte mich sehr und wollte sehn, was für ein Papier das war, das ein „Talsman*)" für mich sein könnte, aber er sagte: „Mach schnell, ehe der Zug sich in Bewegung setzt!" Außer mir vor Freude setzte ich mich in Trab, aber bevor ich das andre Ende erreicht hatte, fuhr der Zug. Auf sprang ich und kam in einen Wagen, wo ausschließlich Chinesen waren. — Der Zugführer kam und sagte: „Billet!" In die Tasche steckte ich meine Hand und zog meinen Reisepaß vor. „Was ist das?" sagte er. „Der Maschinenmeister hat mir das gegeben, er sagte, das würde allright (richtig) werden." „Hast Du Geld?" fragte der Zugführer. „Nein!" sagte ich. „Dann komm wieder runter," und gab mir das Papier zurück, das ich mir ansah, doch mit großen Augen, denn der Zettel war ein Zettel für Kohle, den sie jedesmal bekommen, wenn sie den Wagen füllen! Ich war ungefähr zwischen 1 Viertelstunde und $1/_2$ Stunde gefahren, da fegten sie mich aus. Aus dem warmen Wagen und dem lustigen Schwatzen und Plappern der Chinesen kam ich hinaus in die kalte Nachtluft zum Heulen des Windes. Ein großer Unterschied, aber zur Wirklichkeit!"

---

*) Als Wortspiel unübersetzbar: dän. Talsmand (mit stummem d) = Fürsprecher, gleichzeitig im Sinne von Talisman gebraucht. Übs.

Er will nun sehn, in der Dunkelheit auf die bekannte Frei-Plattform hinaufzuschlüpfen, aber es war „so dunkel, und ich stolperte ein paarmal und verfehlte die ganze Herrlichkeit. Da stand ich. Alles um mich kalt und schwarz. Doch „Vorwärts unsre Losung war", und vorwärts mußte ich. Ich begann den Weg entlang zu kriechen, alles verfluchend, selbst mein eignes dummes Ich, weil ich „angeführt" war. Bald begann die Kälte ordentlich anzupacken, und ich band ein Taschentuch um die Ohren und ein dito um die Nase und setzte mich in Trab wie ein Wettrennpferd, um mich warm zu halten. Auf dem Wege war ein Feuer, um welches drei Abenteurer lagen, einer von ihnen in tiefem Schlaf. Die beiden andern saßen um das Feuer und zitterten wie „Espenlaub", obwohl sie genug Holz hatten und das Feuer groß war. Sie luden mich an die Wärme ein und fragten mich, wo ich hinwollte. Sie erzählten mir, es wäre 25 mile bis zum nächsten Ort, und ich könnte ebenso gut nachts über da bleiben, dann könnten wir alle morgens zusammen gehn. Ich schlug ihr Angebot aus und ging weiter. Nächsten Morgen um 6 Uhr hielt ich meinen Einzug in Kelton, müde, schläfrig und hungrig. Einen kleinen Schuppen mit Heu fand ich und ging dort ins „Reich der Träume."

Die Tage, die darauf folgen, bezeichnet Valdemar als „die schlimmsten in meiner ganzen Lebenszeit, ohne Essen und Trinken und Geld."

Endlich, in dem Orte Omben, kommt er zu einem Mann und einer Frau und bat gegen Holzhacken um etwas zu essen. „Die Chinesen machen das!" sagte er. Die Frau gab mir eine Tasse warmen Tee und zwei Stück Brot, das nicht aufgegangen war. „Ich begreife garnicht, wie er das runterbekommen kann?" hörte ich, sagte sie zum Mann. „Ah, wenn er hungrig ist, kann das schon runterrutschen." Und er hatte recht. Ich schielte nur nach mehr, selbst wenn es derselbe Sauerteig gewesen wäre, und runter würde es schon gehn. Die Frau gab mir noch eine Tasse Tee. Auf meine Frage, wie weit es nach dem nächsten Ort sei, sagte sie 24 mile, ich dankte und ging."

Und er fügt dankbar hinzu: „Wieder hatte mein gutes Schicksal sich eingestellt und mit einem lustigen:

> Wundre mich nur, was mein Blick erspäht
> Jenseit der hohen Berge!\*)

sang ich mit Lustigkeit und vergaß oder versuchte auf die Weise meine Leiden in den vorigen Tagen zu vergessen."

Nach einer Wanderung bis 9 Uhr abends und Nachtlager darauf in einem Eisenbahnwagen wird er in dem Orte Terrace angenehm dadurch überrascht, daß „ein Mann kam und mich fragte, ob ich Frühstück haben wollte. „Frühstück," sagte ich! „Ist er verrückt, das fragt er solchen Kerl wie mich. Ja, aber natürlich, wenn ich es bekommen kann!"

In meiner Phantasie malte ich mir ein Frühstück aus aus Kartoffeln und gebratenem Speck, was das Frühstück ist, das die Sorte Kerls wie ich und mein „Kaliber" mit den Worten bekommt „Das ist gut genug für sie"."

Aber sein Erstaunen wächst auf die erfreulichste Weise, als „wir in ein nobles Hotel gingen. Ich sah und sah, rieb mir die Augen und bestellte mein Frühstück. Eine halbe Stunde später, erst nachdem ein gutes Beefsteak, Kartoffeln, 7 Klöße und 4 Tassen Kaffe ihr ‚irdisches Dasein' beendet hatten, meldete ich mich zum Dienst. Die Arbeit war hart und erst am Abend fertig, aber ich hatte den Tag wie ein Herr gelebt, zu Mittag und zu Abend. Er versprach mir Essen mit auf den Weg, wenn ich den Ort verließ, und gleichzeitig Gelegenheit zu fahren. Das letzte tat er, aber das erste geschah nicht.

Auf dem Kohlenwagen kam ich bald wieder in Bewegung,

---

\*) Aus Björnstjerne Björnsons Erzählung „Arne". Übs.

hämmerte und schaufelte Kohle, sodaß der Heizer es recht bequem hatte. Mit einemmal fragt der Heizer, was für ein Landsmann ich wäre? „Däne!" sage ich. Er und der Maschinenmeister sprachen dann eine kleine Weile zusammen. Dann fragt der Maschinenmeister mich auf Dänisch „Wo willst Du denn hin?" „Nach Californien," sage ich. „Wohl mein Freund," sagt er, „da ist ein langer Weg hin." 2 Uhr nachts kamen wir in Wells an. Und da ich wie ein Pferd gearbeitet hatte, wollte ich mich vom Kohlenwagen runterschleichen und einen Platz suchen, wo ich schlafen konnte, aber die fingen mich, sodaß ich ihnen erst helfen mußte, den Kohlenwagen wieder zu füllen und noch einen. Endlich wurden wir damit fertig, und sie erlaubten mir, ins Maschinenhaus zu gehn und da zu schlafen. Ich schlief bald ein, aber nach Verlauf von zwei Stunden weckten sie mich auf meinem Lager und *[ich]* mußte mir ein andres suchen. Ich fand eine Frau, für die ich Holz hackte für mein Frühstück, das aus Kaffe und altem Brot bestand. Später am Tage begegnete ich dem Maschinenmeister wieder, und er erzählte mir, ich sollte an einen Platz hingehn und den Leuten sagen, daß ich ihnen gestern geholfen habe, dann würden sie mir wieder „a change" geben; aber, sagte er, wenn Du in die nächste Stadt kommst, mußt Du alles tun, um wieder mit einem Zug mitzukommen, wenn nicht, kannst Du Dich darauf gefaßt machen, den ganzen Weg zu laufen."

Wir hingen an den Wagen rum, denn da waren mehr als ich, wie Fliegen, und wir kamen in Carlin an. Da bekam ich „a Pardner" zu fassen, und wir wollten beide wieder mit, natürlich! Wir fanden einen Wagen, auf dem ein Haufen große Rohre und Maschinerie lag. Wir krochen in eins von den Rohren und wünschten uns Glück und Segen. Wir saßen da vielleicht eine halbe Stunde, da kam einer vom Zugpersonal mit einer Laterne. „Get out there!" (Geht da raus.) Ich war ganz drin und glaubte, daß er mich nicht sah, und blieb sitzen, während der andere rauskroch! Der Zug fing an zu fahren und ich wurde froh; aber meine Freude dauerte nicht lange, denn der Kerl kam zurück und fegte mich aus. Ich weiß nicht, ob der andere ihm erzählt hatte, daß „noch einer mehr da war". Der Zug fuhr, und runter mußte ich. Ein Sprung. Ein Purzelbaum. Und da lag ich 3 mile von der Stadt. Als ich wieder hochgekommen war, dachte ich, es ist wohl am besten nach der Stadt zurückzugehn und zu sehn, was der nächste Tag bringt... Als ich in die Stadt kam, traf ich meinen Pardner, er sagte, er glaubte mich auf dem Zuge! Nachdem wir durch die ganze Stad gesucht hatten, fanden wir einen Schuppen, in dem sehr wenig Heu war. Es gab ja viele bessere Stellen als die, aber jedesmal wenn wir den Versuch machten, über den Zaun zu kommen, bellte sofort der Hund und brachte den großen Reichtum der ganzen Stadt an Hunden mit zum Bellen, und um in Frieden zu bleiben, nahmen wir den kleinen Schuppen. Ein Paar Mal in der Nacht bekam ich ein Paar Stöße in die Seite mit den Worten dazu: „Das ist ja schrecklich, wie Du schnarchst!" Das dritte Mal wachte ich von selbst auf, ob es vom Schnarchen oder vom Stoß war, kann ich nicht sagen; aber es konnte schon sein, daß ich „gesägt" hatte. Es wurde Morgen, und unsre Toilette war bald gemacht."

„Der Partner" verschwindet indes, ohne ein andres Andenken zu hinterlassen als Valdemars Vermutung, daß er sein kleines Taschenbuch mitgenommen hatte, das Valdemar plötzlich, nachdem er ein 8—10 miles weitermarschiert war, vermißt. „Daß mein Schlafkamerad meine Taschen durchsucht hatte, während ich schlief, glaubte ich nicht; aber wie konnte ich es verlieren, da ich es seit Omaha den ganzen Weg hatte und das Unglück jetzt erst eintreffen sollte. Der Verlust war nicht grade groß; aber wenn die Laune schlecht war, brauchte ich nur etwas in das Buch zu sehn, und sie war gleich wieder da. Das Buch war ein Gesangbuch, aber ich hatte die Gesänge selbst aufgeschrieben, während ich in Racine in Omaha war."

Gegen Abend passiert es, daß ein Indianer „mit seiner Gemahlin und seiner Nachkommenschaft" vor Valdemar geht, „sein tonloses ma—ba—ma—ba oder sowas ähnliches vor seinen weinenden Jungen singend. Da das das erstemal war, daß ich mit „the wild west people" (wilden Volk des Westens) allein war, muß ich sagen, daß ich mich nicht ganz sicher fühlte. Zuletzt bogen sie in einen Seitenweg ein, und ich hatte wieder Gelegenheit, meine Beine zu gebrauchen, denn solange ich die vor mir hatte, ging ich sehr langsam."

In dem Orte Beowawe wird er unbarmherzig vor die Tür gejagt, obgleich er den Bewohnern eines Hauses am Wege von „seinem langen Marsch und Hunger" erzählt; „nur ein Heustapel erbarmt sich seiner, und die „beiden folgenden Tage waren miserable Tage für mich. Kein Heustapel bei Nacht und kein Essen bei Tage."

Doch „kurz vor Battle Mountain" lächelt ihm das Glück. Auf „einem Ranch (Bauernhof, d. w. s. wo sie Vieh, wie Pferde, Kühe und Ochsen ziehen) läßt der Besitzer, ein alter Mann, und seine Frau, einen Chinesen ihm „ein paar Stullen und eine Tasse Milch" geben, nachher noch „einen Teller Suppe und etwas zu essen. Das rutschte schon!" und als der Mann hört, welche Profession er hat, sagt er: „Du kannst hier ein paar Tage stehn, und ich will Dir eine Arbeit geben. Du kannst bei dem Chinesen bleiben und im Stall schlafen, so gut wie Du kannst. — Ach, wie froh ich wurde! Und alles in mir fing an zu singen."

Valdemar „stand da 3 Tage und strich ein kleines Haus; ich aß am selben Tisch wie die Familie und lebte so gut wie der König von Dänemark. Er könnte nicht besser leben, als ich es tat. Alles hat ein Ende, und die gute Zeit fand bald auch ihres. Der alte Mann sollte denselben Tag reisen, an dem ich mit dem Hause fertig war, und da ich meine Sachen gewaschen haben wollte, fragte ich, ob er mir das erlauben wollte. „Natürlich," sagte er, „der Chinese kann Dir Seife und warmes Wasser geben, was Du nur wünschst!" und griff damit in die Tasche und nahm 3 $ (Dollars) raus und gab mir die mit den Worten: „Hier haft Du etwas mit auf den Weg, und wenn Du gehst, kann Dir der Koch etwas Essen mitgeben."

Am Morgen begann ich zu waschen und hing die Sachen zum Trocknen auf, daß ich sie haben konnte, wenn ich fortging. 6 Uhr abends verließ ich einen der wenigen Gentlemen, die ich auf dem Wege von Omaha bis Nevada getroffen hatte. Sein Name war George W Crum." —

Es galt nun für Baldemar, im Orte Battle Mountain bis in die Nacht hinein zu „stehn", um vielleicht einen Eisenbahnzug entern zu können; „doch Nein Granberg\*) kann nicht jedesmal sein ‚Schweineglück' haben," und er muß wandern.

Kurz vor dem Ort sieht er im Dunkel „ein großes Feuer, und dahin lenkte ich meine Schritte, um mich zu wärmen und zum schlafen zu kommen. Um das Feuer saßen ein 3 bis 4 dufte Kunden, doch ich legte mich dreist hin und war bald in Schlaf. Meine reinen Sachen hatte ich in einem Taschentuch und mein Essen in einem andern. Beide Taschentücher waren mit einem Stück Bindfaden zusammengebunden, das ich um den Hals tragen konnte. Zu meiner größten Wut fand ich am Morgen, daß sie die Schnur durchschnitten hatten, und das Tuch mit dem Essen war weg. Ich fragte: „Wer von Euch hat das genommen? Gebt mir das Taschentuch wieder, dann kann es allright bleiben!" Sie lachten mich aus und nannten mich „a dame Duchs" (einen verfluchten Deutschen) *[dam' ed dutch]*. Ich fand bald raus, daß ich mit ihnen nicht auskam, und ging in die Stadt und ließ mir Frühstück geben. Es

---

\*) Victor Granberg, schwedischer Aeronaut, dessen beide Aufstiegsversuche vom Kopenhagener Schloß aus 1857 mißlangen; der Zuruf der Zuschauer: „'s geht nicht, Granberg!" wurde ein geflügeltes Wort. Übs.

wurde Mittag, und nachdem ich an derselben Stelle wieder gegessen hatte, ging ich weiter."

Es sind 60 miles von Battle Mountain bis Winnemucca, und Valdemar kommt schon am Nachmittag des nächsten Tages dort an, dank einem Frachtzug, auf den er unterwegs gekrochen war.

Grade gegenüber der Eisenbahnstation liegt ein Hotel, und dort kehrt er ein und ißt zu Mittag.

"Wie ich da stand," sagt er, "war ich ein "reizender Anblick", einen alten Hut auf dem Kopf, in der Jacke waren Löcher, kreuz und quer, wo sie den glühenden Funken des Lagerfeuers zu nahe gekommen war, die Stiefel schief, das Haar seit geraumer Zeit ungekämmt. Und meine ganze Garderobe um den Hals hängend, nach denen horchend, die auf den Stühlen vor dem Hotel saßen.

"Was bist Du?" fragt mich einer von ihnen. "Painter!" (Maler). "Was kannst Du machen?" "Alles, was zum Fach gehört!" sage ich. "Wie viel willst Du den Tag haben?" "1 1/2 $ and my board!" (1 1/2 Dollars und mein Bett und Essen). Der Hotelwirt kam zu mir und sagte: "Weißt Du was! Ich will Dir 75 cent für den Tag und board geben!" Ich schlug ein, denn ich hatte rausgefunden, es war besser wenig zu haben, als garnichts. Und auf demselben Platz stand ich die folgenden 10 Monate in Winnemucca."

Damals war Valdemar 4 Monate auf Tramp gegangen.

"Die erste Idee," erzählt Valdemar, die er in Winnemucca bekam, "war, etwas neues zu hören, sowohl von den Freunden als auch besonders aus dem alten Lande, und für das übriggebliebene Geld kaufte ich Tinte, Papier und Federn und damit machte ich meinen gegenwärtigen Zufluchtsort für die bekannt, die ein Interesse an mir hatten. Bis die Monate verstrichen waren, welche Zeit war das! immer gabs etwas, was mir fehlte. Selbst hatte ich große Lust, wenn auch nicht sie zu sehn, so doch wenigstens von ihnen zu hören. Als die Briefe kamen, war ich wieder zu Hause, selbst auf so einem Platz, wo man nicht wußte, welchen Tag man seine Entlassung bekommen würde, selbst gegen seinen allerhöchsten Wunsch. Ich bekam sozusagen Briefe von Hinz und Kunz, wenn mich auch ein paar davon vergessen hatten."

Von Valdemars eigenen Briefen sind von dem Aufenthalt in Winnemucca 5, vom 29. November 1885 bis zum 15. Juli 1886, erhalten.

Der erste ist ein Weihnachts- und Neujahrsbrief, zierlich mit roter Tinte geschrieben und mit einer Vignette versehn, die ein Drittel der ersten Seite füllt und eine Visitenkarte mit umgebogenen Ecken vorstellt, auf der einen Seite ein kleines Bukett hindurchgesteckt; die Karte trägt die Inschrift:

"Eine frohe Weihnacht"
ich hiermit bringe
"Eine frohe Weihnacht"
den Meinen und Freunden.

Darunter wird zum Überfluß fortgefahren:

Liebe Mutter, Geschwister und Freunde

Hiermit wünsche ich Euch allen

"Eine frohe Weihenacht"
"Und ein schönes Neujahr,"

worauf der eigentliche Brief beginnt, gerichtet an die "Liebe Mutter!"

Valdemar will erst "beantworten, wie es mir geht. Wie Du weißt, arbeite ich an einem "big Job" [einer großen Arbeit] und bin allein dabei, womit ich denke, gegen Weihnachten fertig zu sein. Was meine Gesundheit angeht, so geht es mir damit ziemlich gut, frisch und gesund und froh. Das, liebe Mutter, kann ich von mir selbst erzählen".

Nach dieser kleinen anspruchslosen Rechenschaft über seine eignen Verhältnisse geht er dazu über, daß sein Bruder August, der

Maschinenschmiedegeselle ist, nach dem was die Mutter geschrieben hat, „in Kopenhagen ist und arbeitslos ist und wünscht hierüber zu kommen, und Du, liebe Mutter, bist im Zweifel, ob das zum Nutzen oder Schaden ist. Ich möchte dazu sagen, ich wünschte es wohl, daß er hierüber kommen könnte, und wir würden schon mit vereinter Arbeit vorwärtskommen. Ich fühle wohl, daß ich das liebe Heim verloren habe und allein hier drüben bin. Nicht daß meine Meinung ist, daß ich es anders machen und wieder nach Hause reisen möchte, aber ich meine, einen Bruder zu haben, würde die Entbehrung hier drüben etwas erleichtern".

Aber was die Zukunftsaussichten des Bruders in Amerika betrifft, so möchte Valdemar doch bemerken, daß „man ebenso gut ordentlich wie unordentlich in Amerika wie in Dänemark sein kann. Es gibt ebensogut Versuchungen zu Hause, wie hier. Und Amerika ist weder schlimmer noch besser als zu Hause, was das betrifft. Und kommt er hierüber, wo er keinen kennt, muß erst eine Zeit vergehn, bis er sich in den Verhältnissen hier zurechtfinden kann. Zu Hause kennt er alle und jeden, aber hier keinen!"

Wie er in einem gleichzeitigen Brief an den Bruder hinzufügt: „Dein Wunsch ist auch meiner, und ich möchte Dir gern Hilfe leisten; aber leider bin ich nicht imstande dazu, und der Wunsch bleibt vorläufig nur ein Wunsch. Lieber Bruder, ich will Dir erzählen, was ich vorhabe. Wie Du jetzt weißt, bin ich auf dem Wege nach San Francisco und denke dahin im Anfang des neuen Jahres zu kommen, und wenn ich dann so viel Money habe, daß ich für mich selbst anfangen kann, will ich sehn, auch Deinen Wunsch erfüllen zu können." Vorläufig aber kann er nur an die Mutter, bei einer etwas späteren Gelegenheit, „ein Präsent" senden.

— Man findet in Valdemars Briefen aus Winnemucca nicht das Geringste über politische oder soziale Verhältnisse zu Hause oder draußen, nur dürftige Mitteilungen über seine eignen ökonomischen

Verhältnisse und im Übrigen Ausdrücke für seine freundlichen Gefühle für Familie und Freunde, alles in einer gewissen feierlichen und traditionellen Form vorgebracht, wie wenn er seinen Weihnachtsbrief schließt mit „der Hoffnung, daß Ihr zu Hause sie im gegenseitigen Kreise verbringen mögt, froh und zufrieden. Und ich danke schön, dafür daß Ihr an uns hier drüben denkt. Ich danke schön, dafür daß Ihr guter Hoffnung für unsre Zukunft seid, was uns wohltut zu hören.

Und ich danke schön, liebe Mutter, Geschwister und Freunde für Eure Wünsche und Gebete für uns.

Freundliche Grüße an alle, mit der Hoffnung und dem Gedanken, daß das neue Jahr die Wünsche, die wir haben, für uns in Erfüllung bringen wird." —

In seinen Aufzeichnungen von der Reise berichtet Valdemar, wie er in Winnemucca allmählich die Spuren seines Landstreicherlebens verwischen kann, unter anderm „die kleinen, naseweisen und zudringlichen Kerle," die bisweilen „auf meinen Beinen entlang Königsparade abgehalten haben".

Sein Freund Julius in Sidney schickt ihm „etwas Werkzeug" für die Arbeit, die er übernommen hat, „Ihr könnt Euch ja denken, daß ich sie mit ein paar derversen Lügen „einseifte", wie tüchtig ich in dem Fache wäre; aber nachdem ich angefangen hatte, fand ich raus, daß es besser ging, als ich geglaubt hatte."

Sein erstes Werk „war ein Name über die Farade des ganzen Hauses," und nach diesem „ersten Beweis in meiner Kunst nannten sie mich einen Maler"; vorher war es „nur ein Landstreicher". Darauf „malte ich in zwei Stuben die Decken in Dekoration mit Landschaften in der Mitte. Nachdem dies gemacht war, wurde ich für sie ‚Künstler'."

Valdemar lernt einen neuen dänischen Tischler kennen, der mit ihm zusammen im Hotel zu arbeiten hat. Allerdings wird der Tischler einmal sehr böse auf seinen Landsmann wegen „meiner guten oder schlechten Angewohnheit", daß er nämlich „vom Morgen bis zum Abend sang". An „einem der singendsten Tage stand der Tischler bei einer Gelegenheit daneben, und da es schneidend kalt war, wo er stand, glaubte er, ich freute mich darüber, ihn frieren zu sehn. Aber wir vertrugen uns deswegen, und er vergaß seine Mordpläne; er hatte es gesagt und geschworen, wenn ich nicht stillschwiege und aufhörte, mich über ihn zu freuen, würde er mich ermorden. Doch wir wurden, wie gesagt die besten Freunde, solange er am Orte war. Wo er war, konnte man mich auch finden."

Valdemar geht es gut, wenn auch nicht üppig, denn „das Hotel war, wie Ihr Euch ja denken könnt, noch im Bau, und wir mußten deshalb im Stall schlafen," aber doch in einem Bett, zwei Mann zusammen.

„Die Frau vom Hotel" nimmt sich des dänischen Malers freundlich an, „lehrte mich und tat alles, daß ich Englisch sprechen konnte ... ich wurde nach und nach mit der ganzen Bevölkerung des Ortes bekannt unter dem Namen Mrs. Johnsons Painter (Madam Johnsons Maler) und bekam manch schönes Stück Arbeit zu tun."

Den 31. August 1886 sagt er indes Frau Johnson wie Winnemucca Lebewohl, um weiter nach dem äußersten Westen zu ziehn, und am nächsten Tage, bei dem Orte Wadsworth „beginnt das Ansteigen der Berge, die man „Sierre Nevada" nennt, und da beginnt das Land sich wieder in seiner Schönheit zu zeigen. Reno ist der letzte Ort in Nevada, und kurz davor war ein Abhang durchschnitten, wo ein Pfahl stand, auf dessen einer Seite Nevada und auf der andern California stand.

Als ich das sah, erschallte es aus meinen Lungen „Hurra! Hurra!! Hurra!!!, und es war der 4. September."

Bei einer dänischen Familie, „die dort am Wege wohnte," findet Valdemar einen bescheidenen Genuß, indem „ich dort etwas von dem besten Wasser bekam, das ich in meinem Leben getrunken habe," und darauf beginnt sein Marsch vorwärts in derselben Weise wie das Jahr zuvor.

Als Freipassagier auf den Nachtzügen, als Wandersmann bei Tag oder Nacht, einmal dazwischen in einem richtigen Kupee gegen bezahltes Billet sitzend, bisweilen zusammen mit einem „Partner", hin und wieder ein paar Tage oder Wochen beschäftigt; immer weiter. Und „immer war da etwas zu sehn".

In dem Orte Colfax bleibt er 5 Wochen.

Von dort heißt es in einem Brief an die Mutter: „.... Ich habe hier eine Arbeit und befinde mich sehr gut. Glaubt mir, es ist ein schönes Land, Californien, und es war ein tüchtiger Spaziergang über die sogenannten Sierra Nevada (Berge). Hier leben wir von bloßen Weintrauben, Äpfeln und Birnen oder, mit andern Worten, leben wie der Dotter im Ei..."

Die Reiseerzählung berichtet, daß „in Colfax im Hotel ein paar Tage ein Mann lebte, der einen großen Ranch hatte," und er verspricht Valdemar, den von ihm anstreichen zu lassen, wenn er mit seiner Arbeit in der Stadt fertig ist. In der Frau vom Hotel hat der unstete Däne wieder eine Frau getroffen, „die wie eine Mutter zu mir" war. Und eines Tages gibt sie ihm denn auch den guten Rat: „Wally, wenn Du nun von hier gehst, bleibe so gut angezogen, denn Du weißt, die Leute haben kein rechtes Vertrauen zu schlecht angezogenen Menschen." Valdemar gibt zu, daß die gute Frau recht hatte, „aber kann man besser angezogen gehn, wenn man wochenlang in seinem Anzug geht und schläft und ihn dabei selten auszieht?"

Er hat sich doch etwas bessere Kleider angeschafft, und „den letzten Sonntag" ging einer der Söhne vom Hotel mit ihm nach dem nächsten Orte Auburn, „und da wurde ich ausstaffiert wie ein richtiger „Dude" (Salonlöwe) *[dude, amerikanischer Slang für Geck]* von Kopf zu Fuß." So flott ausgestattet bleibt er nur

„eine Nacht noch, und am nächsten Morgen ging *[ich]* mit dem Zuge als Passagier erster Klasse nach Sacramento und von da flußabwärts zu Schiff nach Rio Vista. 6 mile außerhalb des letztgenannten Ortes lag der Ranch, den ich malen sollte."

Tags darauf beginnt er mit seiner „Schmiererei" und hat, während er „dort stand" die Freude, eine „schöne Photographie meiner früheren Arbeitskameraden" zu erhalten.

Der Mann, der den Ranch besitzt, heißt „Egbert, und er war einer der alten „Pioniere von 48" (Ein Pionier b. w. s. einer von den ersten, die in das Land im Jahre 48, 49, 50, 51 oder 52 kamen). Damals war *[er]* ein junger Mensch von 18 Jahren. Und ihn von „they palmy days" (guten Tagen) erzählen hören, konnte Lust und Interesse in meiner Brust wecken. Gradezu war der Mann. Und mit großem Interesse hörte ich seine Erzählungen an."

— Die Stadt Rio Vista kann zu dieser Zeit nicht sehr ansehnlich gewesen sein, denn sie beherbergte nicht einmal einen Photographen, der das Bild Valdemars aufnehmen konnte, das er gelegentlich seines 26 jährigen Geburtstages gern an die Mutter nach Haus senden wollte. Das beklagt er sehr in einem Brief an sie, der am Festtage selbst, dem 31. Oktober 1886, geschrieben ist. Im Übrigen spricht er sich in seinem kurzgefaßten, kleinen Schreiben sehr zufrieden mit seinen Verhältnissen aus, steht aber auf dem Sprunge zur Abreise; er wartet nur ab, seine durch anhaltenden Regen unterbrochene Arbeit vollenden zu können, um nach San Francisco zu gehn.

Nach dieser, „das golgen City (die goldene Stadt) *[the golden city]*" wie er sie nennt kommt er, nachdem seine Arbeit fertig geworden ist und „ich abgelohnt worden war". Sein erster Gang ist zu einem dänischen Schuhmacher, der ein guter Freund von Valdemars Reisekamerad Neumann ist. Leider zeigt es sich, daß Neumann weiter gereist ist, nach „Eureka, Humboldt County," und Valdemar läßt sich daher vorläufig allein in der Stadt nieder.

Rasch kommt da „ein dänischer Mann zu mir und bot mir seine Dienste an, den Ort zu zeigen, was wir auch taten, mit den Augen wie mit dem Beutel".

Eine ganze Menge erweckt Valdemars Verwunderung und Bewunderung, zuallererst „eine Art Straßenbahn, die Cabelcar heißt, man meint: Es sind drei Schienen, die mittelste für ein Cabel (Tau), das die Wagen zieht, denn es sind zwei da. Der erste heißt Dummy *[dummy bezeichnet einen Wagen mit selbständiger Dampfkraft]*, und da ist ein Mann, der sie lenkt. Die Schienenwagen können auf die steilsten Höhen hinauffahren".

Ganz besonders findet er Vergnügen im Chinesenviertel, das ja auch in jenen Zeiten seine Blüte erlebte.

Valdemar will die Chinesenstadt nicht „wegen ihrer Schönheit oder Reinheit berühren, die sie nicht besitzt, sondern wegen ihres besonderen Lebens und Treibens, von dem man Zeuge sein kann".

„Man hat", meint er, „von Italiens Kramläden rings umher auf den Straßen gelesen; aber das hier ist ebenso interessant, wenn das *[auch]* nicht unter „Italiens brennender Sonne" ist."

„Hier in einer Straßentür sitzt ein alter weißhaariger oder „gezöpfter" Chinese mit seinem „Leisten", an einem Stiefel hämmernd. Rings herum hat er ein Lager von derselben Art und andern, die zu derselben Familie gehören; alles deutet auf ein scharfes Mitgenommensein vonseiten der Besitzer; aber durch seine Kunst zeigen sie bald, daß es „noch einmal gut" werden kann. Seht her! Hier haben wir ein paar von den „chinesischen Schönheiten". Sind sie nicht reizend? In ihren Hosen. Ja, Hosen haben sie an, so weite, daß sie ihnen um ihre nackten Füße in ihren Pantoffeln flattern. Nee, hör' doch bloß auf! Er ist schön! In Seide, aber er war auch ein Mandarin. Hier kommt ein kleines chinesisches Mädchen. Aber was hat sie denn auf dem Rücken? Das ist ein Kind. Der Schal, der festgebunden ist und wie ein Sack hängt, und darin trägt sie das „Junge" herum, vielleicht den ganzen Tag oder wenigstens den größten Teil davon...

Hier haben wir den Markt (der Handelsplatz wie Amagertorv\*) u. a. m.) besät mit Gemüsen, Hühnern und allem andern. Käufer und Verkäufer, Chinesen und Weiße, alles in einer bunten Masse.

Hier ist ein „hängender Garten", wie sie sie in China haben, aber hier ist es eine Restauration. Was ist das? So ein unheimliches „Katzenjamren"\*\*), das ist das chinesische Theater."

Als Fachmann muß er stillstehn, weil „hier das Auge von einem bunten chinesischen Schild gefesselt wird, auf hochrotem Grund gemalt, bekannt machend, daß hier „lebt

**Who. Ho. Sing & Co."**

Und zur Vervollständigung wird angeführt, daß „wir da auch durchkamen, wo die öffentlichen Mädchen wohnen. Welch ein Anblick! Schmutzige Häuser. Dazu kleine enge Straßen. Und da eingesperrt wie in einem Gefängnis, sitzen sie und warten auf Geschäft, mit Ringen geschmückt an den Fingern, den Ohren, ja selbst an den Knöcheln..."

Mitten in seiner Schilderung kommt Valdemar der Gedanke, daß diese Darstellung der Mutter und den Schwestern gegenüber, für die die Reisebeschreibung bestimmt ist, einer kleinen Entschuldigung bedürfe, und er schiebt daher in Parenthese ein: „Weshalb ich davon spreche, ist nur, um Euch einen Beweis von dem Leben der Chinesen zu geben!"

„Wer denn Srt. Francisco gesehen hat," schließt er, „braucht nicht nach China zu gehn, denn hier ist es, selbst wenn es das „im Kleinen" ist."

Was die weiße Rasse anlangt, so zeigt ihm „Barbari Coast"

---

\*) Im Herzen von Kopenhagen. Übs.

\*\*) So deutsch im Original: „Katzenjammer" mit angehängtem dänischen Artikel. Übs.

[ein beim Erdbeben 1906 zerstörtes, altes berüchtigtes Quartier] „einen andern von S. Franciscos wohlbekannten Ausschweifungsplätzen. In jedem Keller oder Parterre ist eine Wirtschaft, und daraus erklingen die lustigen Töne des Tanzes. Von den Dänen in San F. wir des „Tiergartenhügel"*) genannt, was gut paßt, denn die Musik ist hier auch ein bißchen bunt. An manchen Stellen ein Piano, an andern Violine und Horn, an der dritten Stelle fallen die schreienden Töne der Harmonikar im Takt ein in das Stampfen der tanzenden. Die meisten der Orte enden jeden Abend mit einem Teaublou (Schlägerei), bisweilen mit Schießen, das Etlichen das Leben kosten mag. San Francisco hat viele solche Plätze, der eine immer schlimmer als der andre".

Doch Valdemar führt auch an, daß es „viele große, schöne Gebäude gibt: Hotels, Residenzen und Kirchen."

Als das berühmteste wird charakteristischerweise das Palace-Hotel angeführt, das „nach dem, was man sagt, das schönste und beste der Welt sein soll. Es soll gegen 10 Millionen Dollars gekostet haben". Valdemar meint jedoch nicht, daß „eine überwältigende Schönheit daran ist. Es ist so groß wie eine Kaserne und sieht im ganzen etwas düster und triff aus".

Dagegen findet er die „Einfahrt in Sct. Francisco, Golden Gate (das goldene Tor)" schön; die Feuerwehr mit den großen Leiterwagen, die „rollend und schwenkend um die Straßenecken kommen" großartig und „Salvation-Army (die Heilsarmee)" spaßig; „man kann manchmal am Tage das Vergnügen haben, Musik zu hören, bald hier und bald da; „Deutsche, Franzosen und andre Volksschläge feiern ihre nationalen Festtage; die Straßen wimmeln von Händlern, die „Medizin oder andre Dinge" feilhalten, „der eine nimmt dem andern das Wort vom Munde fort, und so geht es lustig mit „Taschenspielerkünsten", mit großen Geschenken als Beigabe, wie Ringen, Nadeln, Steinen, Diamanten, aber natürlich

---
*) S. S. 21. Abs.

unechten." Kurz und gut: „Bunt, wunderbar ist alles hier in Sct. Francisco."

Aber — da gibt es ein gewaltiges Aber! Der fremde junge Mann hatte Recht, der während Valdemars Trampweg ihn vor Sct. Francisco warnte, doch so entschieden abgewiesen wurde.

Jetzt muß Valdemar schreiben:

„Nach San Francisco gehn und den weißen Elefant „Jombo" [eine der großen Sehenswürdigkeiten der Barnumschen Menagerie] sehn und sterben!" war ein Sprichwort, das in Winnemucca sehr üblich war. Ja, ich kam dorthin und starb [ich] auch nicht, so wurde ich doch „flatbrok" (bankrott) [flat broken, ganz bankrott], und es war eine böse Zeit, die 2½ Monate, die ich da war".

Zu allem Glück kann Freund Neumann, der als Tischler in Eureka arbeitet, Valdemar etwas Geld senden, und so „sagte ich San Francisco Lebewohl, ging auf den Pacific Ocean raus schaukeln, wo die Seeluft und meine kränkliche Person bald schlafen gehn mußten, fast den ganzen Weg nach Eureka hin. — In Eureka kam ich den 16. Januar 1887 in strömendem Regen an, und da ich Neumann nicht gleich fand, wurde ich recht hübsch durchweicht. Es war damals 16 Monate her, daß ich ihn gesehen hatte. Er war nicht viel verändert. Und ich wurde nicht wenig überrascht, seine Behausung zu sehn. Wir beide fingen an, als wir zur Ruhe kamen, unsre Erinnerungen aufzufrischen, und manche Abendstunde im Anfang war es unser Zeitvertreib, von unserm gegenseitigen Glück oder Unglück zu hören, nachdem wir getrennt waren".

Aus der kleinen Stadt Eureka, wo Valdemar in seinem Beruf arbeitet und viel mit dem Freunde Chr. P. Neumann zusammen lebt, sind 6 Briefe von ihm an die Mutter und die Geschwister daheim erhalten, geschrieben zwischen dem 3. Oktober 1887 und dem 8. September 1888.

Er schickt der Mutter einmal 10 Dollars und spart niemals mit den freundlichsten Grüßen an die Familie und eine Reihe bei Namen genannter Freunde; von seinen eignen Verhältnissen erzählt er nichts andres, als daß er gesund und frisch und wohlauf ist.

Dänische Verhältnisse erörtert er einem Bruder gegenüber, der Arbeiter zu Hause ist, wieder ein wenig. So sind in einem Brief vom 27. Oktober 1887 einige Anzüglichkeiten über die „Festung", die „doch gekommen ist — und jetzt soll sie probiert werden. Viel Glück oder Pfui über das Unglück mit dieser Verrücktheit! ... Will Dänemark wieder einen Krieg mit Deutschland? Ich denke, wir haben 64 „genug" bekommen. Und wenn das geschieht, was sind dann die Folgen? Da wird nicht aus „Sjölunds grünen Auen"*), und das wird eine Wunde geben, die wegzubekommen lange Zeit brauchen wird." Mit einer letzten Erinnerung an die Provisoriumszeit heißt es den 27. Januar 1888: „Ich habe hier gelesen, daß die „Hellblauen" *[also die Gendarmen]* über die choleraverseuchten Schweine zu Hause Wache halten, und daß sie (die Schweine) in eine bessere Welt hinübergesandt werden mit einem Axthieb vor die Stirn und einem Stich in den Hals ... Bogös König *[Abgeordneter Christen Berg**)]*, ist er jetzt auch eine Wetterfahne geworden? Ja, so geht die Welt in ihrem „Rundtanz", alles dreht sich um." Als einen Gegensatz gegen den vermeintlich wankelmütigen dänischen Politiker hebt Valdemar „die vier gehängten Anarchisten in Chicago" hervor. Das waren Männer, die für das in den Tod gingen, was sie glaubten, zum Nutzen der Menschheit wäre." In demselben Brief dankt er für „das Bild von der Ausstellung *[die skandinavische Kunst- und Industrieausstellung in Kopenhagen 1888]*, eine wunderliche Form hat sie doch gehabt. Das ist das, was man „altnordische Konstruzion" nennt. Nicht wahr?"

Im Übrigen wird Valdemars Briefwechsel nach Hause und der

---

*) Vermengung von Anfängen zweier dänischer Volkslieder. Übs.

**) Christen Berg, 1829—1891, Führer der Obstruktion gegen die Estrupschen Provisorien. Siehe oben S. 201. Übs.

von Hause an ihn in dem letztgenannten Briefe zum Gegenstand einer Reihe recht unzufriedener Betrachtungen gemacht, die im großen und ganzen typisch für Männer seiner Klasse und ihre Angehörigen in dem alten Lande sind. Im Anschluß daran, daß einer von Valdemars Brüdern und ein „alter Freund" von ihm „keine Zeit haben, mich eines Gedankens zu würdigen," heißt es:

„Ich kann keinen andern Grund für ihre stumpfe Gleichgültigkeit gegen mich sehn. Ich für mein Teil habe an genug zu schreiben, und manchen Abend schreibe ich ebenso viel Briefe, wie sie in einem ganzen Jahr. Ich schreibe mit großer Freude ein Paar mehr, wenn ich weiß, daß meine Fragen beantwortet werden, aber im entgegengesetzten Fall werde ich selbst stumpf und vergesse es so interessant wie möglich zu machen. In Mutters Brief bekomme ich ein paar Pillen zu schlucken, die bitter sind, aber die Sache ist die, wenn Ihr meine Briefe bekommt, lest Ihr die nicht, wie meine Meinung darin ausgebeut[et] ist, und Mutter glaubt, sie ist es, die darin gemeint ist. Ich schicke mit größtem Vergnügen ein Dutzend Briefe nach Hause, wenn ich Briefe von Euch bekomme. Aber wenn da ein kleines Stück von dem einen und ein nicht viel größeres von dem andern ist, wo glaubt Ihr, soll ich all die Neuigkeiten herbekommen, nach denen Ihr, kann ich verstehn, ebenso verlangt wie ich. Eure Briefe kommen zusammen und sofort setze ich mich hin, Euch zu antworten, denselben Abend oder nicht viel Tage darauf, und dann müssen die armen Kräfte des Gehirns überanstrengt werden, damit mein Brief einen ungefähren Eindruck haben kann, daß man ihn so nennen kann. Wenn jeder von Euch mir einen aufmunternden Brief schicken wollte, voller Fragen und Antworten und jedesmal alle $1/2$ Jahr, dann würde das die nötige Wirkung tun, interessant zu werden, wie man es nennt; auf die andre Art ist das Papier, die Briefmarken und die Tinte bloß vergeudet. Wir haben alle unsre Gedanken von diesem und jenem, wir wollen also darum reden und schreiben auf dem Wege, den wir für den besten halten. Wir haben alle unsre Anschauung von der Sache, selbst wenn es nicht so geht, wie wir es haben wollten; deshalb können wir uns doch gegen einander ausdrücken. Jeder ist in sich ein Egoist, der nicht gern beiseite gesetzt werden oder der letzte bleiben möchte ... Lieber Hans, tu' Du für mich, was Du kannst, damit ich noch ein Interesse bei denen haben kann, die sich etwas langsam in ihren Gefühlen für mich fühlen. Das ist weder Heimweh oder der Wunsch, wieder daheim zu sein. Aber es ist mein innerster Gedanke, selbst wenn ich hier drüben bin, daß ich weiß, wie das alte Heim ist, daß es mich veranlaßt, diese Vorwürfe zu schreiben."

Valdemars umständlich ausgedrückte, aber an und für sich sehr vernünftige Aufforderungen an die Familie, ordentlicher, häufiger und animierender zu schreiben, haben kaum Frucht getragen. In jedem Falle gibt es von ihm nur noch einen kleinen Weihnachtsbrief, datiert Eureka 1887, und ein kurzes Schreiben ebendaher vom September 1888 an seine Mutter und die Geschwister. Nach dem Tode der Mutter 1889 erbittet und erhält er auch eine ausführliche Darstellung übersandt, wie ihr Begräbnis vor sich gegangen ist. Aber danach hört die Familie nie mehr von ihm. Es werden im Laufe der Zeit ein paar vereinzelte Versuche gemacht, durch Bekannte in Amerika etwas von ihm zu erfahren, aber vergebens; sowohl er wie sein Freund Neumann glaubt man von Eureka aufgebrochen, ohne daß man später etwas von ihnen erfährt.

Valdemar war ein echter kopenhagener, einfacher Handwerksgeselle, ohne hervorragende Charaktereigenschaften, aber gutmütig und munter, freundlich gegen seine Nächsten, anspruchslos gegenüber Fremden. Er wurde in die weite Welt hinausgeführt von der etwas unbestimmten Lust, sich umzusehn und etwas neues kennen zu lernen, die mit ästhetischem Sinn zusammenhängt.

Durch sein Verschwinden, ohne eine Spur von sich zu hinterlassen, ist er typisch für weit mehr Auswanderer, als man von vornherein annehmen sollte.

Seine noch in Kopenhagen lebende Schwester hofft noch immer, daß er einmal zu ihrer Tür hereintreten wird, und unmöglich ist das nicht.

Es gibt Auswanderer, die, ebenso wie grade Valdemar, sich allmählich von dem Briefwechsel mit der Heimat unbefriedigt fühlen und die, wenn die Mutter gestorben ist, ganz zu schreiben aufhören. An sie haben sie in jedem Falle Grüße zu Weihnachten oder zum Geburtstage geschickt, wie wenig oder viel sie auch schrieb; nun schieben und schieben sie auf, während das fremde Leben sie mehr und mehr gefangen nimmt. Eines schönen Tages können sie dann plötzlich nach Verlauf vieler Jahre einen Brief über das Meer senden oder auch selbst die Reise machen und „in der Stube stehn" bei denen, die sie längst tot und fort geglaubt.

Doch während Jahr und Tag verschellen auch draußen in der großen Fremde viele Auswanderer ganz still wie Schiffe, die einsam untergehn mit Mann und Maus. —

# Nachwort

Mit dem vorliegenden Bande soll der erste Versuch gemacht werden, jene neue Literaturgattung in das deutsche Schrifttum einzuführen, die der dänische Schriftsteller, Professor Karl Larsen, geschaffen hat und die man etwa als den Brief der Namenlosen bezeichnen kann.

Eine neue Literaturgattung: das Wort ist mit Bedacht gewählt, es sagt nicht zu viel. Der gedruckte Brief war bisher vorwiegend Dokument der Persönlichkeit, des Einzelnen, der Ausnahme; hier aber wird er ganz zum Sprachrohr der Sache, der Masse und des Durchschnitts. Redete sonst aus dem literarischen Briefe nicht die Persönlichkeit selbst, so war es eben nur der Trabant in ihrem Schatten, der sie aus der Froschperspektive bespiegelte. Das aber ist der wesentliche Unterschied: die Masse selbst in ihren zahllosen Kategorien der Hantierung, des Erwerbes, der Ansässigkeit oder Beweglichkeit meldet sich nunmehr zum Wort. Die umdüsterte Legende von der übermenschlichen Persönlichkeit, mit der die Psychologie die letzten Opfer eines sublimierten Götzendienstes verrichtete, weicht dem aufdämmernden Gefühl menschlicher Solidarität auch auf diesem Felde.

Gewiß hatte die Masse, bis in ihre untersten Schichten, längst ihre Wortführer gefunden, und das nicht nur im Kampf des Tages. Sie hat aus ihren Reihen Schilderer gestellt, die eigene Schicksale wirkungsvoll wiedergaben, nachdem sie sich die ihnen vorenthaltenen Bildungsmittel selbst hatten erstreiten müssen. Besonders in Deutschland kennen wir diese Arbeiterbiographien und eine Unzahl von kleineren Bildern aus dem eigenen Erlebnis. Wenn bei diesen Produkten auch gewisse stoffliche Berührungspunkte mit dem Brief der Namenlosen bestehen mögen, so scheiden sich die beiden Arten doch darin fundamental, daß es sich in jenem Falle um bewußt literarische Erzeugnisse handelt, während hier das naive, gleichsam unbelauschte Zwiegespräch zwischen Menschen des engsten Lebenskreises oder der Blutsbande aufgedeckt wird. Wir sind damit dem lebendigen Urgrund noch um einige Zonen näher.

Daher sind die Namen nicht nur aus Rücksicht auf die lebenden Urheber künstlich verschleiert; aus inneren Gründen sind sie entbehrlich. In dem kleinsten gedruckten Erlebnis eines Menschen mit Elementarbildung wird uns stets neben dem Vorgang selbst und seiner Fassung die Person des Verfassers interessieren, dem dies Streben gelang, sich aus eigner Kraft literarisch vernehmen zu lassen. Bei dem gedruckten Brief war es gleichfalls, wenn nicht die reale historische, so doch die literarische Leistung des Autors, die sein Erscheinen rechtfertigte, war es zum mindesten der Glanz einer erhobenen historischen Epoche, die ihn noch in seinem kleinsten Winkel verklärte. Als Karl Larsen vor nunmehr anderthalb Jahrzehnten die Namenlosen eines bestimmten Lebenskreises zum erstenmal sprechen ließ, trug er noch der staatshistorischen Nomenklatur des lebendigen Geschehens Rechnung, indem er den deutsch-dänischen Krieg von 1864 zum Anlaß nahm („Während unsres letzten Krieges. Gleichzeitige Tagebuchaufzeichnungen und Briefe von Männern und Frauen aller Stände" 1897; deutsch u. d. Titel: „Ein modernes Volk im Kriege" 1907.). Gegenüber dieser destruktiven Erschütterung des Volkskörpers durch einen Krieg hat er jetzt die schöpferische Neubildung der Auswanderung und Kolonisation in den Facettenspiegel des intimen Briefes und Tagebuches aufgefangen. Vom Frühjahr 1910 bis zum Herbst 1912 hat er so ein Archiv von etwa 30 Tagebüchern und mehr als 8000 Briefen dänischer Emigranten zusammengebracht, deren bearbeitete Auswahl im Druck zunächst auf vier Bände berechnet ist.

Das Gesamtmaterial, das zu drei Vierteln Nordamerika, die Vereinigten Staaten und Kanada, (im übrigen Mexiko, China, Australien, Rußland, Sibirien, Afrika, Südamerika und Ostindien) betrifft, stammt zum gleichen Bruchteil von Verfassern, die nichts mit zünftiger Literatur, nichts mit theoretischer oder akademischer Betrachtungsweise zu tun haben: es sind Landleute, Handwerker, Geschäfts- und Handeltreibende oder Ingenieure. Und man findet die Erfahrung bestätigt, daß mit der erlebten, sachlichen Durchdringung seines Stoffes, wie sie diesen Brief- oder Tagebuchschreibern naturgemäß eigen ist, der Schriftsteller schon das beste Teil seiner Aufgabe gewonnen hat. Man sieht aber auch hier wieder allenthalben, daß das Wachstum der Sprache an neuen Bildungen und Bildern immer noch im Volke und seinem naiven Erlebnis wurzeln muß; die Bedürfnisse der literarischen Theoreme wirken dagegen als Treibhauskulturen.

Was ihnen allerdings zur letzten Wirkung noch gefehlt hat, ist — abgesehen von Schulfehlern dieser meist nur elementar Gebildeten — jene Arbeit, die bei einem planvollen Ganzen die Komposition ausmacht, die aber bei diesen gleichsam wildwachsenden Gebilden in dem Auffinden und Herausheben des Wesentlichen, einem nachträglichen Aussondern von Nebensächlichem und Wiederholtem besteht: dies blieb das Werk und das Verdienst des Herausgebers. Die einzelnen Stücke, wie sie nun vorliegen, müssen in der Fülle ihres menschlichen Gehalts für sich sprechen. Wenn aber ein namhafter dänischer Romanzier vor der mittleren Partie unseres Bandes erklärt hat, er gäbe dafür gern an die 20 Romane, eigene wie fremde, daran, so bezeichnet dies Wort zwar die Tiefe der Wirkung, verkennt jedoch ihr Wesen dabei. All diese Wirklichkeitsdokumente haben die verschiedenartigsten Werte, darunter auch solche für die Dichtung; aber sie können diese nie und nimmer ersetzen, sondern ihr nur neuen Stoff zuführen — wie das Leben selbst. Wenn man in diesen Briefen vielleicht die letzte Erfüllung des konsequenten Naturalismus sehen will, so darf man dabei nicht die schöpferischen Qualitäten der Verfasser, nicht die formgebende Tätigkeit der Herausgebers vergessen, die eine kunstnahe Wirkung ermöglicht haben.

Aber nicht nur die Dichtung könnte aus solchem Material Vorteil ziehen und den, naturgemäß für den einzelnen Poeten beschränkten Kreis des Selbstgeschauten fruchtbringend erweitern. All die soziologischen Disziplinen, die bisher nur an der Außenseite schematisieren und zählen konnten, gewönnen nun auch einen Einblick in den inneren Mechanismus ihrer Phänomene, für den die exakten Methoden nicht zureichten. Für die Ethnologie und Rassenlehre, soweit sie sich bisher an physiologischer Grundlegung genügen ließen, ergäben sich gleichfalls psychologische Daten, welche derartige Umbildungen durch Veränderung von Klima und Wirtschaftsform hervorrufen. In Deutschland speziell träte zu dem internationalen Kapitel der amerikanischen Auswanderung das der Besiedelung unserer eigenen überseeischen Kolonien. Eine beizubringende Briefliteratur der aus dem Osten des Reiches in den Westen abwandernden Landbevölkerung könnte über die Wandlung des Agrarstaates in den Industriestaat weit mehr aufhellen, als manche wissenschaftliche oder politische Theorie bisher. Allerdings wären für solche Forschung und Veröffentlichung dieselben Voraussetzungen unerläßlich wie in Dänemark: dort haben sich die Behörden bereitwilligst in den Dienst des Sammelns gestellt und die Herausgabe einer von ihnen unabhängigen Persönlichkeit überlassen, die in diesem Falle auch der Urheber der ganzen Idee war.

Wenn noch Zweifel an der Originalität dieser geistigen Pionierarbeit bestünden, so müßten sie völlig schwinden angesichts gewisser Versuche, mit denen von je dem neuen Gedanken und der offenen Wahrheit begegnet worden ist. Angeregt durch Vorträge, mit denen Karl Larsen vor einigen Jahren in einer Reihe deutscher Städte uns den Stoff und die Methode seines Kriegsbuches näherbrachte, haben das preußische Kultusministerium die Sammlung und Herausgabe von Tagebüchern und Briefen der Mitkämpfer und Mitlebenden aus den drei letzten Kriegen in die Wege geleitet und eine Kommission zur Bearbeitung des Materials eingesetzt. In Frankreich hat man auch in literarischen Kreisen die Originalität der Larsenschen Leistung öffentlich anerkannt, wie Prof. Léon Pineau im „Journal des Débats" und P. G. la Chesnais im „Mercure de France".

Einen Angriff jedoch erfuhr Larsens Werk von seiten des amerikanischen Nationalismus, der bekanntlich bei der jeweilig jüngsten Einwanderergeneration am stärksten ausgeprägt ist. Das glücklich verlaufende Unternehmen der Dachdeckerfamilie mochte man tolerieren. Der Tramp war schon eine weniger erfreuliche Erscheinung des gelobten Landes; immerhin lagen seine Abenteuer über ein

Vierteljahrhundert zurück. Aber das Schicksal Laura Birchs, die aus dem dänischen Gutsbesitzermilieu zur mühseligen und beladenen amerikanischen Farmerin deklassierte, zerriß zu viele Illusionen über ethische und wirtschaftliche Werte. Ein maßgebender Teil der dänisch-amerikanischen Presse machte Laura Birch zu einer Hysterischen, die keinen Glauben verdiente. Die Entscheidung über das Hin-und-Wider in dieser unerfreulichen Polemik steht jedem objektiven Psychologen an der Hand der authentischen Dokumente selbst zu, wie sie hier vorliegen. Diese Authentizität nebst der exakten Textbehandlung der Originalbriefe, die in diesem wie in allen andern Fällen durch die Königliche Bibliothek zu Kopenhagen verwahrt werden, läßt sich durch kein noch so hochgespanntes Nationalgefühl, durch keine sittliche Schönfärberei erschüttern.

Durch die technischen Zwecke einer unbehinderten Lektüre geboten waren die Einführung moderner Rechtschreibung und Zeichensetzung (ausgenommen bei einzelnen, für den jeweiligen Korrespondenten typischen Illustrationsfällen) sowie die Gliederung in übersichtliche Absätze. Die erklärenden Zusätze des Herausgebers finden sich in Kursivschrift zwischen eckigen Klammern, während die der Übersetzung als Fußnoten angebracht sind. Die Verdeutschung war bestrebt, dem dänischen Text gegenüber die größtmöglichste Treue zu wahren. Wenn trotzdem, namentlich im ersten und letzten Stück, Syntax und Grammatik das Bildungsniveau der Verfasser nach deutschen Begriffen hin und wieder zu übersteigen scheinen, so hat das seinen erklärlichen Grund in den geringeren diesbezüglichen Schwierigkeiten der dänischen Sprache, aber gewiß auch in dem günstigeren Ergebnis des dortigen Volksschulunterrichts. Über die dänischen Verstöße gegen die Schulregeln illusionierend durch Konstruktion von deutschen hinauszugehen, hielt sich die Übersetzung nicht für berechtigt, wie sie auch die allmählich das Original überwuchernde Anglizismen nur soweit wiederzugeben versuchte, wie sie in dem Verhältnis von Deutsch und Englisch als glaubhaft erschienen.

Für die sorgfältige Überprüfung des deutschen Textes bin ich Herrn Professor Larsen zu besonderem Danke verpflichtet.

Berlin, im September 1913.

Alfons Fedor Cohn.

www.ingramcontent.com/pod-product-compliance
Lightning Source LLC
Chambersburg PA
CBHW050902300426
44111CB00010B/1340